復活師

傳奇醫師史賓賽・布萊克的失落秘典

THE RESURRECTIONIST

ORK OF
BLACK

E・B・哈德斯佩（E. B. Hudspeth）
——著

目錄

《絕跡動物秘典》 81

THE CODEX EXTINCT ANIMALIA

復活師
resurrectionist

resurrectionist【名詞】（最早出現於十四世紀）

字構：RESURRECTION + IST

一、挖掘與盜取屍體者，又稱為「復活者」（resurrection man）。

二、使死物復活或重見天日之人。

出版者前言

本書的完成，必須要歸功於費城博物館醫學古物部門的研究努力和經濟支援。史賓賽・布萊克醫師是西方文明史中最傑出的醫師和科學先驅之一。而在過去的十五年來，該部門的研究員探索了歐美無數個私人收藏庫，嘗試挖掘出布萊克醫師那些已失落的日記、信件和插畫作品。

相信許多醫生和醫學院學生曾或多或少聽聞過布萊克醫師的事蹟：在十九世紀末，他針對基因異常現象所進行的一系列的先進研究，這使他聲名大噪，但同時也讓他背負了「狂人」或「瘋子」的惡名。沒有人能夠否認布萊克的天賦與才能；他還不到二十一歲時，就已經為世界各地的外科醫生所熟知。然而，布萊克的專業聲譽卻是有如曇花一現。他大部分的研究和著作都已被那些惡名昭彰的謠言和耳語所湮沒。現在，憑著費城博物館研究員努力搜集到的文獻，我們才得以揭開布萊克醫師的神秘面紗，並目睹他個人和醫學上的研究秘辛。親愛的讀者，你們將會發現，這些研究的驚人和聳動之處，更勝於十九世紀的哥德式小說。

本書中的許多信件與插畫，都是來自於布萊克醫師的兄長伯納德（Bernard Black）的莊園。繼1938年國際現代醫學年會飽受大眾抨擊的短暫展出之後，這些文獻終於重見天日。其他的信件、日記和圖畫則是來自匿名人士的捐獻，在本書中首度面對大眾。這些文獻讓讀者能夠一窺布萊克醫師個人生活和醫學成就。

本書分為兩個部分，首先呈現了這位西方最具爭議性的外科醫生的完整傳記，接著收錄了布萊克醫師的鉅作《絕跡動物秘典》。這兩件非凡文獻的結合，成就了這本《復活師》，它是研究史賓賽・布萊克醫師的最佳指南。

史賓賽・布萊克醫師的
生平與手稿

THE LIFE AND WRITINGS OF
DR. SPENCER BLACK

1851–1868

童年時期

在我孩提時的想像中，上帝的怒火無所不在且蓄勢待發。
——史賓賽．布萊克

史賓賽．布萊克醫師和兄長伯納德出身於美國麻薩諸塞州波士頓，兄弟倆分別生於1848和1851年。他們的父親是知名的外科醫師葛雷格利．布萊克（Gregory Black），母親梅瑞迪絲（Meredith Black）在生下史賓賽時不幸過世。母親的驟逝，也讓兩兄弟在孩童時期飽受種種焦慮不安。

葛雷格利．布萊克是波士頓醫學院中極具聲望的解剖學教授，他必須時常為學生示範人體解剖。在十九世紀的當代醫學中，屍體來源極度缺乏，所以解剖學家必須仰賴盜墓者，也就是所謂的「復活師」（resurrectionist）來提供充足的屍體，以進行更進一步的研究。在葛雷格利的辦公室中，陳列著幾具他最珍愛的人類屍體；它們保存良好、甚至穿戴整齊，但同時也令人毛骨悚然。葛雷格利是市中第一流的醫學教授，他所收的學生人數逐年增加。他對於屍體的需求也超越了合法來源所能供給的數量。因此，葛雷格利成為了當地的屍體黑市的最大買主之一，他甚至親自動手挖掘、盜取屍體，而他的兩個兒子就成了盜墓的最佳幫手。在史賓賽．布萊克在他的日記中，可以看到詳盡的盜墓經驗：

在我還不滿十二歲時，生命的磨難就已經開始了。在我印象最深刻的那個夜晚，我和大我三歲的哥哥伯納德被從床上趕了下來。他總是在夜裡最先驚醒，趕著去準備馬匹、綁緊推車。在黎明前的夜晚寒氣中，我們離開家，抵達河邊。渡橋之後的道路漆黑一片、視線模糊：這正是能夠神不知鬼不覺進出墓地的最佳路徑。

我們悄無聲息地行動，以避免招來不必要的注意。因為早些時候曾下過雨，我們在潮濕的夜晚中還能夠聞到空氣中新鮮的水氣。我們慢慢地越過橋樑：時至今日，我依然清楚地記得推車輪子滾動的嘎吱聲響，那突兀的聲音彷彿恨不得要把附近的居民驚醒一樣。我們那匹老母馬發熱的身體在冷空氣中蒸騰著；牠嘴裡呼出的氣息形成一圈圈令人心安的白霧。牠是純潔無辜的，但也是我們罪惡的共犯。那隱密在黑暗中的潺潺溪水，在我們下方沈默地流動著。在我們越過渡橋、翻過環繞公墓的青苔土地之後，所有的聲響終於嘎然而止。在進入墓地之後，父親的心情也放鬆了下來，幽默感也隨之而生。他帶著一種冷靜的喜悅，帶領我和哥哥進入那些死去鬼魂的新寓所。人們稱我們為「復活師」，也就是盜墓者。

在我還是個孩子的時候，我並不像現在對於上帝和基督教信仰有著明確堅定的抗拒。父親從來都不是一個有宗教信仰的人，但我的祖父母卻非常虔誠。祖父母給予我嚴格的神學教育。所以對於我在那些夜晚中所做的事，我感到非常恐懼：在人類所能犯下的所有可怕罪行之中，偷盜亡者的屍體恐怕是最卑劣的一項吧。在我孩提時的想像中，上帝的怒火無所不在且蓄勢待發。然而，我懼怕自己的父親，更甚於懼怕上帝的怒火。

父親提醒我們：沒有什麼能夠帶來不安和恐懼。在我們使勁地挖掘泥土，屍體腐臭的味道逐漸地圍繞我們時，他不斷地重複這句話。挖了一段時間之後，傑斯波・厄爾・韋爾席（Japer Earl Werthy）那脆弱潮濕的木製棺材出現在我們眼前。我們敲碎了棺木，濃烈的惡臭撲鼻而來。那是死亡的氣息。我放下鐵鍬，看著父親拖出棺木和屍體，心中暗自慶幸他沒有命令我們執行這項工作。傑斯波的臉龐好似戴上了一個凹陷的灰色面具；他的皮膚則像是腐敗的柑橘。在死亡的腐臭中，我第一次真正理解了父親的職業。

布萊克醫師在之後的另一封書信中，寫下了一首以〈怖哉此景〉（“A Dreadful Sight”）為題的詩。這首詩的靈感顯然是來自於他的盜墓經驗。這是布萊克醫師的文獻中唯一的詩歌作品，它反映了那些彰顯於他無數畫作中的創造力。

〈怖哉此景〉

歡欣長夜，伴我入眠；
黎明驚起，怖哉此景！
余之摯愛，香消玉殞。
柚木棺中，從此安睡；
六呎之下，闃然無聲；
靜謐長眠，待主寵召。
余往憑弔，淚滿衣襟，
驚見吾愛，玉體無蹤。
何往？蓋非天國之樂園；
怖哉！現於醫者之秘間。

1868年的冬天，史賓賽的父親葛雷格利死於天花。有些人認為，如果葛雷格利能提早發現自己感染，以他的才能與專業，是足以治癒自己的。而在葬禮不久之後，史賓賽宣布了一個決定：他日後將成為醫師。從他的書簡中，我們能夠觀察到史賓賽將死亡視為一個抽象的概念；他將死亡稱為「生命的現象」。甚至於父親的死，對他來說也是一個奇觀，而非悲劇。

> 父親倒臥在地上；塵土和青草灑落在他身上。一切都寂靜無聲。我等待了好長一段時間：等待著聽到父親一聲命令或是斥罵。那能夠讓我確信他的死亡從我的生命中，奪去了某些重要的事物。然而，我什麼都沒有聽到。

伯納德和弟弟一樣，也都有寫日記的習慣，這個習慣維持直到1908年。在日記中，他記錄了自身的生活和其對於自然科學的研究。他的妻子艾瑪（Emma）在其著作《與一位美國自然學家共遊》（*A Journey with an America Naturalist*）中收錄了部分的伯納德日記。以下節錄的這段伯納德的文字，也是寫於父親過世的那一週：

> 當時我正沈浸在父親去世所帶來的沈重悲傷，但是在同一時刻，我看見史賓賽的臉龐閃動著喜悅。他滿心雀躍地進入父親的墳墓，彷彿想要將死亡本身從黑暗的藏身處找出來。

在父親去世之後，史賓賽和伯納德在1869年的秋天移居費城，由他們的叔父札卡利亞（Zacariah）和阿姨埃薩朵（Isadore）扶養。葬禮所花費的金額頗為昂貴，雖然葛雷格利留下些許的積蓄，仍然不夠支付所有的費用。札卡利亞和埃薩朵拿出了一筆不小的金額，代為付清了剩下的款項。那個時代就像現在一樣，一場像樣的隆重喪事，都所費不貲。

1869

醫學院時期

在這個實證主義的年代，真理就好像流動困難的商品。
有什麼證據能夠證明太陽的兩面都是光亮的？如果我無法證明這個現象，
難道這個現象就是錯誤的嗎？
——文森·荷姆斯爵士（Sir Vincent Holmes），
生物學家，費城醫學院創辦人

在前往費城之前，伯納德已經在波士頓醫學院完成了三年的學業，而史賓賽才剛剛結束第一年。年輕的兄弟倆一同進入了費城醫學院就讀，繼續他們的醫學學業。在這一年，史賓賽開始繼續寫他的日記。

1869年9月

生而為人，這真是何等的奇蹟！我嘗試著以文字記錄自己的生命；記錄我在異鄉費城的醫學院中經歷的各種研究和體驗。成為醫生的志向並非是來自我個人的意志和選擇，而是由上帝所主宰的宿命。

我的雙親皆受過良好的教育，而今他們都已逝去。母親在生我時難產而死，那時父親隨侍在旁。他一隻手擁抱著我的新生，另一隻手則緊握著母親的死亡。從此之後，父親鮮少談及母親。

在我滿十六歲的冬天，父親被天花奪去了生命。我確信我為他的死哀悼，但是我並未流淚啜泣。當他靜臥在棺木中時，我想像著他可能會從死亡中再次起身。我彷彿看到他的身體被從墓穴中拉出來，一些滿面煤煙灰燼的陌生人用破布將他層層纏繞、拖到道路上，然後裝上馬車。不一會兒，韁繩啪地一聲，馬兒就載著他揚長而去。父親是一位備受尊敬的名醫和解剖學家。毫無疑問地，他購買過無數的屍體來進行他的研究。而現在，他自己的身體也將被奉獻給醫學。

人死之後，並不會上天堂，也不會下地獄。死亡帶來的僅僅是解脫：身體從疾病和肉身的痛苦中被解放。我們的心靈與意識，不過是身體的一種徵狀；在身體的化學作用面前，心靈與意識無足輕重。我懷抱著對生物學的堅定信念，決心要成為優秀的醫學家。身體即為靈魂；當我的解剖刀深深切入肉體時，我解構的也是靈魂。我發誓，將永遠對深入肉體與靈魂的刀鋒懷抱敬畏。

史賓賽·布萊克在醫學院表現優異；他的師長和同學都認為，他很快就能夠成為一名優秀的執業醫生。史賓賽有著不符稚齡的早慧，這讓他早早成名，並被視為全國最有潛力的青年才俊之一。至於伯納德，他的志向和弟弟大不相同；他專心致志於自然科學、化石和歷史的研究。

在醫學院的生涯中，約瑟夫·華倫·丹克爾（Joseph Warren Denkel）教授是影響史賓賽最深的師長。丹克爾是來自蘇格蘭的移民，是史賓賽的父親在波士頓醫學院就讀時的同窗。他在南北戰爭時期擔任戰地醫師，曾執行過數百次的截肢手術，儘管當中的許多傷患最後都不免死於傷口感染。在費城醫學院中，丹克爾是一位極富個人魅力的醫師，他熱愛賭博和喧鬧的夜生活，而且與其他教職員和病患都相處甚歡。很快地，丹克爾和史賓賽成為了至交好友。

在這段期間，全球的醫學發展正歷經劇烈的轉變。醫生逐漸對細菌有了更進一步的了解。公共衛生的發展也正在進步。醫護人員在術前開始會以清水或苯酚溶液清洗雙手，一些錯誤的舊觀念也逐漸遭到屏棄。

麻醉技術的出現也為外科手術帶來了革命性的改變；在不需要擔憂病患是否受苦的情況下，醫生能夠有更充裕的時間來執行手術。布萊克擁抱這些進步，同時也渴望獻出自己的獨到見解。

1869年，也就是布萊克在費城醫學院的第一年，他開始進行針對身體突變的研究。他對於那些以劇烈、奇異甚至致命形式出現的身體異狀特別感興趣。然而研究這些受突變所苦的病人，並不是一件容易的事。他們不是時常早夭，就是被安置在與世隔絕的隱密地點。在布萊克的早期作品中，有一大部分是受到費城市中心的葛洛斯米爾博物館（Grossemier Museum）館藏的影響。這間博物館中，藏有一件著名的寄生雙頭連體嬰（dicephalic parapagus）的骨骼；這對連體嬰姐妹艾拉與艾蜜莉（Ella and Emily）在出生時未能存活下來。布萊克的第一篇醫學論文就是以這個不幸的異常為題。雖然這篇論文得到了高度的讚賞，但卻未能廣為流傳。和傳染病的研究、更高效率的手術技術以及更先進的麻醉技術比較起來，布萊克的研究並不具有高度討論的價值。許多人認為這位年輕的醫生將時間和精力浪費在先天缺陷的研究上。而在日記中，布萊克也提到他這段期間所經歷的挫折和沮喪：

> 我現在正全神貫注於解剖學研究上。而教授們將我的努力稱之為「對於身體突變多餘且徒勞的興趣」，只有丹克爾願意從旁協助我。他也許是沒有聽聞其他教授的評論，也許是對我的研究真心感興趣。我傾向於相信後者。
>
> 生命是一項神賜的奇蹟，而是什麼導致了這項奇蹟的缺陷？這一直是我最感興趣且最想要理解的命題。我和丹克爾正在準備一篇論文，預計於今年春天發表，我相信這會是一篇極具洞見的文章。

史賓賽．布萊克為植物學家尚德蘭所繪製的三種植物的插畫。每一種植物都有著不凡的特色。

英國紫杉木（English yew）的種子含有劇毒。這種樹木擁有超過兩千年的壽命；甚至有超過九千歲的個體。在某些宗教團體中，紫杉木被視為超越死亡的象徵。它的強悍生命力與高度適應力讓許多文化將其尊為復活與永生的象徵。

沒藥樹（Myrrh）是耶穌基督誕生時得到的三件禮物之一，這是每位基督徒所熟知的故事。從沒藥的樹木中，我們可以提煉出紅棕色的樹脂。沒藥也是製作線香的材料，它用途廣泛，在香氛和醫療上都有其價值。

鈴蘭（Lily of the valley）具有強烈的毒素。有許多的故事和傳說都曾提及它。鈴蘭又被稱為「聖母之淚」，相傳當聖母瑪莉亞為耶穌基督的受難哭泣時，這種植物從她的眼淚中萌芽而出。據說鈴蘭能夠賦予人看到美好來世的能力。它也象徵著重獲喜悅，以及耶穌的復生。

圖 1：月蛾（luna moth，學名 Actias luna）
圖 2：黃鳳蝶（swallowtail butterfly，學名 Papilio machaon）
圖 3：阿波羅絹蝶（Apollo butterfly，學名 Parnassius apollo）
圖 4：帝王蟬（empress cicada，學名 Pomponia imperatorial）

在醫學院的第一年，史賓賽・布萊克開始致力於練習插畫。對當時的醫師來說，速寫筆記和描繪出醫學上的發現，算是家常便飯。但是布萊克對插畫特別地熱衷，也特別擅長。他時常在夜裡認真地為其他學者的研究繪製插畫。其中一位是知名的植物學家兼旅行家尚德蘭（Jean DeLain）。尚德蘭的著作收藏於布羅德郡大學（Broadshire University）的中庭，布萊克時常在那邊研習這些作品。他持續為尚德蘭的著作繪製插畫，完成了數以百計的植物品種圖畫。

我的插畫技巧有著顯著的進步；在無盡的文字和講課中，繪製插畫給了我喘息的空間。當我專注地沈浸在繪畫的孤獨中時，我更能夠在放鬆的狀態下思考我的研究。

史賓賽・布萊克也在日記中提到他研究的各種昆蟲和植物。他對於那些會在生命週期中進行變態的昆蟲特別感興趣。蛻變的過程，令這位年輕的科學家深深著迷。蟬是史賓賽常素描的對象之一，他在日記和書信中也經常提到蟬。

1869年11月22日

在夏天的時候，蟬從土地裡冒出，蛻變成為有翼的昆蟲。牠們歌唱、交配、產卵，然後很快地死去。那些在從樹上的蟲卵孵出的蟲蛹掉落到地上，深深地埋進泥土裡。並在那裡以毫無動靜的形式存在，達十年之久。

稍縱即逝的生命！牠在地底等待了這麼久的一段時間之後，才羽化成為有翼飛蟲。舊有的身體就好像第二個子宮，在蟬從中再次誕生之後，就成了一具被棄置的空殼。而成蟲則在短暫的活躍之後，驟然離開這個世界。在我眼中，這種形式的變態雖然不像蝴蝶或蛾那樣極富戲劇性，卻是更具深義。在經歷了長久的黑暗之後，生命也僅僅能在光明中存在短短數週而已。

1869年12月1號

我對於一項尚德蘭教授交付給我的工作開始特別感興趣。他正在編纂一本書，需要為一些有趣的小型昆蟲繪製插圖。他收集到的這些昆蟲都已經死去，被小心翼翼地包裝、並且用針固定住。這些樣本來自世界各處，包括幾內亞、馬來西亞群島、非洲和亞洲。能夠研究這些樣本之間的細微差異，令我感到興奮。人類和昆蟲各自在自然界中扮演著獨特的角色，但是除此之外，我們之間並沒有多大的差異。

圖 1：剛從土壤中冒出的蟲蛹階段。

圖 2：再生：成蟲從空殼中脫穎而出。

圖 3：成長完全的蟬能夠飛翔、歌唱和交配。這樣的生命週期會不停重複。

1870

C病房時期

真正站得住腳的科學證據，有賴客觀的歸納，
而非僅僅重複知名學者的論調。
——史賓賽·布萊克醫師

在醫學院第二年的尾聲，史賓賽致力於研究人類身體的奧秘。他盡可能地參與每一次的解剖示範，無論是醫學院或鄰近研究機構所舉辦。史賓賽本人也很有可能親自執行了幾次的解剖；許多人相信，他運用了童年時期的盜墓經驗，去挖掘了一些新鮮的屍體供他研究。但是他從未在日記或書信中證實這些臆測。

與此同時，伯納德已經完成學業，並且移居紐約。他在紐約科學學會開始了非常成功的職業生涯，但是他的研究很快因為弟弟的成就而相形失色。史賓賽在年僅十九歲時便聲名鵲起，成為全國最有才華的年輕科學家之一。他對於研究的熱情與動力都顯現在1870年的日記之中。

1870年2月

儘管目前還沒有顯著成果，我依舊努力不懈地研究。我逐漸相信，在解剖學中蘊含著一個更偉大的真理；超越了單純的人體變異或者成長過程中的缺陷。到目前為止，我從胚胎研究中還未能發現突變的來源或驅力。而我認為我們身為醫生與學者，必須要對此有充足的理解。

身為科學家、醫師和具有智慧的人，我們不能容忍那些將突變歸咎於上帝意志、或者單純視之為怪物的論調。這些謬論污辱了我們的知識與邏輯。身而為人，我們昂首闊步、發表言論；我們針砭謬誤、也為自己的論述辯護。但有些人卻堅持故步自封，否定這些人類與生俱來的能力。

為什麼有些嬰兒在出生時就沒有雙臂？為什麼有些雙胞胎會以連體嬰的形式降生？為什麼有些小孩生來就有超過五根的手指或腳趾？為什麼有些小孩出生時卻是一隻也沒有？為什麼人類生來就是如此？而非其他的形貌？我必須先理解什麼因素形成了「正常」的人類相貌，才能夠進而探討那些「異常」的現象。換句話說，在探討六根手指之前，我必須先理解五根手指的奧秘。

為什麼大自然會創造出那些功能不全的身體？這個問題深深困擾著我。我一向不相信那種將任何現象都歸咎於上帝意志或自然規律的論調。我相信的是某些不變的法則，其中一項法則就是功能。我思考著那些發生在人類身體——「完美有機體」——上的錯誤：既然身體被賦予了某些功能以達成某些任務，那又是什麼因素讓它偏離了原初的設計、放棄了它的功能和任務？這個根本的問題必須受到重視，更不能用一些野蠻的詞彙例如「畸形」或「病態」草草帶過。單純地將一個異常的個體視為毀壞，並不能賦予該個體新的身份。現在我將開始檢視讓我困擾的根本問題：為什麼身體會突變？

1870年的春天，布萊克針對先天性缺陷的研究和手術改善，在醫學院裡開設了一項外科特別計畫。這是醫學院首次有這樣的企劃，其目的是幫助那些受身體畸形所苦的病患，以及探討如何在未來的新生兒中防止畸形的出現。約瑟夫・華倫・丹克爾作為布萊克的指導教授，負責監控本計畫中的手術。其他參與者包括了美國著名的胚胎學家和連體嬰專家喬亞伯・A・賀拉斯醫師（Dr. Joab A. Holace）。布萊克很快就對賀拉斯醫師的專業與學識感到欽佩。他在1870年5月的日記中寫道：

> 之前我曾經出席過賀拉斯醫師的講座，深深受他的雄辯滔滔所鼓舞。他的講課隨性不受拘束，但卻帶來深刻的啟發。他所講述的內容顯然都經過深思熟慮，好似他在前一天晚上就已經構思好一樣。但是他的講課風格自由奔放，彷彿將知識不停灑給求知若渴的我們。在他身上能夠學到非常多東西。

醫學院讓計畫團隊使用三樓的獨立手術室，裡面有著良好的採光、空間和隱私。這間特殊實驗室在之後被稱為「C特別病房」，裡面配備了最先進的技術和儀器，包括顯微鏡等設備以及各種化學藥劑。C病房成了當時全世界最尖端的科學研究室，而在其中進行的專門研究，也成為它的獨到之處。

整個計畫團隊的成員包括了丹克爾（C病房總監）、兩位外科醫師（布萊克和賀拉斯），以及兩位人體突變的專家。第一項手術在1870年的6月3號進行。病患是一位手指結合在一起的年輕人，這種病症被稱為缺指畸形（ectrodactyly），或因為其外表而被稱為蝦螯狀畸形（lobster's claw）。相對來說，這項手術較為簡單，最後的結果也相當成功。在同一個夏天，醫療團隊為一位患有多指畸形（polydactyly）的女孩執行手術。這是一種長有多出來的手指或肢體的病症。而令人驚奇的是，這位女孩的正常右手臂上還長有另一隻手，長度從她的右肩延伸到正常手的指尖。她看起來就像是有著一隻特別巨大的右手臂，上面有著八根手指和兩根拇指。在數小時的手術中，兩位醫師成功地切除了那條寄生般的手臂，病人術後也恢復良好。這項手術的成功被發表在全美各地的醫學期刊上，大眾也透過國際媒體的報導讀到了這項創舉。史賓賽・布萊克醫師贏得了巨大的名聲，他的研究也被視為卓越的成果。

在1870年的秋天，布萊克發表了一篇極具爭議性的論文〈完美的人類〉（"The Perfect Human"）。在論文中，他認為人類不過是身體的各個部分在演化之後的組合。布萊克聲稱，人類的身體是在時間演進的過程中慢慢被「組裝」起來的：有些部分被新增上去，（而更重要地）有些部分則被移除。布萊克的論點與傳統上被大眾接受的進化論和天擇論大相徑庭，因為他強調了突變並非是意外，反而是身體在嘗試成長為數千年前的樣貌。布萊克認為，這樣的解釋才是畸形學（teratology）的真正解答。

他在論文中提到：「知識還能夠來自於任何其他地方嗎？身體絕不會在不知道目的的情況下隨意成長。」

在這篇論文中最具爭議性的一個論點，就是布萊克認為那些被認為是虛構的神話生物，事實上是曾經存在於地球上的真實物種。他更進一步表示，這些生物的殘跡有時會顯現在一些潛在的徵狀上。而所謂的潛在徵狀，指的就是突變。賀拉斯雖然與布萊克共事，但是對於這個論點採取了強烈的反對態度；這也是他們分道揚鑣、成為宿敵的起點。

儘管〈完美的人類〉受到一面倒的批評，布萊克陸續仍發表了兩篇論文。其中一篇探討了血液、膽汁和血漿的生理性記憶。另一篇則是關於兒童的突變現象，以及他們的身體如何應對成長時的改變。這兩篇論文都附有布萊克親自繪製的插圖。在數月之間，C病房中所執行的奇異手術傳遍了全球的醫學圈。很快地，全球各地的醫師都收到了研討會和講座的邀請信。C病房在研究和手術上的成功將布萊克推進了萬眾矚目的公眾領域。他已經和這項創舉密不可分了。

1871-1877

婚姻與轉變

醫生不是神，但是我們從事的卻是神的工作。

——史賓賽・布萊克醫師

史賓賽・布萊克以最優異的成績完成了學業，並以二十歲之齡就取得國際聲譽，成為新銳醫師，也同時成為費城各大名門望族的理想聯姻人選。埃莉絲・查德爾（Elise Chardelle）來自於芝加哥的一個望族，當時她為了她的人類學學位論文中的天擇說研究造訪了醫學院，並與史賓賽相遇。人們對於這位女子所知甚微，但是根據史賓賽的紀錄，埃莉絲受過良好教育且富有魅力。他們相識之後很快便墜入愛河，並在三個月之後成婚。這是發生在１８７１年6月盛夏的事。

> 我在毫無準備、甚至連對自己的意圖都毫無所覺的情況之下，向埃莉絲求婚了。我不知道該如何用言語表達我的感受，但是那真是個美好的時刻。

史賓賽藉著他在C病房的研究成果，得到了豐厚的薪酬。他在醫學院附近購置了一間佔地不小的宅邸。１８７２年的春天，埃莉絲生下了布萊克夫妻的第一個孩子：阿爾馮（Alphonse）。他是個健康的男孩，而他將在長大之後繼承父親的志業。

埃莉絲的肖像畫，作於 **1871** 年。在畫紙的背面，史賓賽寫下：「最親愛的埃莉絲，在落日的餘暉中我寫下了這段文字。對於我倆將共度的人生，我心中充滿著愛與希望。無論在我心中或在妳的身畔，我都將永遠追隨著我對妳的愛。永遠屬於妳的史賓賽。」

阿爾馮．愛德華．布萊克的肖像畫。這是阿爾馮唯一的畫像。畫中的手跡寫著：「沈睡中的吾兒阿爾馮，1872 年。」

與此同時，全國的醫學社群正為C病房研究而感到振奮與希望。醫學院的校園充斥了無數的學生，校方甚至必須修改課程和入學審查制度來應對醫學院急速攀升的聲望。在1873年，醫學院收到的入學申請達到一萬份之多。但是就在此時，一位年僅九歲的病患梅瑞迪絲・安・希思（Meredith Ann Heath）來到了C病房。很不幸地，她的出現將為C病房蒙上一層陰影。梅瑞迪絲在出生的時候，身上就長有多出來的兩隻腳，以及一隻從腹部長出的手臂。她與家人遠從科羅拉多來到C病房接受手術治療。然而，在手術開始的幾分鐘之後，就產生了嚴重的併發症。在經過極度痛苦的45分鐘之後，她就離開了人世。雖然賀拉斯醫師表示自己將負起這樁悲劇的責任，但是學院的醫療委員會認為，這次死亡是無法預測、無法控制也無法避免的。而史賓賽身為C病房主治醫師之一，也同樣地為罪惡感所苦：

1873年3月12日

雖然這次手術不是由我執刀，但是當死亡發生時，我也在場。我們所造成的悲劇是無可避免的嗎？我無法接受這樣的說法。我們切開她的身體，鮮血隨之湧出。我希望成就的是救贖，然而我們一手促成的是截然相反的結局：死亡。梅瑞迪絲的父母和兄弟踏上了悲傷的歸途；一條沾染著血跡的裹屍布和棺木，將乘載那孩子的身體。我忍不住自問：我成為了什麼樣的醫者？死亡是否將常伴我左右？

這次手術的失敗對於布萊克影響至深，也撼動了他與同事間的情誼。他與曾經的導師賀拉斯醫師之間早已意見相左，而梅瑞迪絲的悲劇，也成了最後引爆點：

我想我能夠理解賀拉斯對於醫學的嚴謹和直觀的態度。但是我認為他過於執著既定的法則。我們應當在需要的時候應用這些法則，而不是受到它們的制約。

布萊克痛恨失敗。而基於我們不清楚的原因，他將小女孩的死歸咎於賀拉斯和C病房的其他人員。個人心理狀態也是一個造成他情緒低落的可能因素。在日記中，布萊克時常提到惡夢和不安，這也很有可能導致他在與醫學院與同事之間關係開始惡化。

在睡夢中，我又再次見到解剖手術室中的死屍。當裹屍布被揭起的時候，我看見了父親凹陷的臉龐。那些身著圍裙的人切開了他的身體，將它肢解成塊；在完事之後他們靜靜地離開手術室。我看著已然死去的父親和他敞開的胸腹，但是他的器官卻還活著：那暗紅色的心臟依然顫動著、腎臟也持續地分泌出液體。然後我就從這個惡夢中驚醒過來。

1874年的秋天，死亡的痛苦再次襲擊了布萊克，而這次死亡侵入了他的家庭。埃莉絲生下了另一個孩子伊莉莎白（Elizabeth），但是在數天之後，新生兒就因為器官衰竭而夭折。毫無疑問地，布萊克為此深受打擊。但是他依舊持續他在C病房的研究工作。在1874年到1878年的四年之間，布萊克不斷地證明自己是醫學院最為倚重的人才；他大幅改善了移植、解剖和矯正手術的品質。這些成就讓醫學院的名聲達到了前所未有的高峰。

從來沒有哪一間醫學中心能夠像費城醫學院一樣，在各醫學各方面都展現出令人興奮的前景。在這裡，每位年輕的學子都必定能得到最棒的醫學教育。

——阿佛列德・J・J・史壯醫師（Alfred J・J・Strong, M.D.）

在1876年的冬天，埃莉絲產下了另一個孩子維克多（Victor），但是他的降生卻完全沒有出現在布萊克的日記中。在年滿25歲之後，布萊克醫師在性格上有了巨大的轉變。他不再像以前那樣活力充沛，取而代之的是一股陰鬱且憤世嫉俗的氛圍。許多同事也都表示，布萊克古怪且不穩定的行為讓他變得難以接近；他時常暴躁易怒，難以容忍不同的意見。他對於醫學的專注與執著依舊持續增長，但是這項在早年替他博得美名的特質，反而逐漸侵蝕他的聲譽。他在醫學院中的名聲和榮景正岌岌可危。

縱然如此，他對於研究的所投入的心力絲毫未減。但是這也使它逐漸地忽視了朋友、家庭，以及在醫學院中的職責。

秋天的寒霜到了冬天，就成為了怒吼的風暴。我的心靈無法處於平靜的思緒中；我彷彿被世界所遺棄，在孤獨中思考著我那醜惡的童年和苦役。我渴望著溫暖的春天，希望自己能夠在一間陽光充足的手術室進行研究，而不是現在這個陰暗潮濕的角落，深埋在大自然的死亡季節中。如果我每天見到的不是這些灰黑死去的臉孔，或許我的心靈能得到些許的安慰。

1877年是布萊克在C病房的最後一年。在這一年中，他幾乎已經不再進行任何醫學院中的工作，而將所有的心力都投注在個人研究之中。布萊克針對演化學說發展出了更為新奇且極端的想法，而這將使他與醫學社群中的其他人漸行漸遠，直至決裂。在布萊克二十六歲時，他寫下了他的新演化學理論。該理論中最為重要的一個論點，就是人類在經歷演化和天擇的過程中，喪失了某些原有且重要的特徵。布萊克相信，這些關鍵元素的失落，正是造成突變和畸形的真正原因。

布萊克更進一步地提出一個假設：也許人類的現存樣貌，並非是演化的最佳結果；也許我們的祖先與其他遠古的動物（或者更精確地說，那些神話中的生物）有著共同的特徵。布萊克聲稱，能夠證明神話生物存在的科學證據，都被一些神秘的團體所掩蓋；這些生物的分類學紀錄和群落紀錄也被銷毀或竄改；關於牠們的傳說故事也被修改或重寫過。這些行動，都企圖使我們忽視真正的演化歷史。雖然布萊克從未明確地指出是誰一手策劃執行了這個大陰謀，但他心中似乎已經有了一份名單。

在C病房中所取得的成功和肯定，對布萊克來說已經是無足輕重。在他心中，讓他掛念的是那尚未達到巔峰的研究。從布萊克的日記中，我們可以觀察到，他已經將研究的重心轉向那些不受學界歡迎的理論，雖然此時他還不知道在實作上如何驗證這些假設。而促使布萊克的畸形學研究邁向成熟的契機，是在一次遊藝團表演中的偶然巧遇。

1877年7月

現在，我的重大研究曙光乍現，將一掃那幽暗腐敗的陰霾。如果我希望能夠在那些貧乏的手術之外有更多的貢獻，我就必須要勇往直前地堅持我的研究。在此之前，還有許多的工作需要完成。在C病房中，我們不過是屠夫和裁縫師，距離成為真正的醫者還相差甚遠。我希望能夠找到一個有效的方法來獨立出問題的核心，如此我們才能夠完全棄絕那些消極的切除手術。那些在心中背負著醫學洞見的人，都深知生命絕非僅僅是大自然運作下的結果；生命是大自然最珍貴且誘人的奧秘。大自然一視同仁地掌控著所有創造物：人類就像被踐踏的花草一樣脆弱；死亡能夠輕易地降臨在任何事物上。

1878

幼鹿子

阿爾馮正不斷地成長、茁壯，就好像春天的草木一樣。這是何等的奇蹟和機制！對於他健康地來到這個世界，我心懷感恩。
——史賓賽・布萊克醫師

史賓賽・布萊克在觀賞了一次地方上的不知名遊藝團表演之後，他的事業與志向有了重大的轉變。這個遊藝團除了各式各樣號稱「大自然的奇蹟」的特技雜耍表演之外，還架設了一個所謂的解剖博物館，展出各種奇怪的醫療器械和詭異的生物品種。

像這類展出科學新奇事物的解剖博物館，以及類似的「珍奇屋」（cabinet of curiosities），數百年來都受到大眾的歡迎。時至今日，有些華麗的珍奇屋仍然在運作，並且對外開放。布萊克觀賞了解剖博物館的展出之後，感到自己先前的研究成果與這些奇異的景象相較之下，顯得黯淡無光。但是這也同時啟發了他對於未來研究的新想法，而這即將成為古今任何科學家都未曾進行過的詭異研究。

我觀賞過許多這樣的特技雜耍表演。這種表演給人一種受到忽視與遺棄的氛圍，同時也彷彿訴說著一種對於文明、人性和優雅的巨大渴望。這些表演者時常承受著嘲笑與羞辱，他們其中有些人會來到我的C病房，尋求一個美好人生的機會，或者僅僅希望我們的治療能夠讓他們看起來「正常」些。

這個遊藝團展出了許多人們所熟知的畸形病症，以及一些較為罕見的身體缺陷。其中包括了一具連結於頭骨的連體嬰骨骼、「魔鬼巨嬰」（事實上是一具浸泡於玻璃罐中的豬胚胎），以及「南太平洋美人魚」（其實是由一個猿猴和鱒魚所縫製而成）。任何稍具醫學或科學知識的人都能夠輕易地辨識出這些展品。唯一的例外，是一具被稱為「幼鹿子」的男孩屍體。這具身體的異常徵狀在於他的膝蓋是往錯誤的方向彎曲。他的骨頭呈現畸形的狀態，皮膚的表面也覆蓋著濃密的毛髮。他的頭骨上有骨頭和鈣質的增生，顯現出如同年幼有蹄類動物的雙角。這具「幼鹿子」的身體被保存在一個充滿酒精的玻璃瓶中。

布萊克堅信，在「幼鹿子」身上隱藏了某個對於他的研究至關重要的秘密。他也相信，這種突變所展現的正是他在先前論述中所提到的已經失落的遠古人類歷史，也是遠古基因密碼尚未被完全湮滅的證據。許多人認為布萊克的論調完全是無中生有的臆測。無論如何，與幼鹿子的相遇，加深了他的執著，一心追尋能夠治癒畸形的醫療方式。治癒畸形也成為布萊克研究的首要目標，從此之後，他徹底地棄絕了傳統醫學和常規的治療方式。

布萊克用兩百美金買下了幼鹿子的標本，並立刻將它帶回家，安置在閣樓的一處神秘角落裡。直到解剖結束前，連他的家人都不知情。

布萊克從不認為幼鹿子是深受畸形症所苦的患者。他反而認為，這位幼鹿子展現了不可思議的嶄新可能性，也就是：遠古的神話傳說都是真實的。

1878年8月14日

我將一頭普通的家羊（Capra domestica）搬進閣樓中進行比較。我的解剖結果告訴我，這種現象絕對與神話中的賽提爾（satyr）*有著關聯。我的檢測結果顯示，幼鹿子確實是人與一種動物的結合。然而，他與家羊並沒有並沒有近親關係。尋找幼鹿子的近親並不是一件容易的事：體型大小、身體顏色和雙角形狀上的特殊差異使我難以查明他與其他物種的關聯。幼鹿子與演化更為完善的阿爾卑斯羱羊（*Capra ibex*）有些相似之處，但是他的毛皮卻與喀什米爾山羊（*Capra thibetensis*）較為類似。

從生理學的角度來說，幼鹿子還是與人類較為親近。他並不像其他反芻動物一樣有四個胃。因此，我也沒有在他的身體裡找到毛糞石。整體來說，他依舊算是個人。

我在短短一個月的時間之內，汲取了其他學者可能要鑽研一輩子的動物學知識，與此同時，我也努力地維持對於理性和邏輯的信念。我盡力避免對眼前這個無辜的生物做出不公正的判斷。我每天都與疲憊和病痛奮鬥；這項研究所帶來的焦慮和知識沈重地壓迫著我。我感受到我的精神狀態趨向崩壞，但是很奇妙地，我又同時感到自己充滿精力。我無法思考、也無法進食或睡眠，我甚至無法感受到情緒的波動：喜樂與憤怒都與我無緣。我所能感知到的，只有那一股令人作嘔的衝動，驅使著我繼續研究那已被剝去皮膚、沈默地躺在密室中的肉體。我切開幼鹿子的皮膚、向後拉開並且以大頭針固定；我取出他的臟器，讓它們漂浮在充滿有毒液體的玻璃瓶中。他的剩餘軀體就躺在我的素描和手稿旁，這些文獻紀錄了他的最終宿命。

*賽提爾（Satyr）是希臘神話中半人半羊的生物。牠們是酒神戴奧尼索斯（Dionysus）的僕從，生性淫蕩好色，在文學作品中時常是淫慾的象徵。

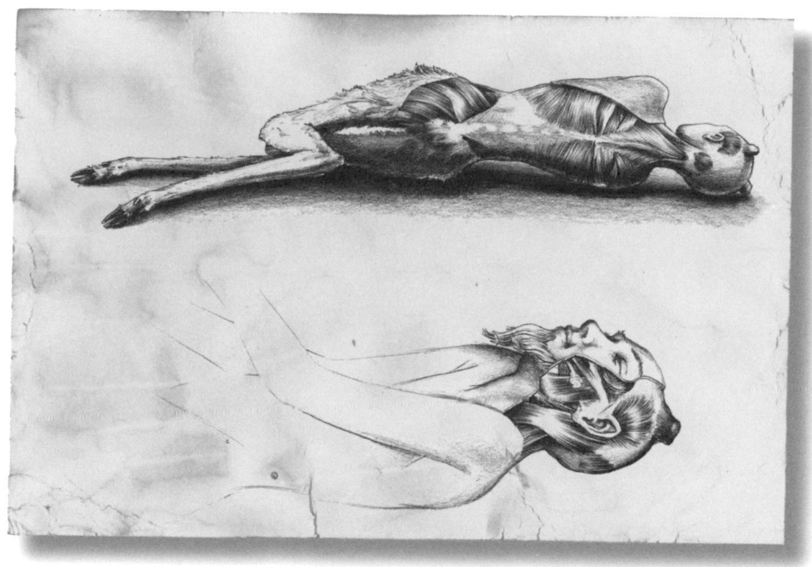

史賓賽．布萊克在進行幼鹿子初期解剖時的素描畫作。作於 1878 年的費城。

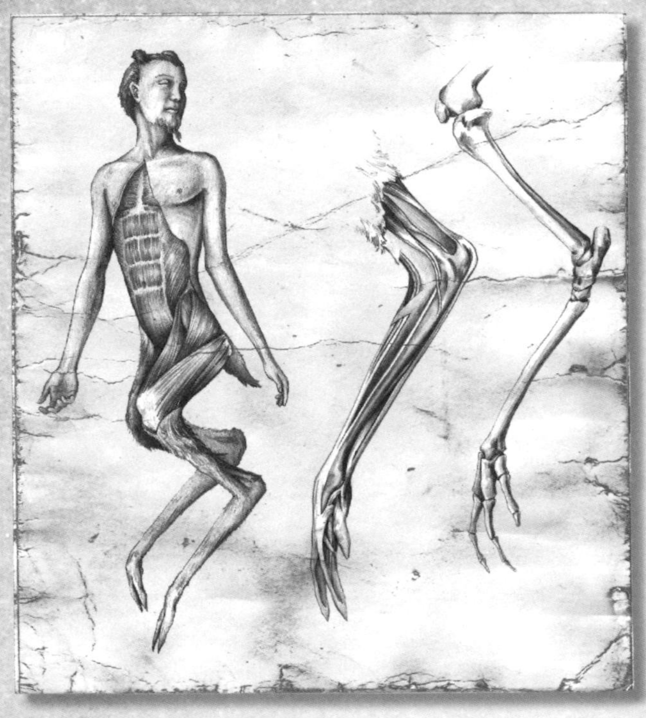

這幅素描更清楚地呈現了這種基因畸形的細節。我們可以很容易地理解為什麼這種症狀在十九世紀甚至今日都能引起人們廣泛的興趣。布萊克在他的解剖筆記中記載：「我將屍體面部朝上橫放，並且準備好桌上的日誌本來記錄第一部分的解剖。我將謹慎地進行、記錄下我所能書寫的一切、描繪出這隻生物的所有細節：包括那些我切開或扯下的臟器瘻管和組織。我正在與這隻生物無可避免的最終毀滅賽跑，所以我必須謹慎地紀錄下它每一部分的肉體。當汗水流進我的眼睛和緊繃的手指間時，我心中憂懼如狂；我害怕我錯失了任何關鍵的因素，害怕我將因此永遠無法拼湊出這個謎團的真相。」

1879-1887

美利堅遊藝團

我肢解了許多人體。在解剖台上，他們之間都是平等的：
同樣無辜、同樣精巧，也同樣詭異。
——史賓賽·布萊克醫師

布萊克在完成了幼鹿子的研究工作之後，決定要去發表他的重大發現。他認為出版刊物是唯一能夠讓他的研究發揮用處的實際作法，但是他也深知自己偏離正統的論調，很有可能會毀滅他的未來生涯以及身為醫者的名聲。即便如此，布萊克依舊冒著風險將他的研究發現呈交給了醫學院。他撰寫了一篇完整的論文，講述了他的論點：幼鹿子身體上的突變是神話生物賽提爾曾經存在於真實世界的證據。但是醫學院拒絕刊登這篇論文。布萊克接著與歐美各大城市包括芝加哥、波士頓、紐約和倫敦的數間大學接觸，希望能夠得到發表的機會。但是他的熱情得到的皆是冰冷的拒絕。

不久之後，費城醫學院終止了布萊克醫生的所有經費補助。顯然醫學院的同仁認為他現在僅僅執著於幼鹿子身上的研究，已經不再重視以前在C病房的醫療工作。布萊克在醫學社群裡的名聲迅速滑落：他受到新聞媒體的攻訐，也收到惡意的信函，甚至走在街上時也受到人們的奚落。

布萊克醫師的文章牽強荒謬，而他所謂的「研究發現」不過是小孩子的夢中幻想，根本不是現代科學家該有的論述。他該把他的奇想寫進小說裡，讓膚淺的讀者從那些古靈精怪得到歇斯底里的快感。

——喬亞伯・A・賀拉斯醫師

此時布萊克的名聲已經遭到了無可挽回的破壞；他也開始債台高築。然而，雖然他不懷抱著任何重振職業生涯的希望，依舊堅持繼續他的研究。布萊克抱持著從未動搖的決心，相信自己最終將會完成史上最偉大的人類學發現。

在1880年，布萊克加入了「美利堅遊藝團」（American Carnival）。在當時，有數百個類似的遊藝團和馬戲團在美國和歐陸巡迴演出。和其他大型的表演團體比起來，美利堅遊藝團的規模不大，僅僅擁有十五輛由馬匹拉動的表演篷車。布萊克的加入，為美利堅遊藝團新增了「布萊克醫師的解剖博物館」，展出了他數年來收集的各種突變物種的標本，以及其相關的知識。在展場中，布萊克展示了真實畸形身體的骨骼標本，並且分析了這些骨骼異常的原因。有些標本被直接擺在桌上，有些則是放置於大型的展示櫃中。一些較小型的標本被懸掛在篷車內的橫樑上。為了添增群眾參觀的樂趣，遊藝團請布萊克在現場講述這些標本的背後故事，告訴觀眾它們是從哪些神話生物演化而來的。我們可以從一張遊藝團宣傳單上的節錄文字一窺布萊克在展場的演講內容：「一個生下來就沒有雙臂的孩子，很可能是遺漏了能夠長出雙翼的基因訊息。換句話說，他的祖先可能是鷹身女妖（harpy）*的後代。」

*鷹身女妖（harpy）是希臘神話中有著女人面孔和鳥類身體的怪物。傳說是由蛇髮巨人提豐（Typhon）和蛇妖厄克德娜（Echidna）所生。

從備受尊敬的醫界才俊墮落成了怪胎秀的主持人，這對於布萊克醫師來說是個劇烈的轉變。他和他的家人被迫展開截然不同的生活方式。跟隨著遊藝團四處巡迴，日子是難以想像地辛苦。但是布萊克的妻兒很快就適應了這樣的舟車勞頓。我們都知道埃莉絲來自於一個受過高等教育且頗具權勢的家庭，她大可以帶著孩子回去芝加哥的娘家依靠父母和兄弟姊妹。相反地，她卻成為了美利堅遊藝團不可或缺的一員。她不但與遊藝團中的工作者和表演者和睦相處，更受到他們的喜愛。她將這些人視為她的孩子，盡心盡力地關心、照顧他們，甚至因此贏得了「埃莉絲媽媽」（Momma El）的稱號。

布萊克本人在這段期間的心情卻是複雜得多。在以下間隔四個月的兩段日記中，我們可以觀察到他對於研究和遊藝團生活的心境轉變。

1880年9月

我為了完成我的研究，投注了如此多的心血。然而我卻只能將成果分享給騙子、罪犯和謀殺者——這群愚昧無知的小人！他們之所以沒有率獸食人，不過是因為嫌彼此的血肉不夠美味。然而，是他們卻是我現在唯一的夥伴。我滿足了這個遊藝團所需要的奇幻想像。我對著盲目膚淺的群眾講課，但是他們對於「叢林蜥蜴女」要遠比對我的科學知識要感興趣（而事實上，她不過是一個來自底特律、患有斑色魚鱗癬的可憐女人）。如果我能夠在某間大學的實驗室中研究，與懷抱著學術熱誠的學生分享知識，該有多好！

但是我內心深知，我依舊必須繼續我的研究工作。縱然我鄙視這些膚淺的人，他們卻是我僅有的聽眾。在我喪失了其他任何的維生方法之後，留在遊藝團是我唯一的選擇。

1881年2月

我跨越了這個國家的各個邊界，尋找那些願意聆聽的人們。我不再受限於任何一個地方，如果沒有人願意來了解我的研究，我會親自造訪，敲響門扉，將我的成果展現在他們面前。

雖然布萊克一開始心懷猶疑和不忿，但是他很快地就成為極為成功的秀場主持人，並且逐漸地擁抱了嶄新的生活方式。遊藝團中的其他工作者也對布萊克的表演方式極為讚賞。那些充滿著好奇心的觀眾，總是在布萊克的移動博物館前大排長龍，希望一睹那些在地方報紙上備受抨擊的爭議性展品。「布萊克醫師的解剖博物館」為遊藝團帶來了巨大的收益。布萊克也有足夠的收入來維持家庭的開銷，他甚至為自己添購了一輛大型的馬篷車。這種馬篷車是早期美國遊藝團和馬戲團專業人士所使用的交通兼表演工具。它為布萊克帶來了高度的機動性，讓他能夠隨時前往任何地方進行展覽，甚至是在遊藝團公休的冬季。

布萊克醫師維持他一貫直言不諱的性格，常對那些抱持懷疑態度的觀眾提出公開辯論的挑戰。1881年，在紐約馬里斯郡的一次展覽中，一位名為威廉・卡達威二世（William Cathaway Jr.）的牧師嚴詞批評了布萊克的展覽，認為其中有著道德淪喪和褻瀆神聖的內容。特別令卡達威牧師感到憤怒的，是布萊克對於人類祖先的論點。布萊克所描述的人類遠古型態與舊約聖經中的亞當和夏娃有著巨大的差異。

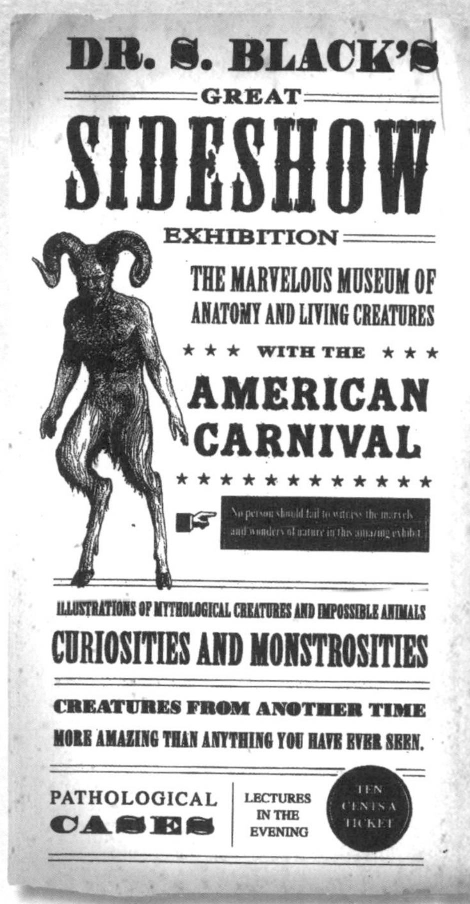

這張美利堅遊藝團的傳單強調，布萊克醫師是整個展覽的焦點。但是事實上，他僅僅是這個大型秀場的一小部分而已。這種誇大的宣傳方式是遊藝團表演者慣用的廣告手法。這也可能表示，這張傳單是布萊克親自設計撰寫的。

當這位牧師和布萊克醫師持續他們的激辯時，觀眾也逐漸分成了對立的兩派人馬。在現場氣氛達到高潮時，雙方的對立演變成了鬥毆。牧師和醫師雙雙遭到逮捕，但是只有布萊克被以煽動暴亂的罪名被起訴。雖然布萊克並未被定罪，但是這次的事件讓他在接下來的數年中都飽受騷擾和拘捕的威脅，因為當局將他視為一個擾亂社會穩定的麻煩人物。布萊克像過街老鼠般地從一個城鎮被驅趕到另一個城鎮，但是他的信念並未受到動搖。他被有關當局以各式各樣的罪名起訴，包括竊盜、詐欺和公然猥褻（例如向大眾展示淫穢的物件和描繪淫穢的景象）等等，雖然這些罪名最後都未能成立。

> 主流人士花費了許多心力來避免大眾聽到我的論述。事實上，人們也不過是在我說話時漫不經心地站在那而已。我不過是一個科學家與醫學家，難道真能在他們心中激起如此深沉的恐懼？

布萊克很快地了解，僅僅依靠科學上的論述是不足以說服他的聽眾的。他需要的是證據——而他必須自己創造出這樣的證據。布萊克推斷，既然他能夠以醫學逆轉人體畸形，他也能夠以此創造畸形。換句話說，他必須要再現那些他認為原來存在的身體構造。

在布萊克重新構思展覽的那幾個月中，他遠離了公眾的目光。他離群索居在他的遊藝團篷車中進行研究。他首先肢解了小型動物的屍體，然後將不同的部分移植組合成他想像中的原生動物。1882年，布萊克花費了整個夏天，在五歲的兒子阿爾馮的協助下在各地獵捕小型動物。布萊克將篷車隱藏在費城往北四十哩的草原中。在每次狩獵有所斬獲之後，父子倆就將獵物裝上篷車。

在車內，他們一起將這些小動物肢解。在某次的實驗中，布萊克將某些身體部分拼湊縫合成了一個看起來像鷹身女妖的玩偶。「她」的下半身來自於火雞；柔軟的羽毛覆蓋了堅硬且裸露的頸部肌膚。「她」的頭部則來自於一個夭折幼兒的屍體。布萊克將「她」命名為夏娃。

緊隨在夏娃之後的，是一連串更為精密的創造。現在布萊克已經掌握了活體生物的生理學和結構學知識，他開始思考那些在大自然意志下應當持續存在的生物樣貌。他也開始構思如何重新創造出這樣的生物。在1883年，布萊克設計並建造了一個非凡的珍奇屋，收藏了各種神話生物的標本。這些奇異生物標本中的人類身體部分，很可能都是他和阿爾馮從公墓中挖掘盜取的。

在1884年，布萊克正式開放了這間重新改裝的博物館。他帶著埃莉絲和兩個孩子在全國各地巡迴展出。儘管依舊遭到各地警方的為難，這次的展出取得了巨大的成功。

1883年5月9日

他們就像群聚的害蟲一般席捲而來。人群中充滿著疑惑的低語聲；懷疑的陰影籠罩在他們的臉孔上。但是當他們看到我的作品時，疑雲轉變成了一種詭異的容顏：他們正目睹著人類歷史中被遺棄的殘跡，而他們相信他們雙眼所看到的。

觀眾對於這次展出的反應，是熱切中帶著恐懼和些許憤怒。其中一篇評論寫道：「觀看布萊克醫師的混合生物標本是一個令人不安的經驗。這些動物看起來栩栩如生，牠們的眼睛好似隨時會張開一樣。彷彿只要一聲輕輕的呼喚，牠們就會覺醒過來。」

在剛開始的時候，展覽只包括了一隻小型的鷹身女妖、一隻三頭的塞伯路斯（Cerberus）*，以及一隻東方龍。但是當布萊克展出一隻由人類屍體和馬的屍體所組合而成的「半人馬」（centaur）時，大眾的品味和良知就遭到了前所未有的衝擊。這件展品實在過於黑暗詭異，讓觀眾在驚怖當中噓聲四起。費城的地方報紙也報導了這次事件：「一如既往，布萊克醫師的展出令人作嘔。正直和高尚的風格以及他曾經擁有的理智，都已經離他遠去。」

面對爭議與批評，布萊克依舊毫不動搖。他從未放棄那些奇幻生物曾經真實存在的信念。他堅定地表示，向大眾揭露人類真實的樣貌是他對於醫學、科學和整個世界的職責所在。根據他的論調，這世界上存在著一些更為詭異、超越人類所能認識理解的未知生物。他也堅信美人魚曾經在徜徉於深海中、米諾陶（Minotaur）** 曾經在馬其頓稱雄，甚至斯芬克斯（Sphinx）*** 也曾寓居於埃及聖凱特琳山脈的岩石中。

布萊克聲稱握有這些古老物種存在的證據，還表示這些證據從世界各地運送到他的收藏中，而且都被小心翼翼地保存在篷車中的櫃子裡。雖然他確實收到為數不少的貨運品，但是根據某些人的說法，那些在木箱中的事物不過是一些他在 C 病房時期所蒐集到的人體突變的畸形標本。在後來從解剖博物館所發掘到的物件中，有一個貼有貨運收據的大型木箱。這張收據顯示這個木箱是來

---

* 賽伯路斯（Cerberus）是希臘神話中看守冥界入口的三頭犬，與鷹身女妖一樣是由提豐和厄客德娜所生。

** 米諾陶（Minotaur）是希臘神話中半人半牛的怪物，深居於克里特迷宮中。最後被英雄忒修斯（Theseus）所斬殺。

*** 斯芬克斯（Sphinx）是源自於古埃及神話的人面獅身獸。在希臘神話中，端坐在通往底比斯城（Thebes）的路上，以謎語困殺路過的人。其謎語最後被伊底帕斯（Oedipus）所解開。

自於君士坦丁堡，而運送者的名字則是無法辨識。沒有人知道這個大小足以裝下兩個成年人的木箱內容物為何。很不幸地，我們也無法知道布萊克醫師所收到的貨運品的大概數量。

「它」終於到了。我已經等得夠久了。等待早已磨光我的耐心，我感覺等待的時光遠超過「它」從君士坦丁堡到費城的旅行時間。

隨著布萊克展場的知名度逐漸增加，越來越多人開始支持他那獨特的科學觀點，然而隨之而來的也是更多其他人的批評和訕笑。整個「布萊克現象」也慢慢轉變為持不同看法的兩派人馬的對峙。但是布萊克並未被自己所造成的狂熱所影響，他依舊積極地出現在公眾場合，成為各種大型社交聚會和公開活動的不速之客。他甚至在未受邀請的情況下現身於選舉造勢晚會，只為了向大眾傳達他的觀點和哲學。據報導，布萊克出席了一次位於紐澤西的小型私人俱樂部晚宴。在席間，他為了闡釋「上帝並不希望人類有飛行能力」這個觀點，將酒杯從窗戶扔了出去。他異常且瘋狂的言論和粗野的行為激怒了在場所有人，也激起了其他人的暴力行為。而整場晚宴就毀於一片暴亂之中。

我聽到他們對我的科學研究發出夾雜著憤怒的驚嘆之聲。我也聽到他們為眼前所見到的事物而發出恐懼的呼喊。有些「高尚」的人士對我的論點提出質疑，說我是江湖騙子和冒牌郎中。而在不久的將來，我所採用的科學方法將能夠回應他們的質疑，將他們從愚昧中解放出來。唉！但是對於現在這些暴躁盲目的蠢蛋，我說什麼都沒有用。

布萊克對於他的批評者不懷抱一絲尊敬。在接近公眾生涯的尾聲時，人們對於他的印象僅止於狂暴不穩的情緒和詭異的行為。隨著展覽所吸引的觀眾越來越多，批評者也越來越多。布萊克所擔憂的其實並非批評，而是冷漠和忽視，因為在他心中，他始終認為自己是真正的科學家，而非娛樂大眾的藝人。1884年的秋天，布萊克在心灰意冷之中僅僅舉辦了兩次的展覽，之後他就終止了所有活動，也暫停了與美利堅遊藝團的合作關係。以下的文字節錄自賀拉斯醫師發表的一篇費城醫學期刊論文：

他會展示出盜墓而來的普通人骨，或者尋常山羊或獅子的屍體，告訴觀眾說他發現了人面獅身獸曾經存在的證據。他毫不停歇地四處演講，仔細打量那些骨頭中的各個細節，然後聲稱他發現了所有人都視而不見的秘密。

現在，他墮落成了一個江湖騙子，到處向人們展示他那些破爛腐臭的拼湊軀體，然後告訴觀眾說這是某種神秘生物存在的證據。縫合各種動物殘肢，然後創造出所謂的「怪物」，難道就能證明這種怪物真實存在過嗎？史賓賽·布萊克醫師現在僅僅是一個滿嘴胡言亂語的瘋子；一個永不滿足、眼中只有那些根本不存在事物的狂人。對他來說，彷彿只要堅持得夠久，謬誤就會變成真實。這真是無可救藥的瘋狂！

——喬亞伯·A·賀拉斯

在1884年年尾，布萊克為賀拉斯捎去了這封著名的回信：

賀拉斯醫師，

這封信是我在拖延許久之後寫下的，因為我知道我早已失去你的尊重和愛。你對我的看法是如此的冷酷無情，甚至你對於我的身敗名裂也著實出了一分力。但是當我真正意識到這些時，我仍然感到震驚與悲傷。

我親愛的醫師，我想告訴你的是：我並非是那個只會幻想、沒有勇氣依循正確思想的道路、無法將目光專注於真理之上的人。相反地，你才是那個沒有能力和意願去積極理解未知奧秘與知識的人。

我曾經給過你機會，一個能夠一探超越自身存在、超越塵世與世俗科學的境界的機會。我所進行的是任何外科醫師都夢想不到的研究，我也給了你參與這個人類學史上最偉大突破的機會。喜悅與悲傷攪動著我的心緒：我為我的持續研究而感到歡欣，也為我們之間逝去的偉大友誼而哀悼。

——史賓賽・布萊克

1884年的3月，史賓賽和埃莉絲迎來了另一個孩子山謬（Samuel）的降生。但是新生的喜悅和快就被接踵而來的悲劇所斬斷。他們的次子維克多染上了傷寒。他的病勢纏綿了數周，然後在山謬誕生的四個月之後過世。史賓賽在1884年9月的日記中記錄了這樁悲劇：

我最親愛的孩子……現在他和姊姊伊莉莎白一樣，都成了美麗的天使。身為父親，我無法阻止他的離去。我不知道我的其他孩子會遭遇到什麼樣的命運。難道在病痛侵襲他的時候，我仍然將束手無策？在我進行了這麼多的研究、努力獲取了這麼多知識之後，難道我還是無法解救自己的孩子嗎？如果真是如此，我倒寧願親手結束他們的痛苦。難道我永遠只能是死亡的見證人？難道我不能分享生命的榮耀嗎？

布萊克飽受喪子的悲痛。同時，他也對於近期解剖展覽的結果也不甚滿意。這些負面的情緒讓他在研究和實驗方面「變本加厲」；他現在相信，唯有創造出「活生生」的證據，才能夠讓世界了解並且相信他的論述。

1884年的冬天，在布萊克回到了費城的家之後，立刻展開了秘密的研究工作。他在宅邸後方樹林中的小倉庫中，開始嘗試移植活體生物組織。這個倉庫後來就成為了另類的實驗室。布萊克平日依舊住在主屋中，但是每天早晨他會騎著馬進入樹林，繼續他在實驗室裡的研究工作。他的脾氣變得執拗，近乎著魔地專心致志於創造生命的工程。

當死亡降臨時，我們內在的生命會察覺到自己的命運。生命會以無與倫比的力量掙扎與撕咬。然後很快地，所有痛苦會消失，你也能夠聽見死亡的聲息。死亡輕巧地來到你面前，彷彿水在空氣中凝結了一般。死亡向你致以親切的問候，她的語音有禮且優雅、冷靜而公正，這將使你安然地理解她的訊息，也坦然地接受她的降臨。

在接下來的兩年中，布萊克取得了許多小型的活體動物來進行他的實驗。對於研究工作的執著讓他逐漸遠離他的妻兒。他的研究遭遇了無數的艱困掙扎與失敗。一年半之後，埃莉絲再也無法忍受丈夫的行為所帶來的心理壓迫，她去信史賓賽的哥哥伯納德，希望他能夠前來提供協助：

……我看到動物的死屍，還有渾身浴血的活生生動物。牠們在籠中等待著死亡，或甚至是更可怕的命運。肉體腐敗的惡臭引來了鄉間更多的野獸，我的丈夫會捕捉然後屠殺牠們……我向上帝祈禱，希望你的弟弟能夠恢復正常，我想你也應該向上帝祈求同樣的事……

在1887年的秋天，伯納德來到了費城。他和埃莉絲一樣，十分關心弟弟的健康和精神狀態。史賓賽面對哥哥時語帶保留，並不願意和他分享內心的想法。他依舊無法停下手邊的工作；時常花費一整天時間待在實驗室裡。

在同年的11月底，也就是史賓賽最後一次隨遊藝團展出的將近一年之後，他邀請埃莉絲和伯納德一同來見證他稱之為「現代文藝復興」的科學成果。他們心中充滿疑惑和恐懼，不知道即將目睹到什麼樣的景象。埃莉絲帶著山謬和阿爾馮一同進入了布萊克的實驗室，當時兩個孩子分別是四歲和十六歲。伯納德在日記中記錄下了他們在實驗室裡見到的景象和發生的事：

當我看到我那該遭天譴的弟弟所做的事時，我心中作嘔，全身的皮膚也隨之緊繃。除了桌上的一盞小燈之外，整個房間是一片黑暗。在昏暗的燈光下我看到的是一頁頁的筆記、一些裝著液體和部分肉體的玻璃瓶。在桌旁的地上堆放著空的獸籠，四處灑滿了穢物。整個房間陰冷潮濕，充滿著腐爛屍體和排泄物的惡臭。史賓賽帶領著我們來到他的工作桌前，向我們展示他引以為傲的「作品」。在地上有一隻全身浴血的動物，那是一隻背上被縫上了一對雄雞翅膀的狗。牠隨著呼吸微弱地顫動著，這是牠還活著的唯一證明，因為牠的身體是如此的殘破和腫脹。當此情景，埃莉絲用左手臂將山謬緊緊地抱住，另一手臂則無助地想抓住阿爾馮。她的雙眼凝視她的丈夫，然後很快地看了那垂死的可憐生物一眼。而僅此一眼就讓她放聲尖叫。阿爾馮則是面無表情地靜靜站著。那隻動物彷彿對叫聲有所反應，牠的身體抽動，背上的翅膀也突然拍動起來，似乎想要嘗試著起身。此時，史賓賽笑了，然後雙手合掌一拍。

從他實驗室深處的黑暗中，傳來一聲巨大的低吼和鐵籠的鏗鏘聲。這使我們意識到那隻地上的可憐野獸不是這裡唯一的動物。埃莉絲拉著山謬逃出了門外，她也試著帶走阿爾馮，但是他拒絕離開。他以不小的力量掙脫了母親的掌握。我上前抓住這個乖戾的男孩，命令他跟隨母親離開實驗室。

在屋內只剩下我和史賓賽時，我對他怒吼，要他告訴我他究竟都幹了什麼好事。我對他感到憤怒，憤怒他竟然能夠做出這麼殘忍的事。我對於他之前如何成為遊藝團的噱頭一無所知。他告訴我，他所完成的工作現在已經顯而易見，那隻在地上血淋淋的動物就是明證。當他說話時，地上的動物狂亂地顫動。這恐怖的景象壓倒了我；我幾乎是啜泣地告訴史賓賽：牠就要死了。我試著不去看那隻垂死的生物；牠試著要擺正自己的身體，當每次嘗試都失敗時，牠的腳爪徒勞地抓著冰冷的地板。牠的身體各處不斷地流出血液和膽汁；牠在史賓賽腳邊痛苦地扭動著，但是牠的主人正自高談闊論，對他的玩物不屑一顧。史賓賽向我解釋：這隻動物並非正走向死亡，相反地，牠才剛剛得到新生。我反駁他的論調，但是他突然開始憤怒地吼叫。他的聲音透露著殘忍無情，彷彿也想將我殺了一樣。史賓賽激動地說，他的研究不是為了我，也不是為了他自己，而是為了創造全新的物種、為了全新的科學和一個全新的世界。他挺立在那隻動物身前，好像正在保護牠一樣。我理解到，無論我說什麼都不能夠說服他或者平息他的怒氣，所以我最後一次地重申了我對他的研究的反對。

他兇狠地啐了一口並說，他鄙視並譴責那些世俗的道德律法和所謂善惡的蠻橫準則。在發表完高論之後，史賓賽靜靜地站著。昏暗的燈光讓他的臉龐籠罩在陰影中，雖然我看不到他的眼睛，但是我知道那雙眼正凝視著我。在沈默中我轉身離去。時至今日，我依舊清清楚楚地記得這次事件，史賓賽的聲音依舊迴響在我的腦海中。從那天之後，我再也沒有與他見面。

沒有任何人像史賓賽那樣擁有如此傑出的醫者能力。他擁抱這樣的能力，彷彿這就是整個科學知識本身。這種能力就好像一隻活生生的生物，他永遠會溫柔地懷抱著牠，但是同時，牠也是任他操弄的玩物。

伯納德的日記敘述了後續的事：埃莉絲將兩個孩子交給了伯納德，並要他當晚就帶著孩子離開，而他遵命照辦。埃莉絲告訴他，在她收拾好行李後，就會盡快離開。

伯納德在了解到對於弟弟的異常，自己已經是無能為力之後，便帶著兩個姪子踏上紐約的歸程。他嘗試爭取這兩個孩子的監護權，但是十六歲的阿爾馮拒絕這樣的安排，並且立刻逃回到費城的父親身邊。所以當伯納德抵達紐約之後，身邊只有即將滿四歲的姪子山謬。

直到史賓賽的日記在多年後重見天日，大家才知道，埃莉絲在伯納德離開的當晚又進入了實驗室。她將一盞煤油燈砸碎在桌上，並點燃火焰，企圖將丈夫所創造的一切付之一炬。她也拿出手槍，開始逐一射殺那些動物。史賓賽聽到槍響，也看到火舌從實驗室中竄出。他急忙忙地衝進來企圖撲熄大火。史賓賽在他的日記中記載了這段衝突過程：

我縱馬穿越過原野，絕望地想要拯救我的研究和作品。我飛身下馬並衝進室內。而意想不到的是，等待著我的是手中握著槍的埃莉絲。她開火擊中了我的腿。我知道她原先的目標是我的胸膛，我很慶幸她不是瞄準天花板開槍，否則我就死定了。埃莉絲接著射殺了我的狗，然後在燃燒的實驗室中四處搜尋，射殺剩下的所有動物。但是此時火勢已經是一發不可收拾，烈焰很快地吞沒了她。我忍著腿上的疼痛，奮力將埃莉絲拉出火場。

埃莉絲的傷勢十分嚴重：她的雙眼已盲、也失去了說話和自由移動的能力。事實上，她能夠存活下來已經是個奇蹟，因為像這樣的嚴重燒傷因感染而致命的風險非常高。布萊克沒有將這次事件告訴任何人，包括伯納德。在阿爾馮逃離伯納德的監護，回到費城家中之後，父子倆將埃莉絲移到停放在森林深處的篷車中，進行緊急的秘密手術。

我們駕著篷車往北行了數哩路，遠離任何人家，最後駛進了一個幽靜的峽谷中。為了不驚擾到馬匹，我將牠們拴在距離篷車有一段路程的地方。我打算就在這裡進行手術，遠離塵世的一切。

我決定對埃莉絲進行皮膚移植。這項手術相當複雜，只有極少數的醫生有嘗試執行過，而成功的案例更是罕見。我和阿爾馮一起奮戰了兩個晚上；起初，他感到恐懼而不願意協助我。但是我告訴他沒有任何其他的方法能夠拯救他的母親。我的麻醉藥存量短缺，我沒有足夠的劑量能夠施打在埃莉絲身上。她身處於極度的痛苦中，但是對此我們無能為力。

我們的篷車位在人跡罕至的地方。在昏暗的燈光中埃莉絲的尖叫聲迴蕩著。面對這恐怖的景象，我最終還是停下了這終將失敗的手術。時至今日，我依然無法相信這樁慘劇的發生；這場大火好像上帝的呢喃，它無情且堅決地橫掃過一切。殘留下來的只有孑然一身的我，和我懷中那破碎的可憐女人。

費城地方上的報紙紛紛重砲抨擊布萊克，將這場大火歸咎於他的疏失和那些危險的實驗。沒有任何人知道埃莉絲在這場大火中遭受了嚴重的傷害。布萊克別無選擇，他只能將已經重度依賴鴉片止痛的埃莉絲藏在篷車中，黯然離開費城，前往那些對這次火災一無所知的地方。

1888-1908

人體復活秀

我的實驗室中，我並非只是在冰冷的手術台前工作。我掌握的是心臟的悸動、血脈的通連。這裡是我的歸宿，也是我的神壇。

——史賓賽・布萊克醫師

儘管布萊克經歷了這次悲劇，他依舊堅持於自己的研究和實驗。日記中紀錄的，是他離開了伯納德和山謬，也離開了家鄉費城的感觸。

1888年4月30日

我們現在正趕往芝加哥，埃莉絲正靜靜地沈睡著。我和伯納德之間的衝突依舊，我想我們之間的情誼已經不復存在。我沒有任何機會向他作出更多的解釋，他也不可能對於我的解釋有理解和同情。「解釋」的機會？我想這真是癡人說夢！我如何向那些雙眼被蒙蔽的人解釋那掌控著生命的複雜機制，和其中那些精密細微的科學現象？我如何向他們解釋，我是懷抱著何等的謙卑，在進行這偏離自然機制的研究工作？我需要千百年的時間來闡明並書寫下我的思想。在此之前，難道我所創造的生物不是曾經活生生地存在於世過？這對我來說已然足夠了。

我無法安坐、無法停歇、無法睡眠。我不能逃避我所開始的事功。我的研究已經不僅僅是娛樂大眾的珍奇景觀。在我年輕時，我同樣也是受到蒙蔽的人；

那時候的我遠離死亡、無法像現在這樣品味死亡。在過去，我並未對我身為醫師和科學家的身份多做思索。但是現在我已經意識到了一切：我再也不是過去那個愚昧的史賓賽．布萊克。

我們終於抵達了芝加哥。在晨光中，原野上靜靜擺動的青草讓我心曠神怡。馬兒也停下腳步，安靜地吐出溫熱的氣息。埃莉絲依舊沈睡著，我不願驚醒她，因為此刻她需要更多的休息。我永恆的摯愛！我願意對她表達千萬次的愛意，也不會感到厭倦。看著春日中綻放的花朵，我感到一陣心痛，因為她原本將會是百花中最為嬌豔的一朵。

在抵達芝加哥之後，布萊克開始為新展覽進行準備工作。這個名為「人體復活秀」的展覽將會展示出布萊克認為神話生物曾經存在的活體證據。經過整整兩年的籌劃，布萊克在1890年於波士頓為新展覽揭幕。在宣傳單上，我們可以看到各種千奇百怪的生物名稱：「有翼的女人」、「天使之子」、「蛇形少女」、「火惡魔」，以及背脊上有著一對翅膀的「飛行獵犬」。

許多人懷疑這些生物不過是偶然的突變產物，或者是穿戴著戲服的普通動物。也有人猜測牠們是藉由外科手術移植而成的混合動物（他們還真的猜對了）。但布萊克醫師宣稱，這些生物都是最新發現的生命形式。在《芝加哥科學期刊》1891年的秋季刊，有一篇文章這樣寫道：

> 無論科學家與否，一個能夠以解剖學或其他醫學技術操弄自然生命到這種程度的人，擁有的是沒有任何人應該擁有的力量、創造出的是永遠都不應該出現在世界上的事物。
>
> ——威廉．J．蓋提（William J. Getty）醫師，加拿大皇家學會成員，紐約醫學大學解剖學系外科教授

「人體復活秀」中的演出者包括了布萊克醫師以前在C病房的病患，也包括了他隨著美利堅遊藝團巡迴演出時診療過的病人。這些人的共通點是他們都有著極端的病徵。其中一個年輕人據說接受了腿部移植手術，身上有著另一個高大且皮膚黝黑男子的肢體。另一位名叫蘿絲的十七歲少女曾經是連體嬰，她所經歷的手術極為複雜，包括了心臟、肺臟、腎臟、脾臟和手臂的移植，而她的連體姊妹則在手術過程中過世。蘿絲的父母表示，經過了手術，她變得更美了。

對於那些飽受畸形和其他奇異病症所苦的人來說，布萊克醫師成為了傳說中的英雄。

儘管受到主流科學社群的訕笑，布萊克也受到許多人的敬重，尤其是那些怪病纏身的人們。布萊克寫了一封語帶戲謔的書信，寄給了《芝加哥科學期刊》：

> 想必諸位對我的研究本質都有了應有的了解。我也相信諸位對我的尖銳質疑都是有所根據。既然如此，為何諸位會像那些受宗教和道德束縛的愚昧俗人一樣，將身為醫者的我視為洪水猛獸？我是科學家，而非惡魔。

遊藝團成員時常為地方上需要幫助的弱勢人士提供幫助，包括食物和醫療。這項善舉成為了遊藝團的一項傳統，時至今日依舊在世界各地以布萊克之名實行。布萊克在巡迴演出期間，時常為地方上的窮苦病人執行手術。在這些人眼中，成功的手術就好像神蹟一般。布萊克神醫般的名聲很快地在各地流傳，每當遊藝團造訪某個城鎮時，都吸引了許多平民百姓前來「朝聖」。根據許多人的說法，那些家中小孩有著致命缺陷或患有怪病的父母，都會不遠千里地來向布萊克求診。布萊克

THE
NATIONAL JOURNAL OF MEDICINE AND SCIENCE

VOL. 2 NO. 8 PHILADELPHIA, PA. SEPTEMBER, 1891 EST. 1812

New sideshow at traveling carnival. Medical marvel or menace?

Dr. Spencer Edward Black hosts what he calls, "A triumph over the fate of man," in his traveling sideshow with the American Carnival titled, The Human Renaissance. In this performance he showcases the common thrills that are expected at these events: bizarre skeletons, strange creatures in glass jars, and amputated limbs from a variety of imagined animals among many other odd items. What is most interesting, or disturbing to one's senses, is the taxidermy collection of mythical animals such as: the mermaid, the sphinx, the minotaur, and even a pegasus. It is obvious that these are not real creatures, the doctor will tell you so himself; they are instead, "A vision of what may come." Dr. Black purports that the alleged creatures were once real, and can be made to be real again. Yes it's true, an outlandish claim indeed; however, his presentation has lead to a great deal of trouble for him. Angry mobs gather to protest his work, police are reported to have arrested the doctor on a number of occasions, and it is said that he is even estranged from his own family- all but his son who assists him while on the stage.

The Human Renaissance show will be performing in Philadelphia, October 13 25, and though there are many who are curious, there are many more who are outraged. "Why must he come here with that deplorable act, we are a good city with good sensibilities- we have no need for any of that frankenstein nonsense," says, community organizer, Garth Dewint.

Among the attractions of the sideshow must be included Dr. Spencer Black's most impressive and disconcerting exhibit, Darwin's Beagle.

DR. S. BLACK'S
DARWIN'S BEAGLE!

Pictured above, an event attraction cleverly named, Darwin's Beagle. Only one of many grotesgue animals in Dr. Black's cabinet of curiority

It is what appears to be an ordinary beagle with working wings; wings that function so well, the animal needs to be chained to the stage so it doesn't fly away from the patrons. If this is indeed an illusion, which it must certainly be, then a splendid one it is. This novelty is a new act for the doctor, and is anticipated to attract a great number of curious onlookers.

-Article written by: David O'Boyle

Local community man complains of rare skin condition

Local man, George J. Spleate, was under the care of Physician Jaques De'van complaining of an irritation and greenish colored rash on the entire surface of his chest.

上圖為《國家醫學與科學期刊》之摘錄。《國家醫學與科學期刊》的出版社位於費城。雖然其宣稱自己是全國出版品，事實上其文章內容鮮少涉及費城以外的區域。讀者群也僅僅侷限於地方上的普通居民，而非專業醫學人士。

在1891年10月的日記中記載了其中一次這樣的經驗：

> 他們帶來了一個沒有手腳的女孩。聽說當她被發現的時候，附近沒有任何人願意收留她。在她身畔只有一封來自親生父母的信。這封信描述了他們如何為自己的女兒感到羞恥。這對父母無法看見自己女兒的真實樣貌；他們雙眼所見的只是一隻怪物。這個女孩身體與生俱來的情況並非是上天的懲罰或預兆，也不是某種邪惡的詛咒。她失去了過多的血液，而我將會重新賦予她的身體所應該擁有的部分。

這位年僅11歲的女孩名叫米瑞安．海爾墨（Miriam Helmer）。她在誕生的時候就沒有正常的四肢：她沒有手臂，僅僅有一雙手掌和一雙極短的雙腿。這很可能是某一種形式的「羅伯茲症」（Roberts syndrome）。布萊克醫師將一對翅膀移植到了女孩的肩膀上。在經過一段短暫的恢復期後，米瑞安也加入了遊藝團的表演。布萊克將她以「有翼少女」之名呈現在大眾眼前，並且解釋說，米瑞安之所以沒有雙臂，乃是因為她體內的基因試圖生長出翅膀。而此一機制之所以失敗，是因為少女的基因組成還是以人類基因為主。米瑞安持續地在展覽中演出數年，直到1899年因為不明原因過世為止。

藉由米瑞安．海默爾身上成功的手術，布萊克引介了「自體復活」的理論：他能夠藉由給予人類身體適當的「提示」來喚醒身體對於遠古狀態的記憶。透過這些提示，身體能夠重組遠古的自身記憶，然後進行「自體復活」。布萊克大量地引用了一本名為《吐息之書》的書中關於自體復活的資料。但是許多人認為，這本書其實是出自布萊克本人的手筆。時至今日，沒有任何人發現與

《吐息之書》書名或內容有關的手稿或殘卷。

在從1892年到1893年的演出期間，「人體復活秀」每次的新表演都引起了廣大的爭議。騷亂與暴動時有耳聞；宗教人士反對布萊克醫師的展出與「作品」，政治領袖也公開批判布萊克本人，整個醫學社群也公開譴責和質疑「人體復活秀」的合法性。甚至美國優生學學會也批評布萊克，認為他的研究是大開科學發展的倒車：

> 這些表演是對現代科學努力的嘲諷和棄絕，也是對人類型態本身的破壞。這些野獸絕非如布萊克醫師所聲稱的是自然的產物。牠們應該被掃進滅絕的灰燼中，而不是公開地展示在大眾的目光之前。
>
> ——愛德華・史達爾特斯（Edward Stalts），美國優生學學會會長

在面對非難時，布萊克絕非喪志之人。論沭和爭辯一向是他的拿手本事。儘管如此，他的演說風格也漸趨激烈和暴躁，時常激起觀眾瘋狂的憤怒。布萊克最後一次的公開演出，是在1893年位於芝加哥的世界哥倫比亞博覽會。原本按照計畫安排，他的演出將持續兩個月。然而，演出僅僅三天就告終。在每次的表演中，觀眾起初對布萊克百般地嘲弄，但是奚落很快就轉變為眾怒。在演出的第三天，群眾衝上舞台，試圖殺死布萊克創造的動物，並焚毀其他的器械和道具。最後，布萊克被迫逃離現場。他在1893年寫給伯納德的信中，表達出他的沮喪：

伯納德：

也許你已經聽說了——也許那些對於我失敗的嘲笑已經隨著赫密斯（Hermes）*輕快的雙翼傳到了你的耳邊；又或者，你可能仍一無所知。我出席了芝加哥的世界哥倫比亞博覽會。在那裡，我被人們嘲笑、奚落、唾棄。他們是真心真意地想要傷害我。難道這些就是我身為醫者所誓言救治的大眾？難道當這些鄙視我的人們受病痛侵襲時，我還必須努力為他們找到解救的方法？

這些可悲的庸俗之人！他們最終將會明瞭我所擁有的不只是醫者的力量。親愛的兄長，我向你發誓，我的能力絕對不僅止於此。

勿忘我，

你的兄弟

在經歷過芝加哥的挫敗之後，布萊克醫師不再主持任何公開的活動。但是他仍持續地為少數特定人士做私人的演出。這些活動並沒有得到廣泛的宣傳，其中有些更是一點廣告都沒有。關於這些特定觀眾的身份和演出的內容，我們也所知甚少。根據布萊克遺留下來的旅行日誌，這些私人表演都持續地進行著，每週都在三到四個不同的場所演出。

據信，布萊克在每個城市的表演都不超過兩天，而表演的地點包括了私宅和私人劇院，甚至有時候在不得已的情況下，表演必須要在人煙罕至的野外進行。傳言布萊克曾經在賓州哈里斯堡的

*赫密斯（Hermes）是希臘神話中諸神的信使。

希爾斯首都大廈中表演，而在表演結束的隔一天，這棟建築就毀於大火之中。許多日誌文獻都記載了觀眾對於表演和演出者的反應，而「褻瀆神聖」是最為常見的形容詞。

布萊克在全美巡迴演出直至1895年。之後他攜同埃莉絲、阿爾馮，以及至少六位的演出者和助手，準備一起離開紐約。但是他並不打算前往南方躲避即將到來的寒冬。相反地，他決定前往北方，與亞歷山大・歌特（Alexander Goethe）見面。歌德是一位富裕但古怪的自然學家，他出資邀請布萊克到他那富麗堂皇、如宮殿般的邸宅進行私人表演。

就像其他十九世紀的貴族人士一樣，歌特本人也收有數個珍奇櫃。歌特對於自己的收藏所付出的心血非同小可；許多人將之稱為「世界的新奇觀」。在他所擁有的珍品中，有許多收藏需要保管在獨立的別館中，例如好幾副西哥德人（Visigoth）的完整乾燥人皮、古代馬雅人的武器、古埃及祭司的木乃伊等等。除此之外，還有一些來源頗具爭議性的品項，包括塞壬（siren）*的手臂和人面獅身獸的軀幹標本。歌特聲稱，這隻手臂是他在印度洋上釣魚時，與一隻塞壬搏鬥所得到的戰利品：牠當時的反抗是如此激烈，讓哥特以為「我釣到的是一名斯巴達戰士呢」。至於人面獅身獸，他則表示那是他在尼羅河畔所找到的。那時這隻生物的屍體已經被其他野獸所分食，僅留下現在展示在歌特珍奇櫃中的殘軀。

* 塞壬（siren）是希臘神話中生活於海上的怪物，擁有女人的臉孔和鳥類的身軀。她們會以美妙的歌聲引誘水手，讓其船隻觸礁沈沒。

上圖是 1893 年哥倫比亞世界博覽會的宣傳單。在中央的人面鳥身生物可能是布萊克早期的創造物。根據記載，其中一位觀眾說：「我們看見這些生物在舞台上活動著；牠們爬行、鳴叫，就好像是活生生的動物一樣。這不是上帝的創造物；這其中有著其他的力量在運作，一種可怕的力量。」許多人並不相信這些生物的真實性，認為牠們可能是運用鏡像或其他騙術所製造出來的幻象。

1896年春

一次偶然的巧遇讓我認識了著名的亞歷山大．歌特。人們稱他為探險家、一切奇特事物的收藏者，擁抱全世界之人。而他本人其實與我所想像的相差甚遠。他是一個愚鈍且令人不快的傢伙；有著側彎的脊椎和不合比例的粗大骨架。而他的表情則透露著幾分輕蔑。

與他交談時，他的話音像是從一團聞起來比鴉片還要甜膩的煙霧中透出。他告訴我，他吸的是蓮花的露水，而全世界只有他一個人知道如何萃取出這種水煙的原料。不久之後，我受邀去參觀他的收藏。其藏品之精美廣博，是我以前從未見過的。雖然我曾向他保證，我絕不會在公開場合或者私人紀錄中透露他的收藏，但是在此我可以說，歌特的收藏證明了世界上真有如此的奇景存在。

現今，關於歌特非比尋常的收藏，我們沒有任何的文獻紀錄。大部分的藏品都在1902年的一次大火中付之一炬。其中只有少數品項倖免於難，但是這些東西都無甚特異之處。另一個可能性是，事實上從來就沒有什麼神奇的收藏品，因為亞歷山大．歌特在1897年遭到警方逮捕，罪名是詐欺和偷竊。他最後在1912年死於獄中。

在二十世紀初期，布萊克醫師將「人體復活秀」帶到了海外，而這些演出極為成功。根據文獻記載，「人體復活秀」在英倫群島、歐陸，甚至是現今的土耳其、敘利亞和以色列等地都有演出的紀錄。在各地的博物館也都能看到一些布萊克展品的蹤跡，地方上也流傳著那手持魔法手術刀的醫師的傳說；也有許多人聲稱，這位怪醫治癒了他們身上的病痛。

在海外的巡迴演出中，布萊克宣稱他擁有奇特的力量，能夠喚醒死者、延長生者的壽命、長生不老，甚至能夠任意改變病人的性別和年齡。他時常在舞台上執行活生生的手術。兩位匿名的觀眾對這令人毛骨悚然的表演有著以下的描述：

> 1900年5月3日
>
> 布萊克醫師和觀眾們交談了好長一段時間，討論著一些聽起來很有道理但是我卻不甚明白的內容；我的意思是，我聽得懂每一個字，但是卻無法理解其中的真意。他領著其中一人從布幕後方來到舞台上。醫師接著向觀眾解釋：這個男人的雙腿因為感染而被截肢。他的助手讓病人平躺在手術台上，然後醫師立刻開始執行手術。
>
> 神奇的是，病人似乎沒有感受到任何痛苦。我記得我曾經見過類似的場面，所以我當時認為這一定是某種騙術。我的座位離舞台非常近，在我看到大量的鮮血流出時，我知道這確實是真實的。醫師取來了一雙死人的腿，然後縫合到病人身上，一邊解釋說這個手術的關鍵在於這雙移植用的腿必須是極為新鮮的，也就是它的主人必須是才剛死去不久。此時，我覺得自己不想再繼續看下去了。但是整間戲院如死亡般寂靜，在這樣的氛圍中，我完全無法移動自己的雙腳。在經過一小時的手術後，這位病人起身並且行走如常，而觀眾則報以熱烈的掌聲，但是我並未鼓掌。我親眼目睹了魔鬼的法術，在場的所有人也都以雙眼見證了：魔鬼在我們的世界中擁有自己的私人手術師。

❖ ❖ ❖

1901年6月12日

我以我所擁有的感知、理性和科學知識，見證了布萊克醫師的「創造」。我以雙眼目睹這既非自然也非人為惡作劇的產物。這些經過防腐處理的死體，就像宣傳單上所描述的。但是牠們的身體渾然天成，完美地超乎我的預期和想像。特別是那些經過移植的器官組織、毛髮和肌肉，看起來自然且栩栩如生……。

如果同樣的工作被交到我的手上，我無法想像有任何可行的方法來完成這樣的創造。如果這是江湖郎中或者騙了所捏造的噱頭，那這位「醫師」所擁有的，若非高深莫測的技術，就是超自然的力量。對於後者我嗤之以鼻，但是對於前者，我感到一股強烈的不安。就好像我看見了過於逼真的魔術表演，讓我懷疑這根本不是魔術技巧所能達到的。我無法理解布萊克醫師展現在上帝與凡人面前的作品。

雖然越來越多人將布萊克描述為世上最厲害的騙徒，在海外的演出還是讓他賺取了難以想像的財富。評論家們表示：「布萊克不過是個魔術師和騙子」、「布萊克醫師偷走的不只是你的錢，還有你的理性與常識」。但有趣的是，這些評論家都不肯承認有去過布萊克的任何一次表演。

除此之外，有謠言說布萊克甚至為自己的兒子阿爾馮進行手術，為了要讓這個孩子「青春永駐」。在手術之後，他還為阿爾馮娶了一個新的教名：「無眠者」。

布萊克在一段日記中寫道：

> 我能夠戰勝死亡；我能夠將雙手浸入青春之泉的池水中；我能從死亡的蹂躪中拯救生命，並讓它延續下去。「無眠者」將永恆地啜飲青春的泉水。當上帝真實的創造物與人類的作品並陳時，我們將會發現後者不過是廉價無謂的產物。我現在逐漸了解到，如果以世俗的角度來審視的話，許多科學家都是所謂的無神論者。雖然他們可能相信上帝，但是對於科學的基本信念，讓他們不見容於社會。我也很不解，世上有如此多信心虔誠的外科醫師和科學家。一個人也許能夠暫時受到蒙蔽，無法理解自然的本質與真理，但是最終的頓悟和懺悔是不可避免的。親眼見證我的創造物，並非是凡人與生俱來的權利，而是我賦予他們的榮幸。這項榮幸我能夠給予，也能夠收回。一切皆由我來判斷。

布萊克的演出持續了八年，直到1901年一次在布達佩斯的私人表演出了嚴重的意外。在表演的過程中，布萊克的其中一隻生物「蛇后」攻擊了一位觀眾。對於這次表演的內容和受害者的身份，我們一無所知。在地方當局的卷宗中，僅僅記載某位客人在出席美國醫師兼表演者史賓賽·布萊克的「人體復活秀」時死亡。但是這次意外明顯對布萊克造成嚴重的衝擊，因為從此之後，他再也沒有進行任何的表演或展覽。他回到了費城的家鄉，持續擴大他的研究設施。

自從離開了史賓賽並成為山謬的監護人之後，伯納德·布萊克留在紐約，並與艾瑪·威爾史東（Emma Werstone）相遇。艾瑪是一位富有的寡婦，她的第一任丈夫是值勤於南方前線的軍官，在美西戰爭中不幸陣亡。伯納德和艾瑪於1899年成婚，他們一同撫養山謬長大。這個孩子是個前程似錦的學生，對於建築和工程情有獨鍾，最後畢業於韋恩與米勒建築學院（Wayne and Miller School of Architecture）。

當「人體復活秀」在歐洲各地巡迴時，伯納德收到了無數來自於史賓賽的信件。這些書信大多簡短、不全，有的甚至內容隱晦、混亂。因為史賓賽的行蹤飄忽不定，伯納德完全無法回信。這或多或少解釋了為什麼史賓賽的書信時常讀起來像是私人日誌，或是酒醉者的胡言亂語。值得注意的是，在信中他從未提及埃莉絲恐怖的遭遇，他僅僅告訴伯納德，他們夫妻間經歷了一些爭執。

1897年12月

親愛的兄長：

我周遭的一切都無情地與我作對；曾經溫潤甜美的瓊漿，如今皆變成殘酷的毒酒。很多事情我都無法處理：我感受到我的骨頭正逐漸乾枯、碎裂；可憐的埃莉絲依舊不願意諒解我……我很清楚她內心對我的想法。至於阿爾馮，我的兒子，他是全然不同的野獸，他周身充滿怒氣，心中則是有著深沈的異常。我為他和他的宿命感到憂懼。

我現在一無所有。我感到疲憊，對於世間的一切不再在意。我已經徹底地失落了，我的兄長。我思念你所帶來的陪伴，也為我們之間的距離感到遺憾。我誠心地希望喜樂充滿在你的心中、希望生命將你視為摯愛，而加以擁抱與呵護。

——史賓賽

❖ ❖ ❖

1898年6月

伯納德，親愛的吾友：

我相信在收到這封信的時候，你一切安好。距離我上次寫信給你，已經經過了好長一段時間。在這段期間我一直非常忙碌，我向你保證。我無法在信裡多談我現在的狀況。我現在手邊正在進行的工作非常複雜，難以用數張信紙道盡。

我所能說的，就是我想向你致以深深的歉意。我並非是存心要用那些非正統的研究讓你驚嚇與憂心。我經歷過了很多的悲劇。埃莉絲現在情況穩定；她正努力為自己奮戰著，至少我是這樣相信。我即將展開下一趟的旅程，這會花上一段不短的時日。

——你的兄弟，S

❖ ❖ ❖

1900年8月

伯納德：

我想我必須對你表示感激。你曾預言了我將遭遇的挫敗，而我相信那反而證明了你對我誠摯的關心與愛護。在我持續目前的研究工作時，我深刻地思考你多年前對說的話。我相信，我對你是有所虧欠的，也因此而感謝你。雖然如此，我依舊希望你對我的預言不過是詭辯者或愚人的胡言亂語。

親愛的兄長，你渴求生命，並且盡力地保存生命。對你來說，充斥著病痛和死亡的醫學從來就不是合適的領域。你需要的是更為平靜的科學，這我能夠理解。你步伐穩健地跟隨著學者的指導，研讀那些他們為你指定的書籍。就好像初學鋼琴的小孩一樣，你將一根牙籤放在手背的指節間，練習如何以正確的姿勢彈奏而不使牙籤掉落。你彈奏出的音樂沉悶無味且毫無想像力，但是牙籤從未掉落。了不起！因為當我彈奏時，牙籤必然跌落。但是從我手指流瀉而出的，卻是深沈豐富的樂音。

——史賓賽

❖

❖

❖

1901年10月

伯納德：

我已經不再表演，也不再旅行了。我沉浸在奢華且悠閒的家居生活裡，與世人毫無瓜葛。

你必須要理解，我和你，以及其他受過教育的人一樣，都認為這些創造物沒有任何意義，直到牠們活生生地站在我面前。我看到牠們身上致命的傷口、牠們眼神中任何標本製作家都複製不出的空洞。沒有任何藝術家或魔術師能夠重塑出生命本身的真實。我告訴你，伯納德：我現在已經擁有了這樣的能力。牠們是活著的真實生命。

我理解你一定十分關心我的生活。但是在不久的將來，我將揭露我的發現。我的信心就像烈日的光芒一樣，無疑而堅定。我的研究進展順利，沒有受到任何的阻礙。我祈禱上天這能持續下去，因為我的工作現在經不起任何的擾亂。時間對我來說至關重要，我永遠無法知道我還需要多少時日。

我相信你已經收到了我給山謬的禮物。我希望你和我最鍾愛且具天賦的孩子一樣，生活在穩定的平安喜樂中。毫無疑問地，他的幸福是我最深沉的願望。我也確信在你的看照之下，山謬將會擁有一個光明的未來。

如果我的言詞聽起來諂媚，還請你原諒。我現在正處在少有的歡愉之中，周遭的一切都看起來如此美好。我想我唯一的遺憾是，我只能像彆腳的詩人一樣，用筆墨笨拙地表達我的喜樂。最後，伯納德，我終於接近了我一直所想要到達的境界。如果可以的話，我將不會再浪費時間在文字上，而是緊抓住你的手臂，帶領你一探奧秘。即使我必須違背你的意願、蔑視你的疑慮，我也要帶你走進我的實驗室，讓你親眼目睹。然後你將臣服在你所見到的奇蹟跟前。

附帶一提，我不確定你是否能夠理解我那個奇特禮物的真正意義。

——S．布萊克

1908年，史賓賽．布萊克開始與紐約的索特斯基父子出版社（*Sotsky and Sons*）商討其鉅著《絕跡動物秘典》（*The Codex Extinct Animalia*）的出版計劃。但是在布萊克放棄出版計劃並神秘失蹤之前，一共只有六本書完成印刷。而他驟然消失的原因，則是一個未解的謎團。

在整個科學家生涯中，布萊克醫師樹敵不少。其中包括不少他在醫學院時的同事。舉例來說，喬亞伯．賀拉斯醫師從未停止對於布萊克的攻訐，他持續質疑其研究的可信度和合法性。他的言論散見於許多知名的期刊，包括了1891年的《倫敦皇家學會外科期刊》（*London's Royal*

Society of Surgeons Review），以及出版於1894、1896、1897和1908年的《紐約醫學期刊》（*New York Medical Journal*）。在這些文章中都提及了布萊克的「大作」。

> 我們的史賓賽「郎中」正準備發表一部幻想大作，替他那胡言亂語的研究火上加油。我未曾讀過這本書，也不會想去讀它。我很確定的是，把墨水拿來描述這些瘋狂念頭的產物，完全就是浪費資源。這本書不過是某個蠢蛋浮華且鋪張的笑話罷了。
>
> ——喬亞伯．賀拉斯醫師，紐約醫學院（《紐約醫學期刊》，1908）

自1908年起，阿爾馮繼承並持續父親奇異的研究。在1917年的時候，他被人發現在費城北方約25英里的一間穀倉中宰殺小動物。他隨即遭到逮捕，然後被送進了一間精神病院。在那裡他度過了七年的歲月，期間僅僅只有在1920年時有一位訪客，那就是他的幼弟山謬。1929年，這間精神病院遭受雷擊而焚毀，許多病人在混亂中逃出，阿爾馮也是其中之一。

據說在1933年到1947年這段期間，阿爾馮經營了一間私人動物園，裡面豢養著許多他創造的神奇生物。阿爾馮不僅繼承了父親的財富，他還宣稱自己能夠倒轉時間的洪流，讓年老之人重拾青春與美貌，藉此賺取了大筆的金錢。但是對於阿爾馮所從事的確切工作，我們所知甚少；他就像父親一樣，十分善於保密。

至於史賓賽．布萊克本人，自1908年之後，就沒有人見過他的蹤跡：沒有任何公開活動，也沒有任何手術的紀錄。也就是說，他憑空消失了。1925年，史賓賽位於費城的寓所被改裝成了一間小型博物館，開放給遊客參觀，並時常舉辦講座，介紹史賓賽的一生與其研究。這間博物館於1930年關閉，此後數度易主，直到1968年最後一位住戶離開，因為他在屋內不斷地聽到詭異的聲響。於是，布萊克宅邸最後被法定為危險建築而廢棄，直至今日。

史賓賽．布萊克於1908年2月寫給伯納德的信件，是我們能夠一窺他人生終點的唯一線索。這封信距離史賓賽上一次與哥哥通信已經有七年之久，這也是在我們所知的範圍內，史賓賽．布萊克的最後一份書寫文件。那時，布萊克剛剛結束一次為期六個月、位於格陵蘭島最北邊的挖掘與探索之旅。在信中，布萊克暗示他正在為妻子埃莉絲尋找一種奇特的治療方式。在收到這封信之前，伯納德對於埃莉絲的燒傷一無所知，當然也並不知道史賓賽對她進行過什麼樣的手術。在出發尋找弟弟前，伯納德將這封信交給了警方。

1908年2月

伯納德：

我別無選擇，只能痛苦地接受並終結我先前研究的所有謬誤。在今夜我寫下這封給你的信，只想盡我所能，向你致以最深刻的感謝與誠心的歉意。當初我被自己的宏願所迷惑、欺騙，無法傾聽你清如明鏡的諫言和警告。我也無法了解到：許多前人所犯下錯誤早已預言了我研究的結果。我沒有勇氣聽從前人的教誨，特別是你的諍言。

在寫著這封信的同時，我陷入了孤獨與哀傷。你對我的責罵甚至訕笑，都會成為我心靈的救贖。但是現在已經沒有什麼能夠幫助我了。我很清楚地知道，我自己造就了現在的苦難。

我不確定你是否能夠收到這封信。就算你收到了，我也不期待這能夠帶來什麼樣的改變。然而，我能夠確定的是，這封信將是你所能收到最後一次關於我的消息。我將我的研究筆記收藏在隱密的地方，讓你日後去取。我的兄長，請你務必不能讓我的兒子、「無眠者」阿爾馮接觸到這些文件。

恐怕你已經知道我所撰寫的內容，但是我熱切地希望這不是事實。我希望我過去這十年來的研究已經超越了任何科學或哲學的範疇、超越了任何學者所能理解的境界。如果的確是這樣，那也許一切都將在我這裡終結；我打開了潘朵拉之盒，最後也將親手關上它。因為我確信我已經達到了前人從未企及的成就。

雖然我知道，我在你的眼中是何等污穢與卑下。但是我依舊只能向你傾訴。我曾經希望，在我走進墳墓之前，我們能夠重拾舊日的兄弟之情。然而我知道這已經是不可能的了。

我永恆摯愛的埃莉絲，她曾經是這麼美麗！我深愛著她，但是這卻不是我要冒險執行這個邪惡手術的主因。我屠殺了許多人：那些躺在手術台上的身體，它們無辜純淨，且精細華美。

恐怕我的宏願已經超過身心能夠承受的地步。我已經揮霍了我的生命、揮霍了青春的虛榮。我耗費了自己的身體和靈魂，迷醉在最殘虐的研究中。人類如何能夠勇往直前，一探未知的境界？等待在那邊的，只是無盡的恐怖，也是我咎由自取的毀滅。

在這個世界的歷史中，大自然曾經有著不同的樣貌。既然我決定要揭露自然的面紗，我注定要面對著無盡的考驗與折磨。我奮鬥、掙扎，企圖看見自然原初的面貌與意圖。現在，命運已經完成了她精心策劃的陰謀，那就是我最終的徹底毀滅。直到我生命的最後一天，我都將聽見命運的嘲笑和自然之母的呼喚。那卑劣污穢的賤人！唯有她吟唱的魔鬼之歌能夠比她本身更為邪惡。

死亡，是何等可怖的存在。你避開它的目光，深怕它會看見你、呼喚你的名字。我曾目睹許多生命的死亡：我傾聽尖銳的呼號、看著那些為疾病或創傷所折磨的身體在痛苦中扭動著。我承認當病人尖叫時，我感到的是寬慰，因為我知道他們有可能會受到更大的痛苦。如果他們知道還有哪些恐怖的命運可能降臨在他們身上，我相信他們會安於當下的折磨。

我們身為人類，必須意識到在人類的內在本質中，有著超越理性所能理解的現象：那就是生與死的種子。而它們自我們降生於世時，就共存於我們體內，無論我們活著或是死去，它們都不受我們意識的控制。我曾經親眼見證生與死的種子，我孕育它、保護它、為它戰鬥。我犧牲了一切、流盡了自己的鮮血，而現在我也將走向死亡。即便如此，我也無法摧毀我所完成的。現在，我能夠聽到命運的聲音，她攝人心魄的尖嘯在黑暗中迴盪，追尋著我。我也能夠聽到地獄呼喚著我的名字。埃莉絲，我親愛的妻子！我下定決心要拯救她；藉由復活遠古生命形態，我賦予她新生。她已經不再是以前那個平凡的女子，也不再是那被烈火焚燒的破碎肉體。她是擁有強大力量的復仇女神（Furies）＊的後代；她將再起，如同羽化再生的鳴蟬。

我習得了許多奧秘，手握強大的權柄。在我懷中，原本的她就像一隻扭動的蛆蟲、一個倚賴鴉片的可悲生物，被禁錮在焦黑的肉體中。聽我說，伯納德：現在的埃莉絲擁有了嶄新的生命，她的翅膀鼓動著空氣、在飢渴中低吟著地獄的樂音。我以我的手術刀替她施洗，我拯救了她、再次拯救了她。

在追尋真理的道路上，我最終將要反轉的將是墳墓上的碑石、也就是死亡本身……而它已經離我不遠了。

——S·布萊克

伯納德最後踏上了尋找弟弟的旅途，始終下落不明，沒能夠回到紐約與妻子艾瑪相聚。

* Furies是希臘神話中的復仇三女神，專司懲罰凡人在世間犯下的罪孽。又被稱為Erinyes。

1908年，在《格雷氏解剖學》出版的五十年後，史賓賽・布萊克醫師策劃出版了他的《絕跡動物秘典》。在布萊克放棄出版計劃並神秘消失之前，這本著作僅僅複印了六冊，而且從未在市場上流通過。費城博物館的醫學古物部門擁有世上僅存的一冊。布萊克突然放棄繼續印刷本書的原因，和他消失的原因一樣，至今仍然是一團謎。

就種類來說，《絕跡動物秘典》屬於當時自然學家之間十分常見的解剖學參考書。如書名所示，本書聚焦於十一個「已絕跡」的不同物種。在每個章節的開頭，布萊克探討了該物種關鍵的特點。雖然他時常在書中提到，他如何在某次旅途中發現了該物種的樣本（或者其部分殘缺的軀體），但是一般相信這些所謂的「樣本」都是布萊克自己親手創造出的。這些物種的標本如今下落不明，很有可能都已經遭到銷毀。但是也很有可能有部分的標本落在匿名的收藏家手中。

布萊克的文筆時常呈現混亂跳躍、難以閱讀的狀態。這反映了他晚年時帶有些許瘋狂意味的寫作風格。

史賓賽・愛德華・布萊克醫師———著
(SPENCER EDWARD BLACK, M.D.)

絕跡動物秘典

動物界中罕見物種之研究

THE CODEX EXTINCT ANIMALIA

本書附肌肉與骨骼系統的完整插圖，
以及特定物種的內臟圖解

紐約　索特斯基父子出版社 出版
NEW YORK
SOTSKY AND SON

本書的第一章的主題是代表未知謎團的人面獅身獸，巧妙地呼應了作者想要解開人類奧秘的願望。在神話中，若無法解答人面獅身獸的謎語，下場就是死亡。布萊克寫作本書的意圖顯而易見：既然這些物種的樣本很可能都已遭到銷毀，或落入了某些私人收藏家手中，他就必須要撰寫出一本百科大全，來讓自己的研究流傳於後世。也許，本書也能夠成為後繼科學家的指引。在每一個章節中，除了簡短的引言之外，布萊克都附上了極具個人風格的插畫，反映了在他心目中這些神秘生物可能的真實樣貌。

有翼的人面獅身獸
SPHINX ALATUS

界：動物界 *Animalia*

門：脊椎動物門 *Vertebrata*

綱：厄客德娜綱＊ *Echidnæ*

目：守護者目 *Praesidium*

科：貓科 *Felidæ*

屬：斯芬克斯屬 *Sphinx*

種：有翼的人面獅身獸 *Sphinx alatus*

＊ 在希臘神話中，厄克德娜（Echidna）是半人半蛇的女妖，牠與蛇髮巨人提豐（Typhon）交歡，生下了包括地獄犬（Cerberus）、九頭蛇（Hydra）、人面獅身獸等無數的可怕怪物。

對於人面獅身獸，我們所知的細節不多。在非洲大陸各種文化的紋章上，我們可以經常看到這種生物的形象，而且每個地區的版本都有所不同。在埃及，我們可以看到巨大的人面獅身獸雕像。牠是古埃及太陽神拉（Ra）的守護神獸，也是神在人間降下的災禍。埃及的人面獅身獸有著公羊的頭，所以又被稱為「criosphinx」，「crio」在希臘文中是公羊的意思。牠們時常以無翼的形象出現，而根據我的推測，牠們就像許多沒有翅膀的鳥類一樣，因為地域的關係而不再需要飛行的能力。翅膀消失的演化過程很可能發生在牠們遷進埃及之前，但是我無法推斷精確的演化發生時間。

著名的底比斯人面獅身獸與我的紀錄樣本有著驚人的相似處。這個數量稀少的品種有著人類的面孔和高度的智慧，而且牠們很可能是兇猛且卓絕的掠食者。

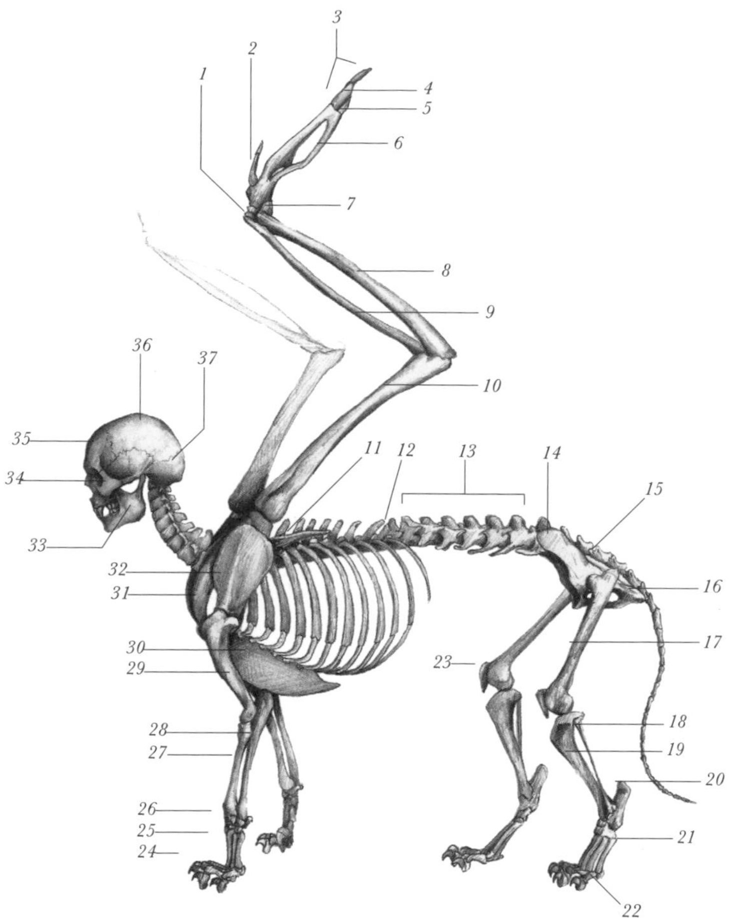

圖 1

1. 橈側腕骨 *Radial carpal*
2. 第一指 *1st finger*
3. 指骨 *Phalanges*
4. 第二指 *2nd finger*
5. 第三指 *3rd finger*
6. 腕掌骨 *Carpometacarpus*
7. 尺側腕骨 *Ulnar carpal*
8. 尺骨 *Ulna*
9. 橈骨 *Radius*
10. 肱部 *Humerus*
11. 肩胛骨 *Scapula*
12. 第十二胸椎 *12th thoracic vertebra*
13. 腰椎 *Lumbar vertebra*
14. 骨盆 *Pelvis*
15. 骶骨 *Sacrum*
16. 坐骨結節 *Ischial tuber*
17. 股骨 *Femur*
18. 腓骨 *Fibula*
19. 脛骨 *Tibia*
20. 跟骨 *Calcanean bone*
21. 跖骨 *Metatarsal bones*
22. 趾骨 *Phalanges*
23. 膝蓋骨 *Patella*
24. 指骨 *Phalanges*
25. 掌骨 *Metacarpal bones*
26. 腕骨 *Carpal bones*
27. 橈骨 *Radius*
28. 尺骨 *Ulna*
29. 肱骨 *Humerus*
30. 胸骨龍骨突 *Keel of sternum*
31. 叉骨 *Furculum*
32. 肩胛骨 *Scapula*
33. 下頜骨 *Mandible*
34. 顴弓 *Zygomatic arch*
35. 額骨 *Frontal bone*
36. 頂骨 *Parietal bone*
37. 枕骨 *Occipital bone*

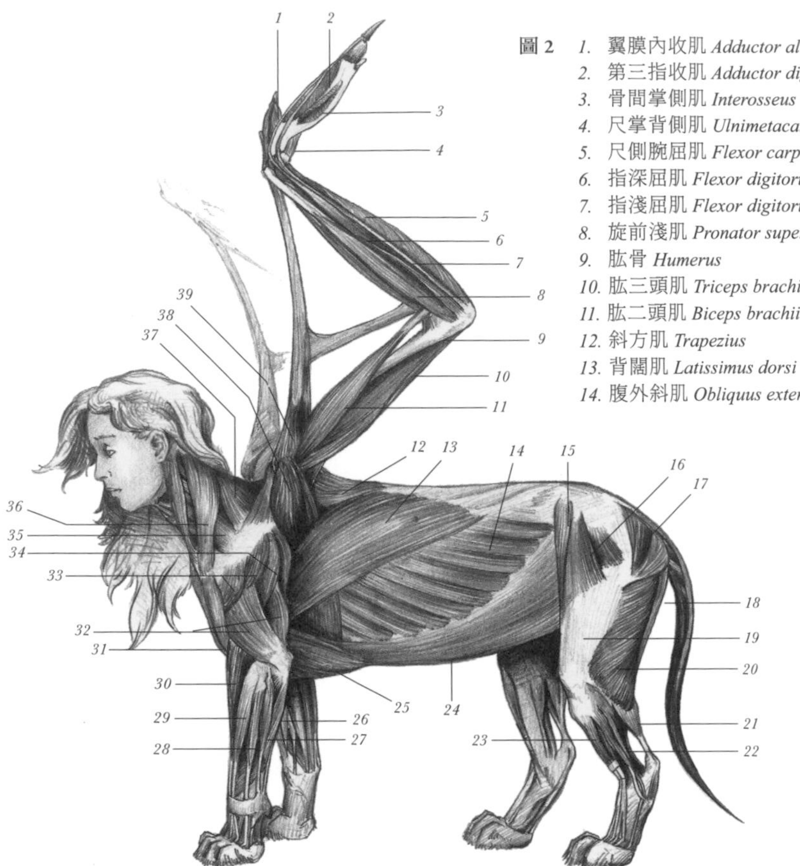

圖 2

1. 翼膜內收肌 *Adductor alulae*
2. 第三指收肌 *Adductor digiti majoris*
3. 骨間掌側肌 *Interosseus ventralis*
4. 尺掌背側肌 *Ulnimetacarpalis dorsalis*
5. 尺側腕屈肌 *Flexor carpi ulnaris*
6. 指深屈肌 *Flexor digitorum profundus*
7. 指淺屈肌 *Flexor digitorum superficialis*
8. 旋前淺肌 *Pronator superficialis*
9. 肱骨 *Humerus*
10. 肱三頭肌 *Triceps brachii*
11. 肱二頭肌 *Biceps brachii*
12. 斜方肌 *Trapezius*
13. 背闊肌 *Latissimus dorsi*
14. 腹外斜肌 *Obliquus externus abdominis*
15. 縫匠肌 *Sartorius*
16. 闊筋膜張肌 *Tensor fasciae latae*
17. 臀大肌 *Gluteus superficialis*
18. 半腱肌 *Semitendinosus*
19. 股四頭肌 *Quadriceps femoris*
20. 股二頭肌 *Biceps femoris*
21. 腓腸肌 *Gastrocnemius*
22. 趾深屈肌 *Flexor digitorum profundus*
23. 脛骨前肌 *Tibialis cranialis*
24. 腹直肌鞘 *Vagina recti abdominis*
25. 胸小肌 *Pectoralis minor*
26. 尺側腕屈肌 *Flexor carpi ulnaris*
27. 尺側腕伸肌 *Extensor carpi ulnaris*
28. 指側伸肌 *Extensor digitorum lateralis*
29. 指總伸肌 *Extensor digitorum communis*
30. 橈側腕伸肌 *Extensor carpi radialis*
31. 鎖骨上膊肌 *Cleidobrachialis*
32. 肱三頭肌 *Triceps brachii*
33. 三角肌 *Deltoideus*
34. 岡下肌 *Infraspinatus*
35. 肩胛橫肌 *Omotransversarius*
36. 肱頭肌 *Brachiocephalicus*
37. 斜方肌 *Trapezius*
38. 胸大肌 *Pectoralis major*
39. 翼膜前張肌 *Tensor propatagialis*

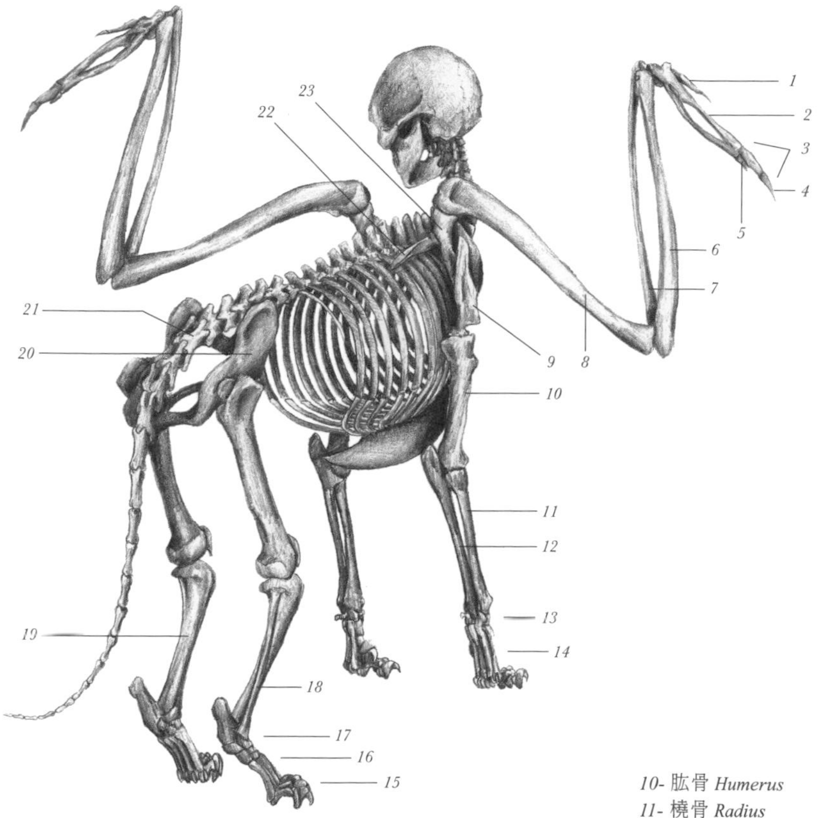

圖 3

1- 第一指 *1st finger*
2- 腕掌骨 *Carpometacarpus*
3- 指骨 *Phalanges*
4- 第二指 *2nd finger*
5- 第三指 *3rd finger*
6- 尺骨 *Ulna*
7- 橈骨 *Radius*
8- 肱骨 *Humerus*
9- 肩胛骨 *Scapula*
10- 肱骨 *Humerus*
11- 橈骨 *Radius*
12- 尺骨 *Ulna*
13- 腕骨 *Carpal*
14- 掌骨 *Metacarpal*
15- 趾骨 *Phalanges*
16- 跖骨 *Metatarsal*
17- 跗骨 *Tarsal*
18- 腓骨 *Fibula*
19- 脛骨 *Tibia*
20- 骨盆 *Pelvis*
21- 骶骨 *Sacrum*
22- 肩胛骨 *Scapula*
23- 烏喙骨 *Coracoid*

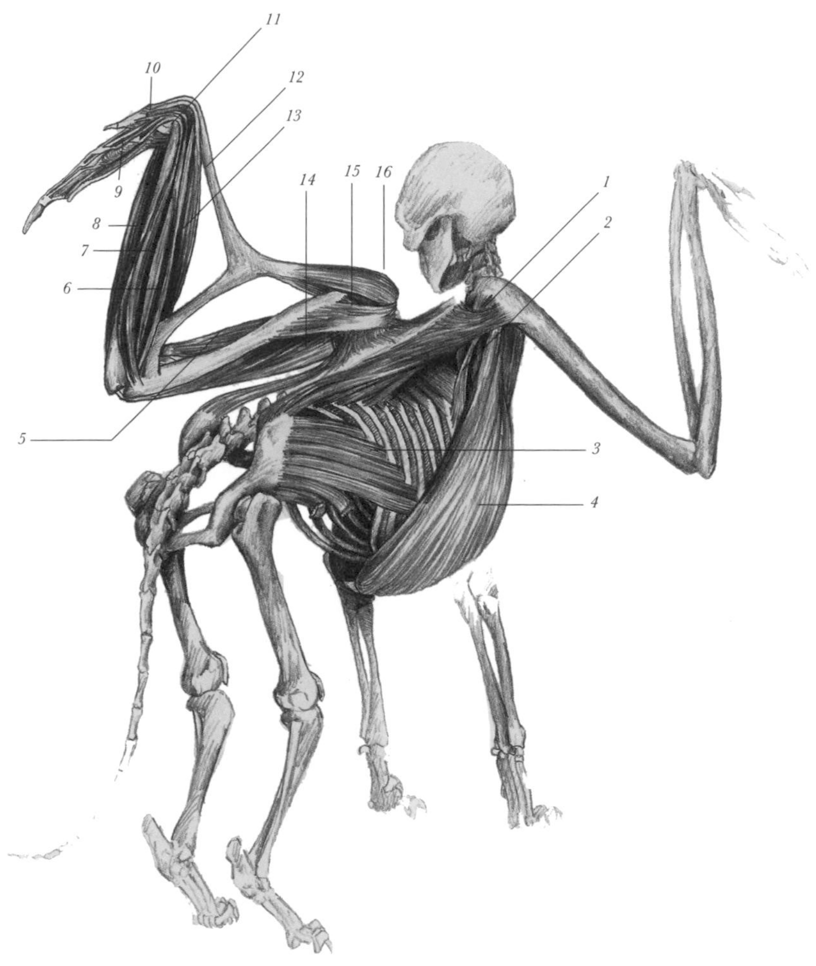

圖 4

1- 背闊肌 *Latissimus dorsi*
2- 後鋸肌 *Serratus posterior*
3- 腹斜肌 *Obliquus abdominis*
4- 胸骼胸肌 *Pectoralis thoracis*
5- 肱二頭肌 *Biceps brachii*
6- 指總伸肌 *Extensor digitorum communis*
7- 尺側掌伸肌 *Extensor metacarpi ulnaris*
8- 尺側腕屈肌 *Flexor carpi ulnaris*
9- 骨間背側肌 *Interosseus dorsalis*
10- 翼膜内收肌 *Adductor alulae*
11- 尺掌背側肌 *Ulnimetacarpalis dorsalis*
12- 尺側掌伸肌 *Extensor metacarpi ulnaris*
13- 翼膜長伸肌 *Extensor longus alulae*
14- 肱三頭肌 *Triceps brachii*
15- 大三角肌 *Deltoid major*
16- 翼膜前張肌 *Tensor propatagialis*

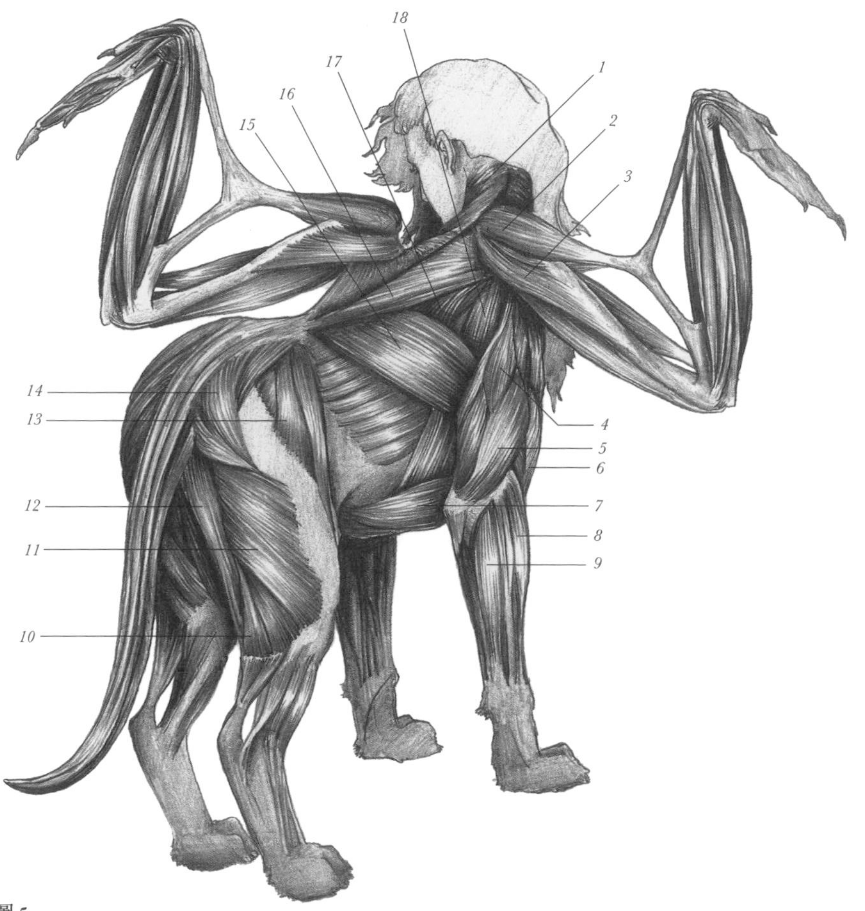

圖 5

1- 肱頭肌 *Brachiocephalicus*
2- 翼膜前張肌 *Tensor propatagialis*
3- 大三角肌 *Deltoid major*
4- 岡下肌 *Infraspinatus*
5- 肱三頭肌 *Triceps brachii*
6- 鎖骨上膊肌 *Cleidobrachialis*
7- 胸小肌 *Pectoralis minor*
8- 橈側腕伸肌 *Extensor carpi radialis*
9- 指深屈肌 *Flexor digitorum profundus*
10- 腓腸肌 *Gastrocnemius*
11- 股二頭肌 *Biceps femoris*
12- 半腱肌 *Semitendinosus*
13- 闊筋膜張肌 *Tensor fasciae latae*
14- 臀大肌 *Gluteus superficialis*
15- 背闊肌 *Latissimus dorsi*
16- 斜方肌 *Trapezius*
17- 胸部前鋸肌 *Thoracic serratus anterior*
18- 胸髂胸肌 *Pectoralis thoracis*

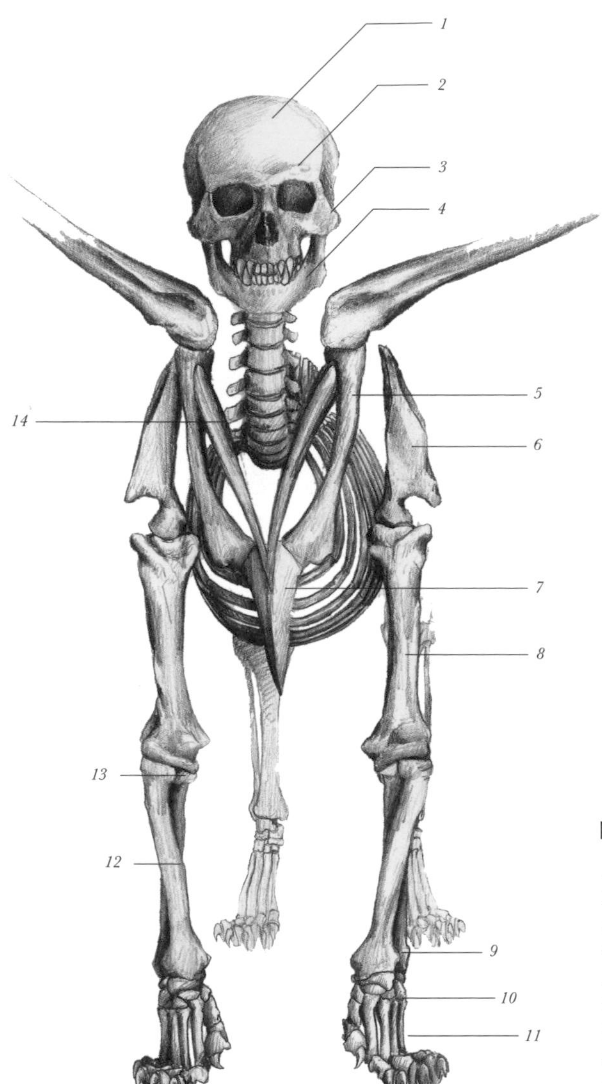

圖 6

1- 額骨 *Frontal bone*
2- 眉眶 *Superciliary crest*
3- 顴弓 *Zygomatic arch*
4- 下頜骨 *Mandibula*
5- 鳥喙骨 *Coracoid*
6- 肩胛骨 *Scapula*
7- 胸骨 *Sternum*
8- 肱骨 *Humerus*
9- 腕骨 *Carpal bones*
10- 掌骨 *Metacarpal bones*
11- 指骨 *Phalanges*
12- 橈骨 *Radius*
13- 尺骨 *Ulna*
14- 叉骨 *Furculum*

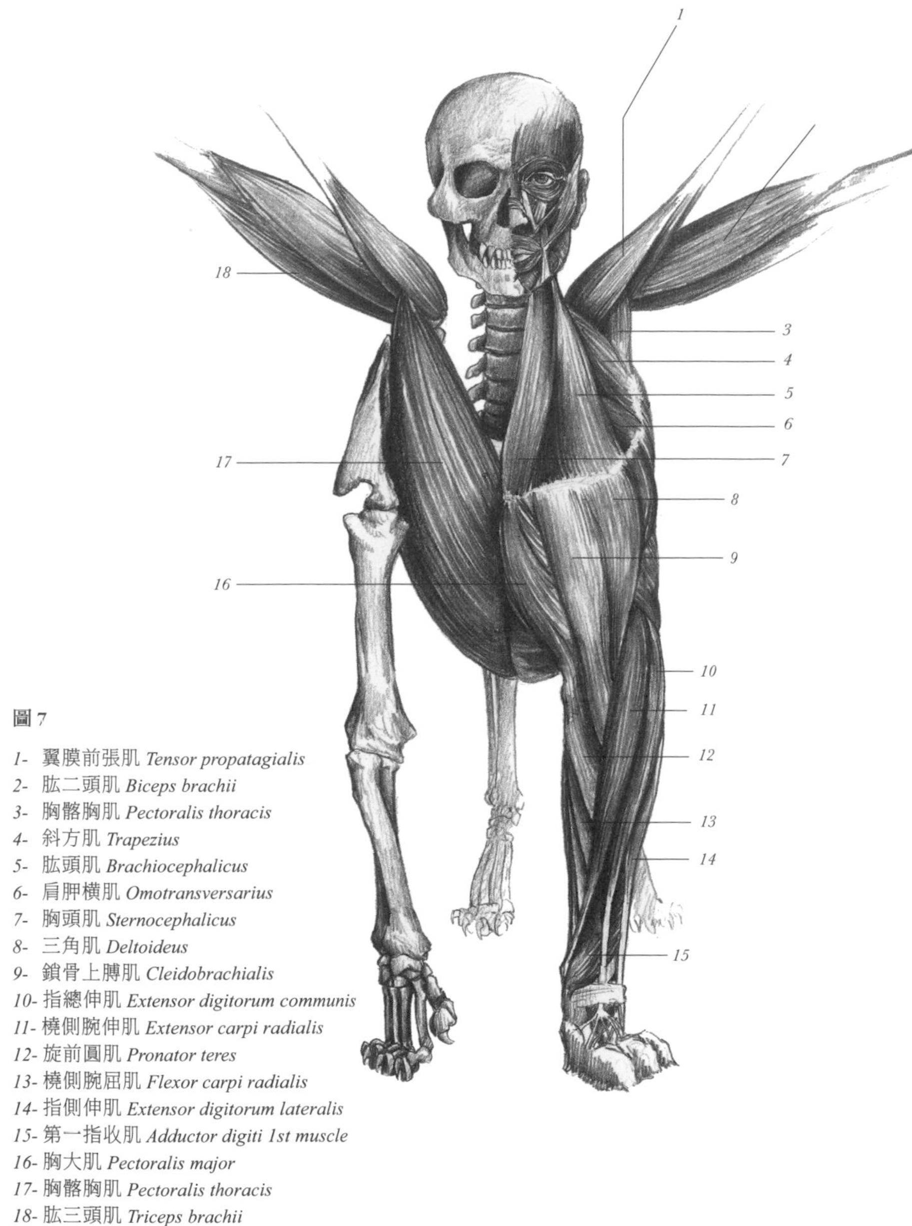

圖 7

1- 翼膜前張肌 *Tensor propatagialis*
2- 肱二頭肌 *Biceps brachii*
3- 胸髂胸肌 *Pectoralis thoracis*
4- 斜方肌 *Trapezius*
5- 肱頭肌 *Brachiocephalicus*
6- 肩胛橫肌 *Omotransversarius*
7- 胸頭肌 *Sternocephalicus*
8- 三角肌 *Deltoideus*
9- 鎖骨上膊肌 *Cleidobrachialis*
10- 指總伸肌 *Extensor digitorum communis*
11- 橈側腕伸肌 *Extensor carpi radialis*
12- 旋前圓肌 *Pronator teres*
13- 橈側腕屈肌 *Flexor carpi radialis*
14- 指側伸肌 *Extensor digitorum lateralis*
15- 第一指收肌 *Adductor digiti 1st muscle*
16- 胸大肌 *Pectoralis major*
17- 胸髂胸肌 *Pectoralis thoracis*
18- 肱三頭肌 *Triceps brachii*

在十九世紀，人們普遍地相信塞壬或美人魚的存在。許多自然學家和分類學家都認為，這種生物真實存在的可能性非常高。布萊克醫師本人則表示，因為海洋太過廣大神秘，其中究竟孕育了何種生物，是很難下定論的。值得一提的是，在那些對布萊克研究的反對者中，有不少科學家支持他關於海洋的觀點，也提出了許多類似的論調。

海中的塞壬
SIREN OCEANUS

界：動物界 *Animalia*

門：脊椎動物門 *Vertebrata*

綱：哺乳魚綱 *Mammichthyes*

目：有尾目 *Caudata*

科：塞壬科 *Sirenidæ*

屬：塞壬屬 *Siren*

種：海中的塞壬 *Siren oceanus*

人們時常混淆塞壬、涅瑞伊德（Nereid）和人魚（Mermaid）這三種不同的生物。早在科學家研究之前，民間就已廣泛流傳關於牠們的傳說故事。而這些傳說故事事實上透露出了這些生物的演化過程。我將首先說明這三種生物作為同一物種的同質性特徵。牠們之間的差異就好像不同品種的狗，當然這些差異也可能看起來相當顯著。

在古代，塞壬通常被描述為一種鳥類。直到後來牠才逐漸有了水中女人的樣貌。我認為水中女人和鳥人的差異出現在過去的某個時間點中。但是這究竟是分類學上的錯誤，或者是賽壬演化為水生哺乳類動物的結果？這依舊是一個未解的謎團。

涅瑞伊德（有時被稱為Naiad）和賽壬以及人魚一樣，擁有許多深海物種的特徵。但是在牠們身上，人類的樣貌更為顯著。甚至在某些案例中，除了一些明顯的水生生物生理特徵外，涅瑞伊德與人類並無二致。這也許解釋了為什麼牠們偏好棲息在淺水或淡水的區域。

人魚被視為賽壬的女性版本，牠們的蹤跡較為罕見。人魚擁有在深水中呼吸的能力；牠們能夠在水中生活，完全不需要浮出水面。根據我的推測，某些有著更多哺乳類動物特徵的品種可能存在，這些品種類似海豚或鯨魚，需要偶爾上浮來進行呼吸。想要單憑運氣就發現活生生的人魚，幾乎是不可能的。

這種生物需要一個完整進化過且獨特的呼吸系統。牠們可能擁有類似魚腮的構造，但是又必須配合人類般的肋骨與胸腔。如果我的理論正確的話，仰賴空氣呼吸的人魚確實曾經存在過。這也同時表示，有龐大數量的不同品種同時生活在深水中，彼此之間在形貌、體積和生理功能方面都有著巨大的差異。

一般來說，這種生物擁有強壯且修長的骨盆和股骨。鑑於其較大的腰椎、厚實的尾椎以及股椎，這個人魚物種能夠展現出超越任何海生生物的靈活和速度。牠們的肌肉組織由上層肌腱所包覆，能夠承受強大的張力，而其爆發力與肌耐力也同樣傑出。魚鰭的部位也有大量的肌群支撐，讓這種生物在水中有著無與倫比的優勢。

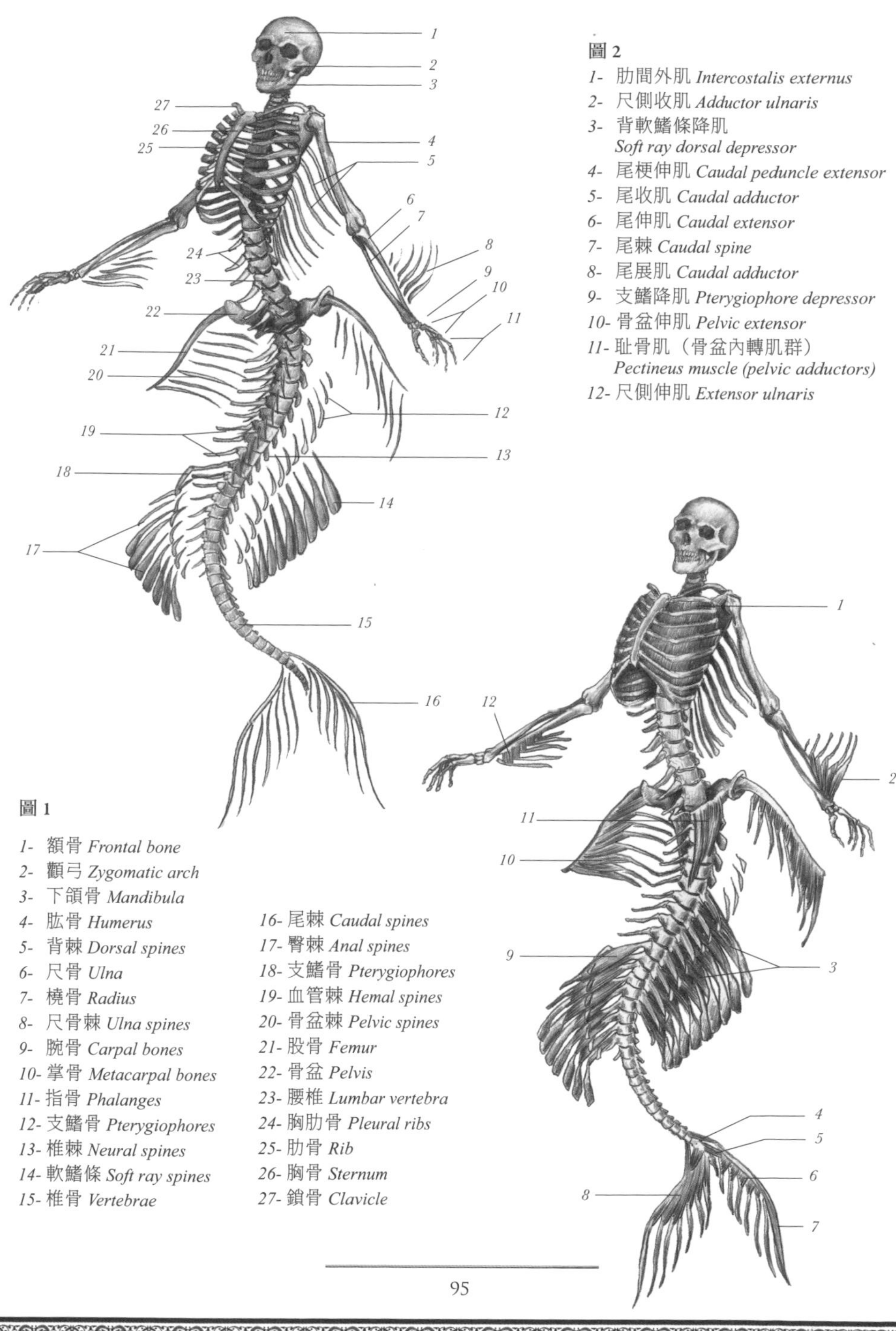

圖 2

1- 肋間外肌 *Intercostalis externus*
2- 尺側收肌 *Adductor ulnaris*
3- 背軟鰭條降肌
Soft ray dorsal depressor
4- 尾梗伸肌 *Caudal peduncle extensor*
5- 尾收肌 *Caudal adductor*
6- 尾伸肌 *Caudal extensor*
7- 尾棘 *Caudal spine*
8- 尾展肌 *Caudal adductor*
9- 支鰭降肌 *Pterygiophore depressor*
10- 骨盆伸肌 *Pelvic extensor*
11- 恥骨肌（骨盆內轉肌群）
Pectineus muscle (pelvic adductors)
12- 尺側伸肌 *Extensor ulnaris*

圖 1

1- 額骨 *Frontal bone*
2- 顴弓 *Zygomatic arch*
3- 下頜骨 *Mandibula*
4- 肱骨 *Humerus*
5- 背棘 *Dorsal spines*
6- 尺骨 *Ulna*
7- 橈骨 *Radius*
8- 尺骨棘 *Ulna spines*
9- 腕骨 *Carpal bones*
10- 掌骨 *Metacarpal bones*
11- 指骨 *Phalanges*
12- 支鰭骨 *Pterygiophores*
13- 椎棘 *Neural spines*
14- 軟鰭條 *Soft ray spines*
15- 椎骨 *Vertebrae*
16- 尾棘 *Caudal spines*
17- 臀棘 *Anal spines*
18- 支鰭骨 *Pterygiophores*
19- 血管棘 *Hemal spines*
20- 骨盆棘 *Pelvic spines*
21- 股骨 *Femur*
22- 骨盆 *Pelvis*
23- 腰椎 *Lumbar vertebra*
24- 胸肋骨 *Pleural ribs*
25- 肋骨 *Rib*
26- 胸骨 *Sternum*
27- 鎖骨 *Clavicle*

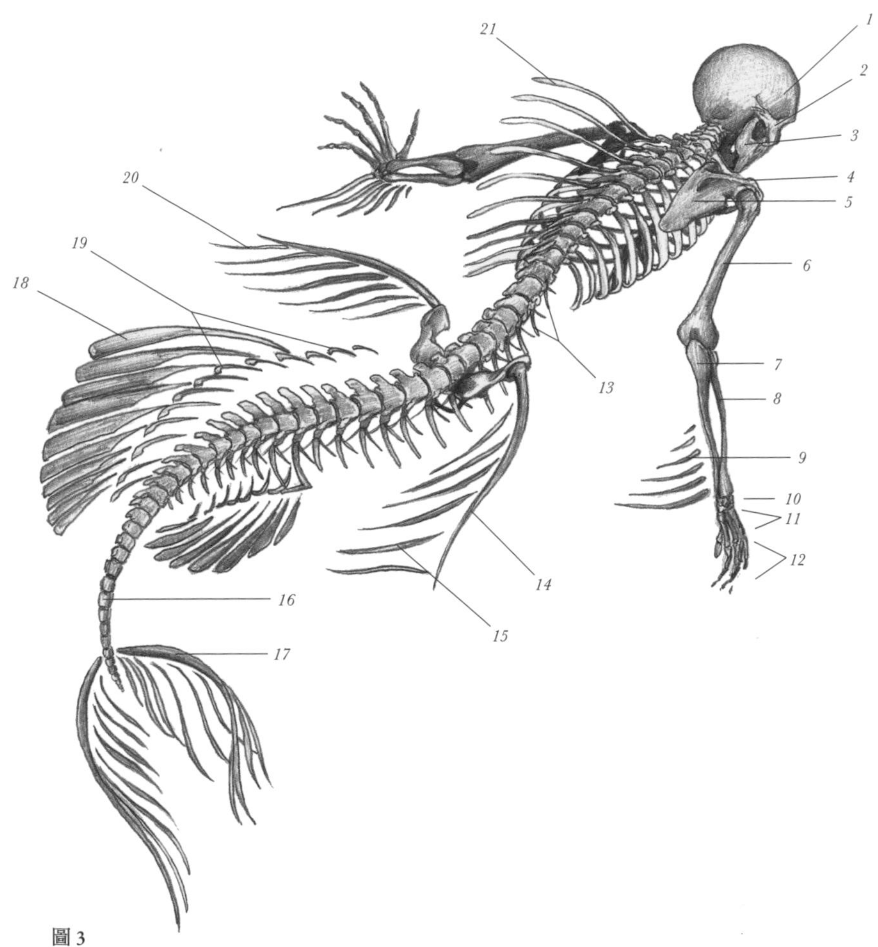

圖 3

1- 顳骨 *Temporal bone*
2- 顴弓 *Zygomatic arch*
3- 下頜骨 *Mandibula*
4- 肩峰突 *Acromion process*
5- 肩胛骨 *Scapula*
6- 肱骨 *Humerus*
7- 尺骨 *Ulna*
8- 橈骨 *Radius*
9- 尺骨棘 *Ulna spines*
10- 腕骨 *Carpus*
11- 掌骨 *Metacarpus*
12- 指骨 *Phalanges*
13- 假肋 *False ribs*
14- 股骨 *Femur*
15- 骨盆棘 *Pelvic spine*
16- 椎骨 *Vertebrae*
17- 尾棘 *Caudal spine*
18- 背軟鰭條 *Soft ray dorsal spines*
19- 支鰭骨 *Pterygiophores*
20- 骨盆棘 *Pelvic spines*
21- 背棘 *Dorsal spines*

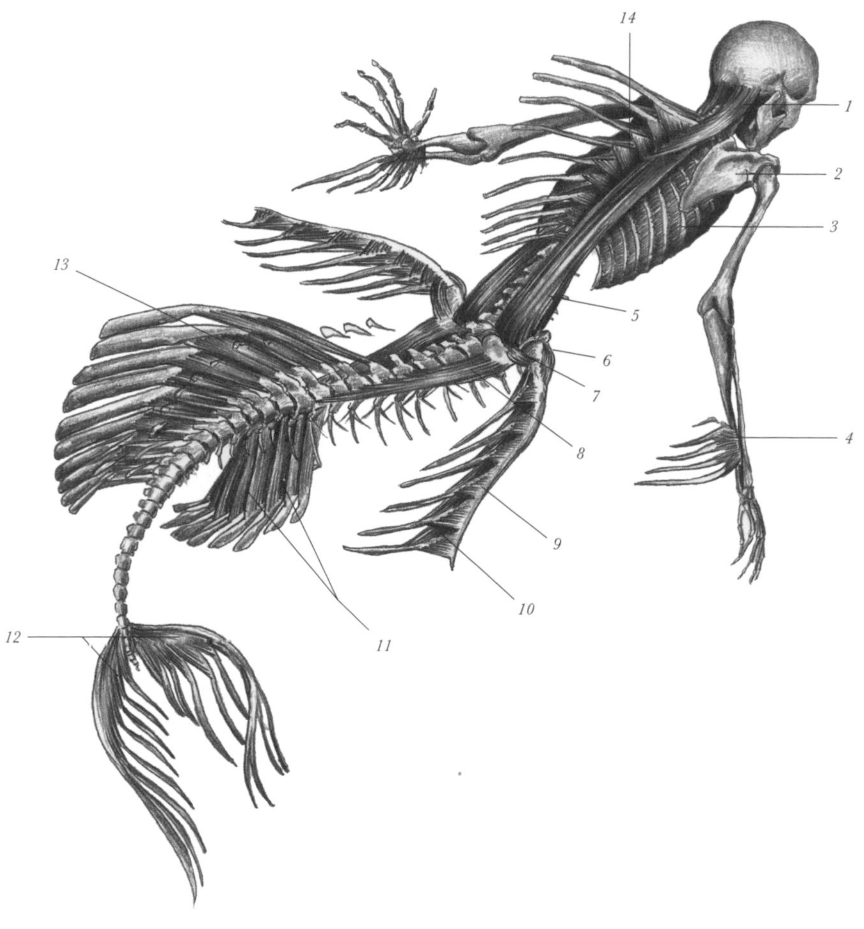

圖 4

1- 頭夾肌 *Splenius capitis*
2- 肩胛骨 *Scapula*
3- 橫突棘肌 *Transversospinalis*
4- 尺側收肌 *Adductor ulnaris*
5- 背最長肌 *Longissimus dorsi*
6- 臀中肌 *Gluteus medius*
7- 恥骨肌 *Pectineus muscle*
8- 大收肌 *Adductor magnus*
9- 骨盆內轉肌 *Pelvic adductor*
10- 骨盆屈肌 *Pelvic flexor*
11- 支鰭降肌 *Pterygiophore depressor*
12- 尾屈肌 *Caudal flexor*
13- 背軟鰭條降肌 *Soft ray dorsal depressor*
14- 背屈肌 *Dorsal flexor*

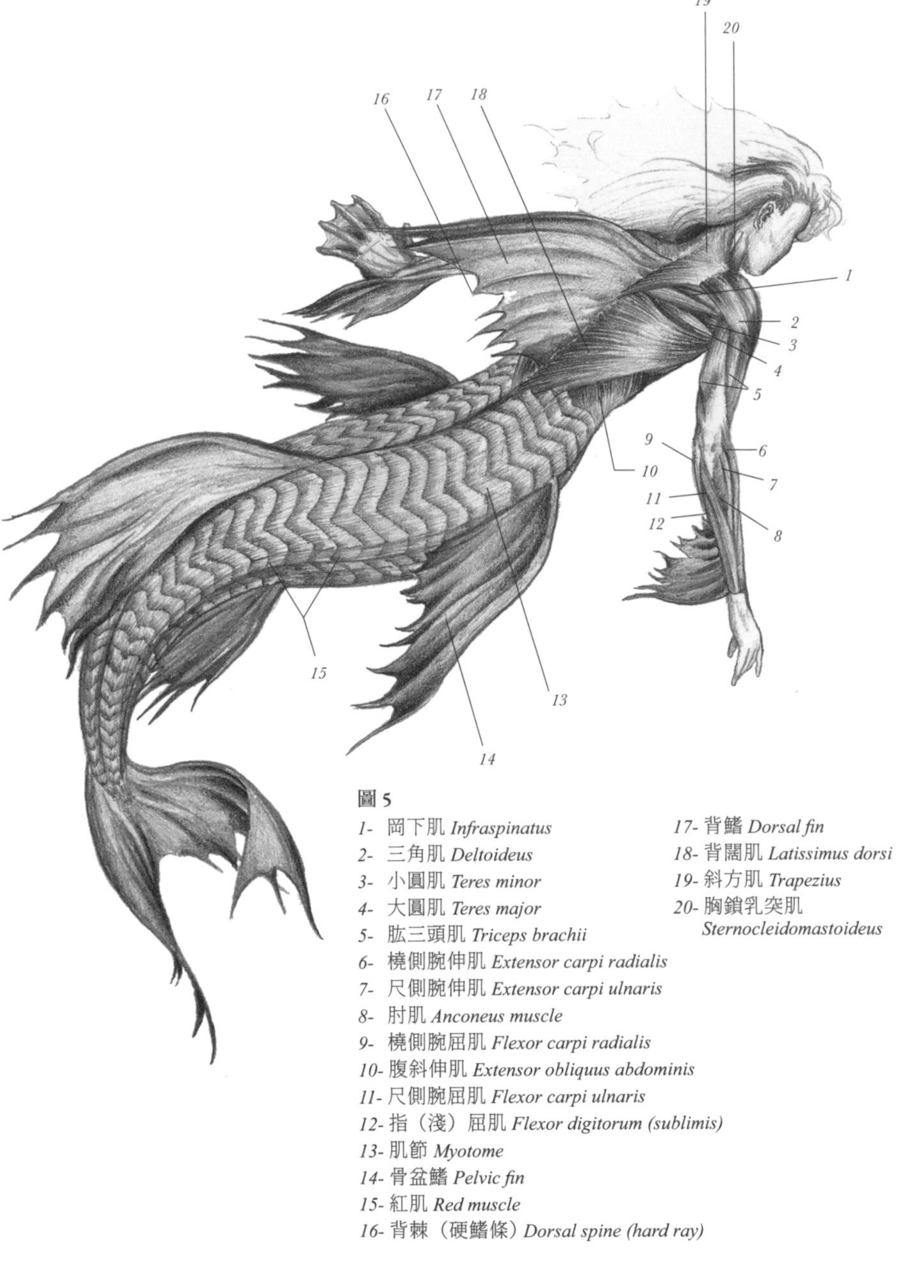

圖 5

1- 岡下肌 *Infraspinatus*
2- 三角肌 *Deltoideus*
3- 小圓肌 *Teres minor*
4- 大圓肌 *Teres major*
5- 肱三頭肌 *Triceps brachii*
6- 橈側腕伸肌 *Extensor carpi radialis*
7- 尺側腕伸肌 *Extensor carpi ulnaris*
8- 肘肌 *Anconeus muscle*
9- 橈側腕屈肌 *Flexor carpi radialis*
10- 腹斜伸肌 *Extensor obliquus abdominis*
11- 尺側腕屈肌 *Flexor carpi ulnaris*
12- 指（淺）屈肌 *Flexor digitorum (sublimis)*
13- 肌節 *Myotome*
14- 骨盆鰭 *Pelvic fin*
15- 紅肌 *Red muscle*
16- 背棘（硬鰭條）*Dorsal spine (hard ray)*
17- 背鰭 *Dorsal fin*
18- 背闊肌 *Latissimus dorsi*
19- 斜方肌 *Trapezius*
20- 胸鎖乳突肌 *Sternocleidomastoideus*

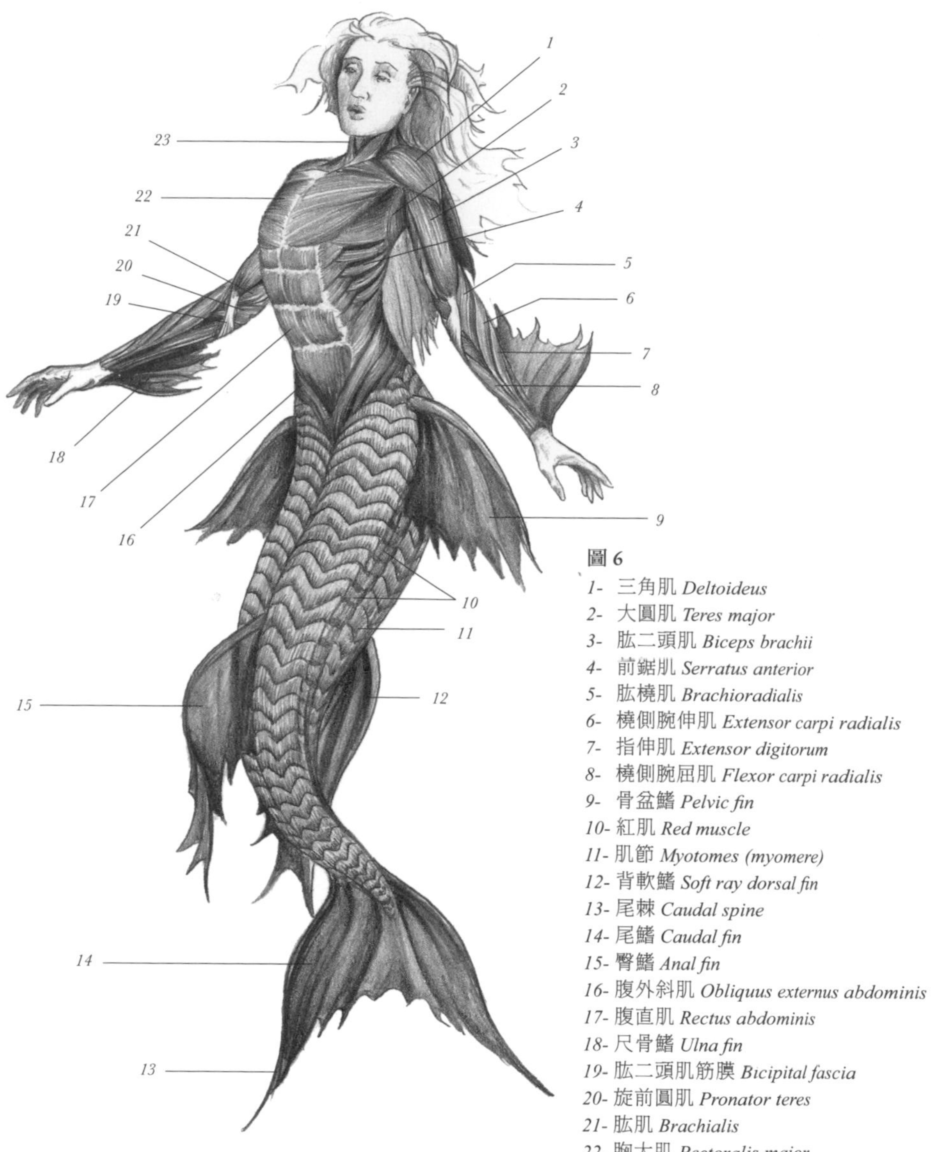

圖 6

1- 三角肌 *Deltoideus*
2- 大圓肌 *Teres major*
3- 肱二頭肌 *Biceps brachii*
4- 前鋸肌 *Serratus anterior*
5- 肱橈肌 *Brachioradialis*
6- 橈側腕伸肌 *Extensor carpi radialis*
7- 指伸肌 *Extensor digitorum*
8- 橈側腕屈肌 *Flexor carpi radialis*
9- 骨盆鰭 *Pelvic fin*
10- 紅肌 *Red muscle*
11- 肌節 *Myotomes (myomere)*
12- 背軟鰭 *Soft ray dorsal fin*
13- 尾棘 *Caudal spine*
14- 尾鰭 *Caudal fin*
15- 臀鰭 *Anal fin*
16- 腹外斜肌 *Obliquus externus abdominis*
17- 腹直肌 *Rectus abdominis*
18- 尺骨鰭 *Ulna fin*
19- 肱二頭肌筋膜 *Bicipital fascia*
20- 旋前圓肌 *Pronator teres*
21- 肱肌 *Brachialis*
22- 胸大肌 *Pectoralis major*
23- 胸鎖乳突肌 *Sternocleidomastoideus*

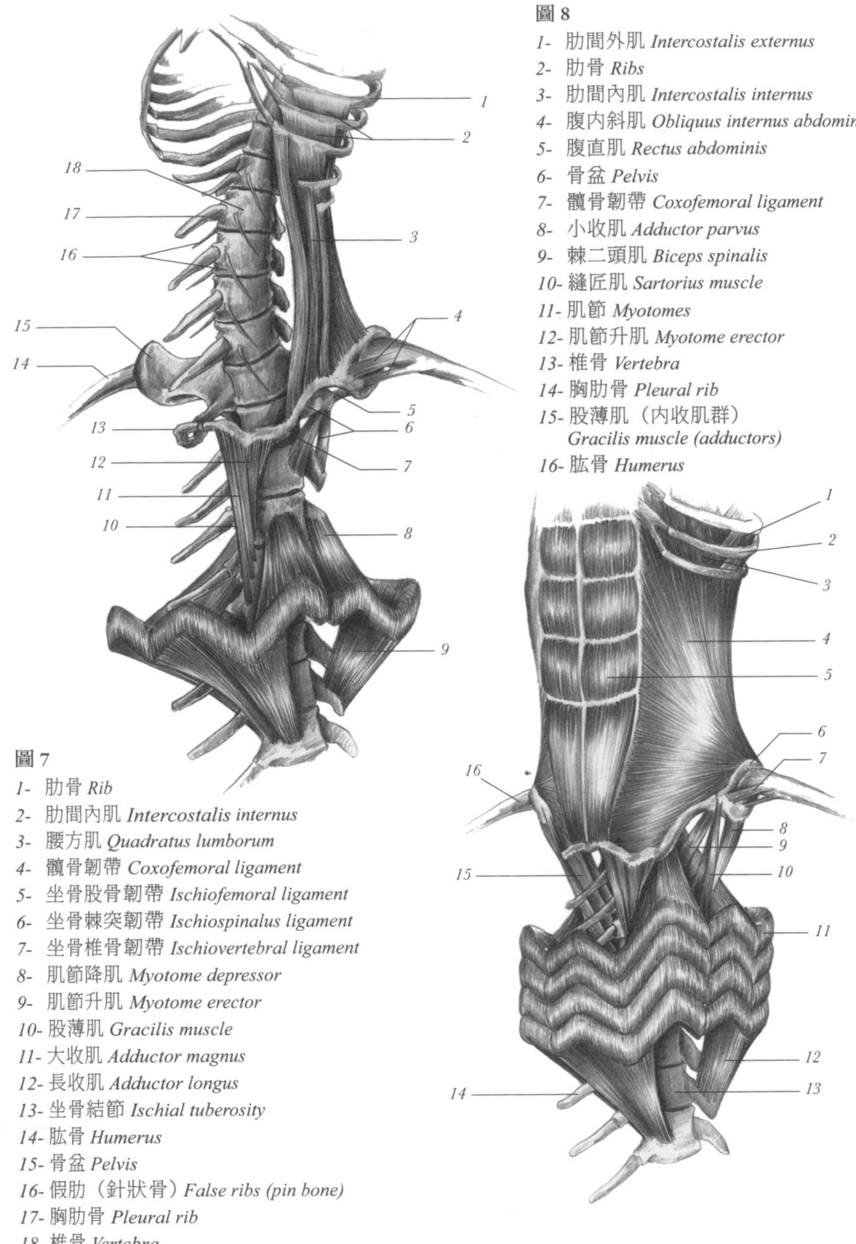

圖 7

1- 肋骨 *Rib*
2- 肋間內肌 *Intercostalis internus*
3- 腰方肌 *Quadratus lumborum*
4- 髖骨韌帶 *Coxofemoral ligament*
5- 坐骨股骨韌帶 *Ischiofemoral ligament*
6- 坐骨棘突韌帶 *Ischiospinalus ligament*
7- 坐骨椎骨韌帶 *Ischiovertebral ligament*
8- 肌節降肌 *Myotome depressor*
9- 肌節升肌 *Myotome erector*
10- 股薄肌 *Gracilis muscle*
11- 大收肌 *Adductor magnus*
12- 長收肌 *Adductor longus*
13- 坐骨結節 *Ischial tuberosity*
14- 肱骨 *Humerus*
15- 骨盆 *Pelvis*
16- 假肋（針狀骨）*False ribs (pin bone)*
17- 胸肋骨 *Pleural rib*
18- 椎骨 *Vertebra*

圖 8

1- 肋間外肌 *Intercostalis externus*
2- 肋骨 *Ribs*
3- 肋間內肌 *Intercostalis internus*
4- 腹內斜肌 *Obliquus internus abdominis*
5- 腹直肌 *Rectus abdominis*
6- 骨盆 *Pelvis*
7- 髖骨韌帶 *Coxofemoral ligament*
8- 小收肌 *Adductor parvus*
9- 棘二頭肌 *Biceps spinalis*
10- 縫匠肌 *Sartorius muscle*
11- 肌節 *Myotomes*
12- 肌節升肌 *Myotome erector*
13- 椎骨 *Vertebra*
14- 胸肋骨 *Pleural rib*
15- 股薄肌（內收肌群）
Gracilis muscle (adductors)
16- 肱骨 *Humerus*

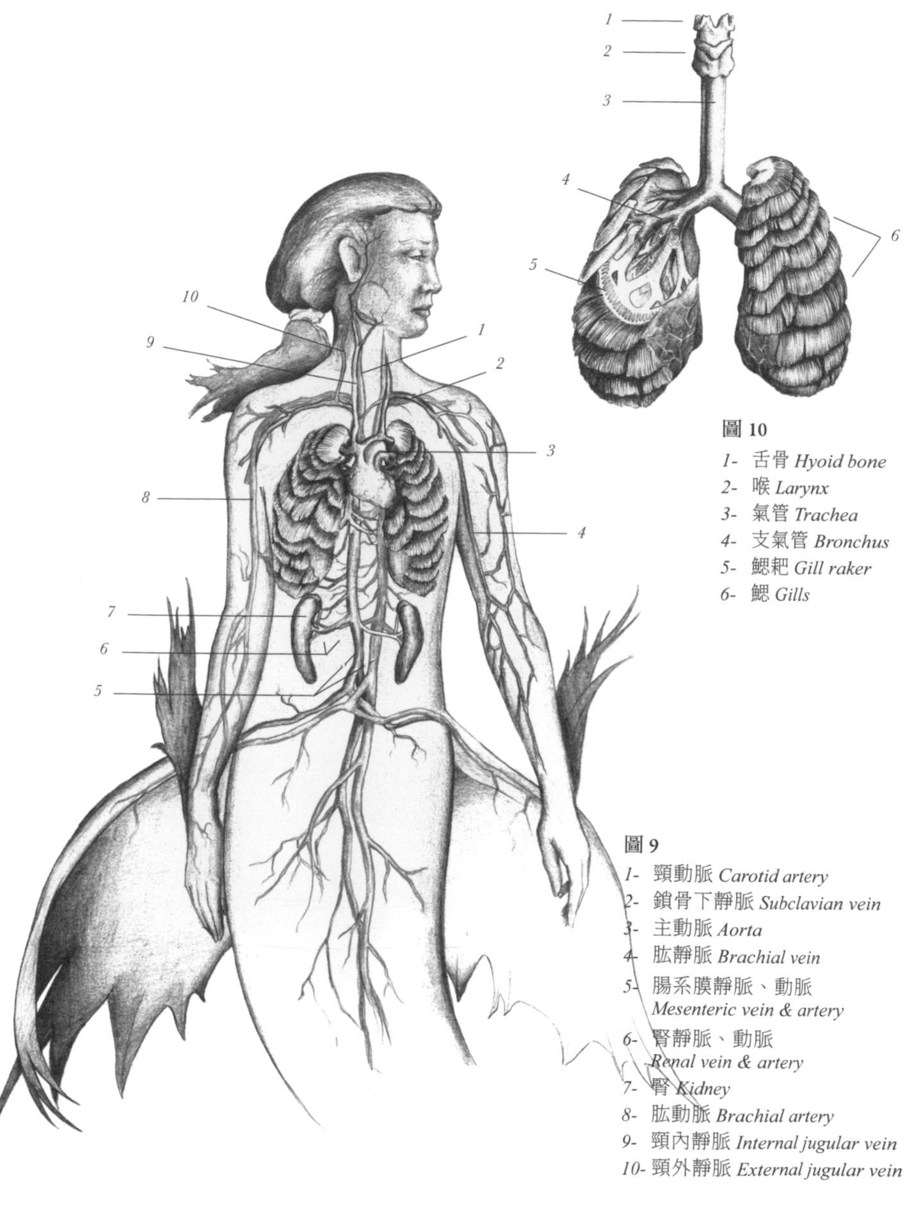

圖 10

1- 舌骨 *Hyoid bone*
2- 喉 *Larynx*
3- 氣管 *Trachea*
4- 支氣管 *Bronchus*
5- 鰓耙 *Gill raker*
6- 鰓 *Gills*

圖 9

1- 頸動脈 *Carotid artery*
2- 鎖骨下靜脈 *Subclavian vein*
3- 主動脈 *Aorta*
4- 肱靜脈 *Brachial vein*
5- 腸系膜靜脈、動脈 *Mesenteric vein & artery*
6- 腎靜脈、動脈 *Renal vein & artery*
7- 腎 *Kidney*
8- 肱動脈 *Brachial artery*
9- 頸內靜脈 *Internal jugular vein*
10- 頸外靜脈 *External jugular vein*

圖 11

圖 12

布萊克醫師在他的筆記中，紀錄了數個不同品種的賽提爾，其中也包括了他宣稱在芬蘭發現的個體。然而，沒有任何賽提爾標本留存下來。在1906年的一篇日記中，布萊克寫下：「我永遠無法理解這種生物身上的許多生理特徵，僅僅只能做出臆測。牠有著天堂之聲般的美妙歌喉、步伐輕盈如舞者，但是也有著孩童般的狡黠與惡意。」

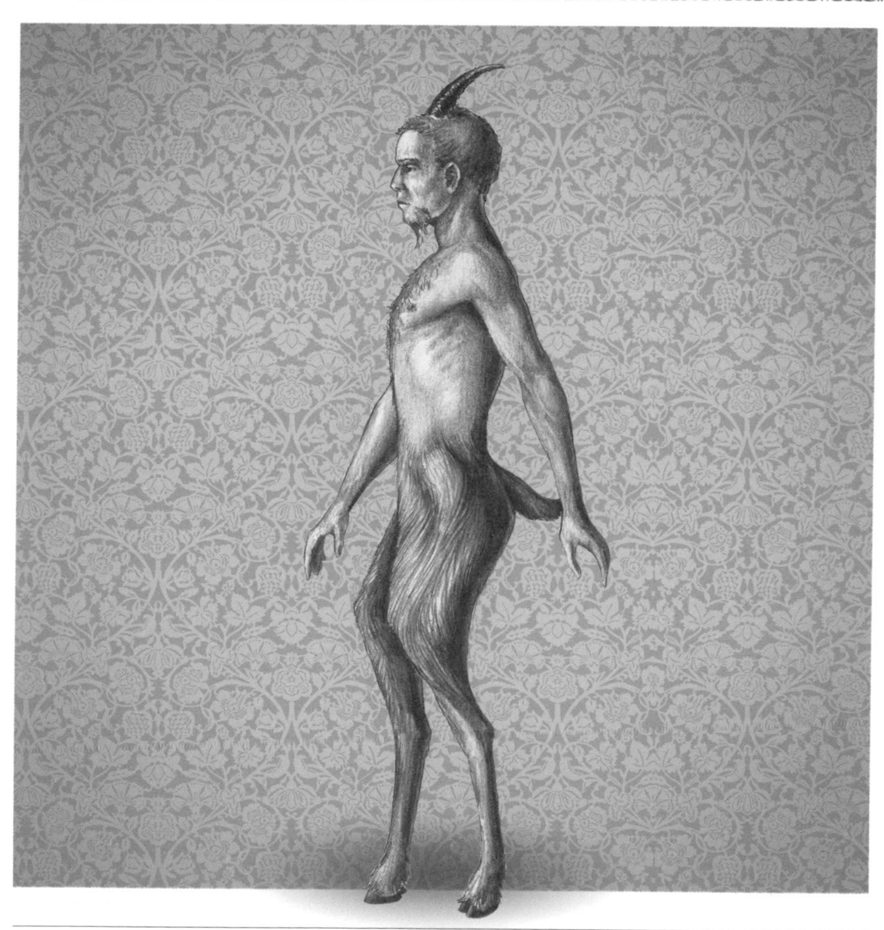

擬羊的賽提爾
SATYRUS HIRCINUS

界：動物界 *Animalia*

門：脊椎動物門 *Vertebrata*

綱：哺乳綱 *Mammalia*

目：偶蹄目 *Artiodactyla*

科：法烏努斯科 *Faunus*

屬：薩梯屬 *Satyrus*

種：擬羊的賽提爾 *Satyrus hircinus*

如同山羊之於公牛，賽提爾與牛頭人有著許多的相似處。而兩者之間最大的差異就是頭部，以及前者明顯智慧高出後者。我們熟知傳說故事中對賽提爾的各種不同描述，這種生物出現在無數的文學和戲劇作品之中。我在本書呈現的是我曾經研究過的品種，牠有著如人類般的雙耳（據信具有羊類雙耳的品種也確實存在）。除此之外還有許多不同品種的賽提爾。我在芬蘭國境的邊界發現了其中一個形似公羊的個體。很遺憾的是，這個個體的情況並不允許我進行有意義的研究，也不適合公開的展示。此後，我未能再發現類似的樣本。

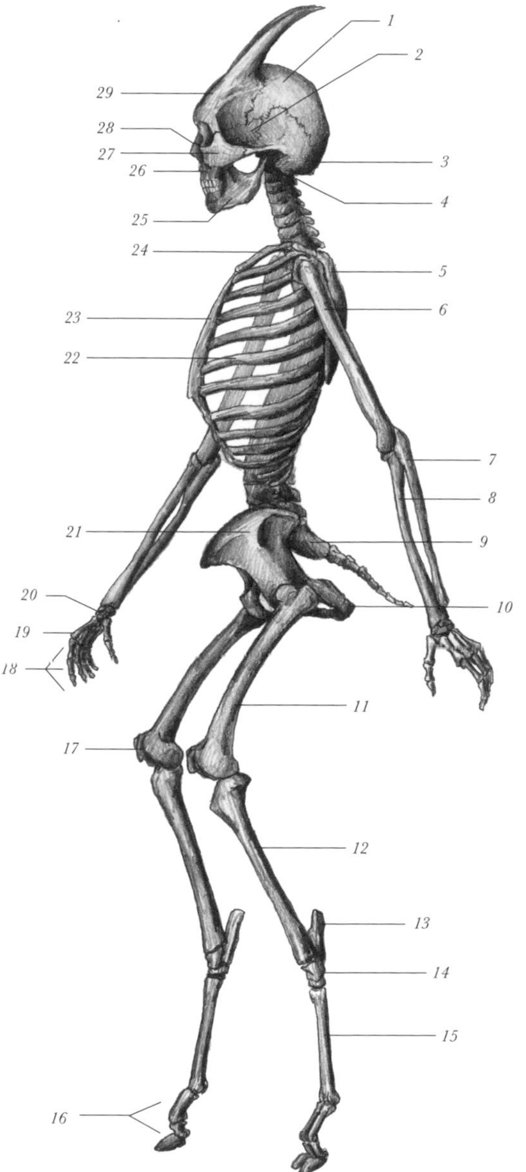

圖 1

1- 頂骨 *Parietal bone*
2- 顳骨 *Temporal bone*
3- 枕骨 *Occipital*
4- 寰椎 *Atlas*
5- 肩胛骨 *Scapula*
6- 肱骨 *Humerus*
7- 尺骨 *Ulna*
8- 橈骨 *Radius*
9- 骶骨 *Sacrum*
10- 坐骨結節 *Ischial tuber*
11- 股骨 *Femur*
12- 脛骨 *Tibia*
13- 踵骨 *Calcaneus*
14- 跗骨 *Tarsal bones*
15- 跖骨 *Metatarsus*
16- 趾骨 *Phalanges*
17- 膝蓋骨 *Patella*
18- 指骨 *Phalanges*
19- 掌骨 *Metacarpal bones*
20- 腕骨 *Carpal bones*
21- 骨盆 *Pelvis*
22- 肋骨 *Ribs*
23- 胸骨 *Sternum*
24- 鎖骨 *Clavicle*
25- 下頜骨 *Mandibula*
26- 上頜骨 *Maxilla*
27- 顴弓 *Zygomatic arch*
28- 鼻骨 *Nasal*
29- 額骨 *Frontal*

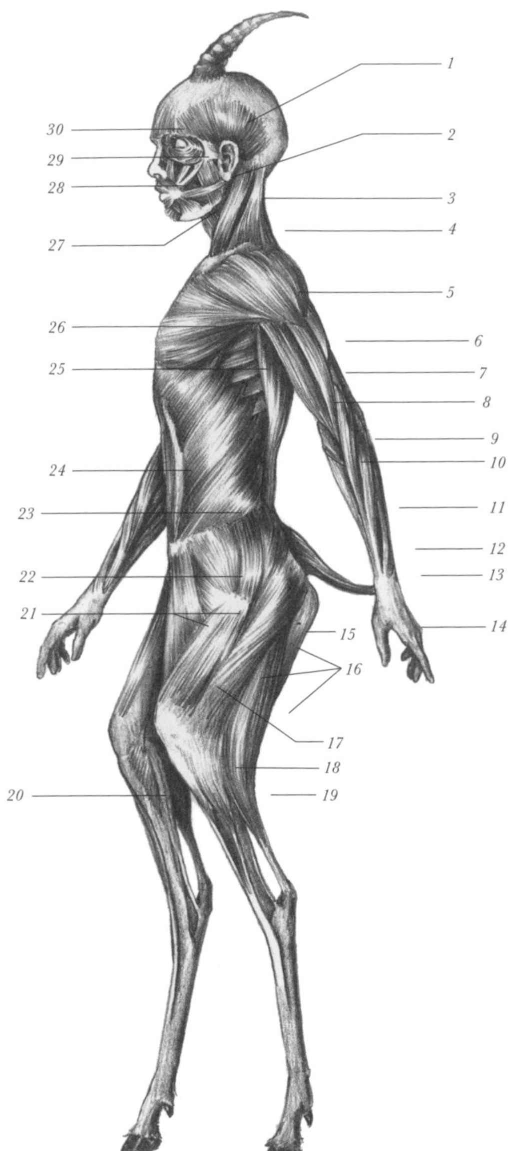

圖 2

1- 顳肌 *Temporalis*
2- 咬肌 *Masseter*
3- 胸鎖乳突肌 *Sternomastoid*
4- 斜方肌 *Trapezius*
5- 三角肌 *Deltoideus*
6- 肱三頭肌 *Triceps brachii*
7- 肱肌 *Brachialis*
8- 肱二頭肌 *Biceps brachii*
9- 肱橈肌 *Brachioradialis*
10- 旋前圓肌 *Pronator teres*
11- 橈側腕長伸肌 *Extensor carpi radialis longus*
12- 橈側腕短伸肌 *Extensor carpi radialis brevis*
13- 拇長收肌 *Adductor pollicis longus*
14- 魚際肌 *Thenar*
15- 半腱肌 *Semitendinosus*
16- 股二頭肌 *Biceps femoris*
17- 股四頭肌 *Quadriceps femoris*
18- 腓骨長肌 *Peronaeus longus*
19- 腓腸肌 *Gastrocnemius*
20- 膕肌 *Popliteus*
21- 闊筋膜張肌 *Tensor fasciae latae*
22- 臀中肌 *Gluteus medius*
23- 腹外斜肌 *Obliquus externus abdominis*
24- 腹直肌 *Rectus abdominis*
25- 鋸肌 *Serratus*
26- 胸肌 *Pectoralis*
27- 口角降肌 *Triangularis*
28- 口輪匝肌 *Orbicularis oris*
29- 眼輪匝肌 *Orbicularis oculi*
30- 額肌 *Frontalis*

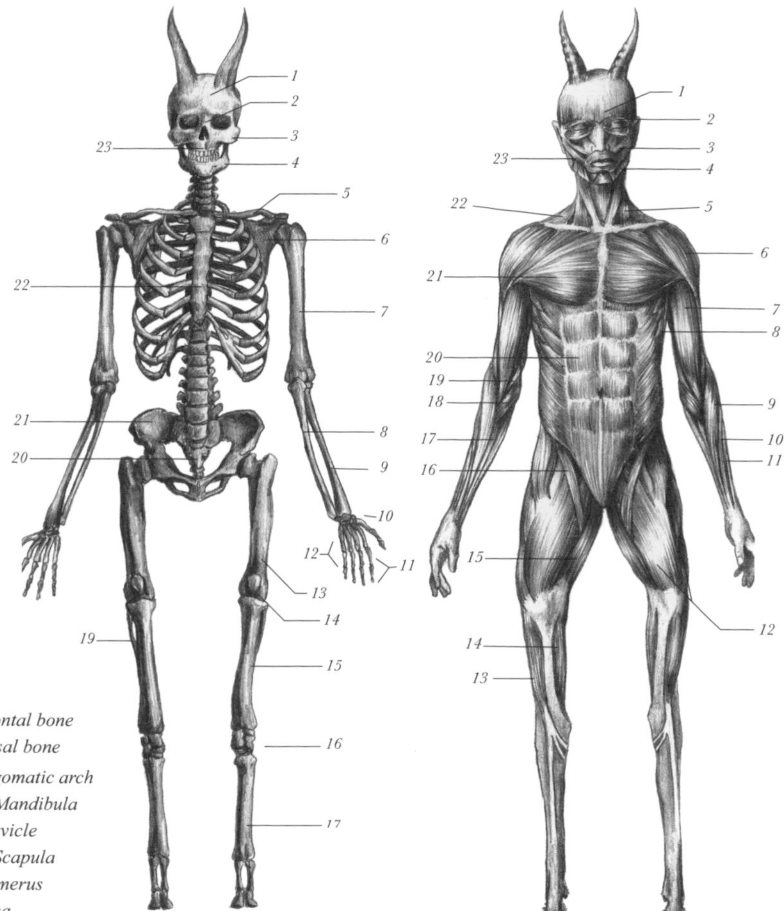

圖 3

1- 額骨 *Frontal bone*
2- 鼻骨 *Nasal bone*
3- 顴弓 *Zygomatic arch*
4- 下頜骨 *Mandibula*
5- 鎖骨 *Clavicle*
6- 肩胛骨 *Scapula*
7- 肱骨 *Humerus*
8- 尺骨 *Ulna*
9- 橈骨 *Radius*
10- 腕骨 *Carpal bones*
11- 指骨 *Phalanges*
12- 掌骨 *Metacarpal bones*
13- 股骨 *Femur*
14- 膝蓋骨 *Patella*
15- 脛骨 *Tibia*
16- 跗骨 *Tarsal bones*
17- 跖骨 *Metatarsus*
18- 趾骨 *Phalanges*
19- 腓骨 *Fibula*
20- 骶骨 *Sacrum*
21- 骨盆 *Pelvis*
22- 胸骨 *Sternum*
23- 上頜骨 *Maxilla*

圖 4

1- 額肌 *Frontalis*
2- 輪匝肌 *Orbicularis*
3- 上唇提肌 *Levator labii superioris*
4- 口角降肌 *Depressor angulious*
5- 胸鎖乳突肌 *Sternomastoid*
6- 三角肌 *Deltoideus*
7- 肱二頭肌 *Biceps brachii*
8- 鋸肌 *Serratus*
9- 肱橈肌 *Brachioradialis*
10- 橈側腕長伸肌 *Extensor carpi radialis longus*
11- 橈側腕短伸肌 *Extensor carpi radialis brevis*
12- 股四頭肌 *Quadriceps femoris*
13- 趾長伸肌 *Extensor digitorum longus*
14- 趾長屈肌 *Flexor digitorum longus*
15- 股薄肌 *Gracilis*
16- 縫匠肌 *Sartorius*
17- 橈側腕屈肌 *Flexor carpi radialis*
18- 旋前圓肌 *Pronator teres*
19- 肱肌 *Brachialis*
20- 腹直肌 *Rectus abdominis*
21- 胸大肌 *Pectoralis major*
22- 斜方肌 *Trapezius*
23- 顴肌 *Zygomaticus*

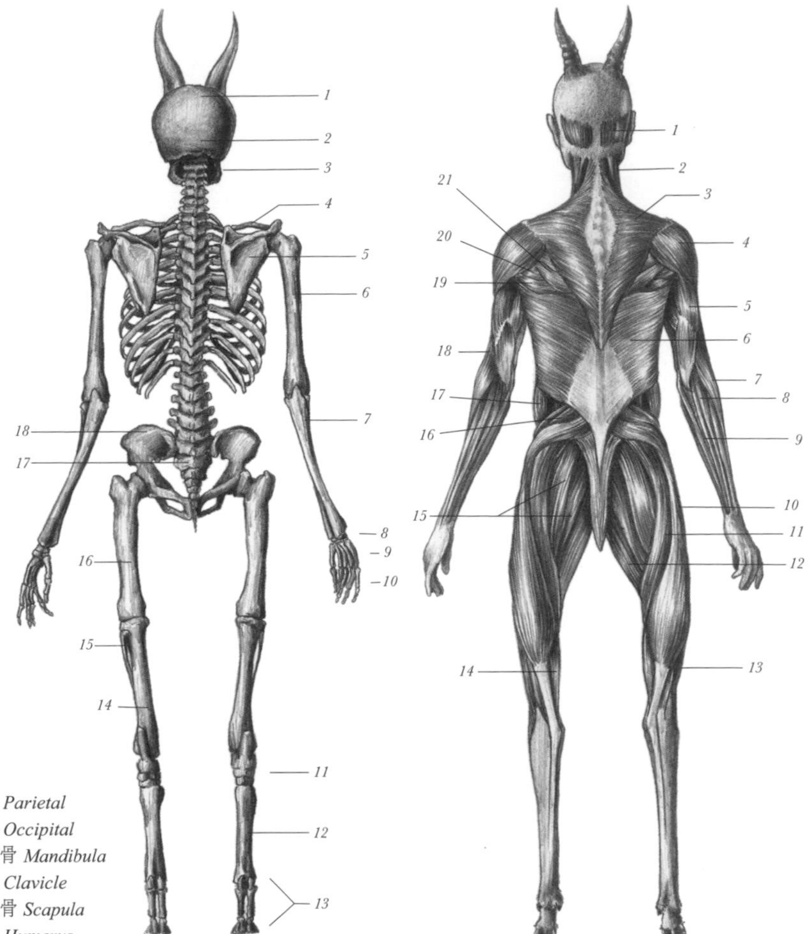

圖 5

1- 頂骨 *Parietal*
2- 枕骨 *Occipital*
3- 下頜骨 *Mandibula*
4- 鎖骨 *Clavicle*
5- 肩胛骨 *Scapula*
6- 肱骨 *Humerus*
7- 尺骨 *Ulna*
8- 腕骨 *Carpal bones*
9- 掌骨 *Metacarpal bones*
10- 指骨 *Phalanges*
11- 跗骨 *Tarsal bones*
12- 跖趾骨 *Metatarsus phalanges*
13- 脛骨 *Tibia*
14- 腓骨 *Fibula*
15- 股骨 *Femur*
16- 骶骨 *Sacrum*
17- 骨盆 *Pelvis*
18- 第一頸椎（寰椎）*1st cervical vertebra (atlas)*

圖 6

1- 枕肌 *Occipitalis*
2- 胸鎖乳突肌 *Sternomastoid*
3- 斜方肌 *Trapezius*
4- 三角肌 *Deltoideus*
5- 肱三頭肌 *Triceps brachii*
6- 背闊肌 *Latissimus dorsi*
7- 橈側腕長伸肌 *Extensor carpi radialis longus*
8- 肘肌 *Anconeus*
9- 橈側腕屈肌 *Flexor carpi radialis*
10- 股二頭肌 *Biceps femoris*
11- 半腱肌 *Semitendinosus*
12- 股薄肌 *Gracilis*
13- 脛骨前肌 *Tibialis cranialis*
14- 趾長屈總肌 *Flexor digitorum pedis longus*
15- 半膜肌 *Semimembranosus*
16- 臀中肌 *Gluteus medius*
17- 腹外斜肌 *Obliquus externus abdominis*
18- 肱橈肌 *Brachioradialis*
19- 大圓肌 *Teres major*
20- 小圓肌 *Teres minor*
21- 岡下肌 *Infraspinatus*

圖 7

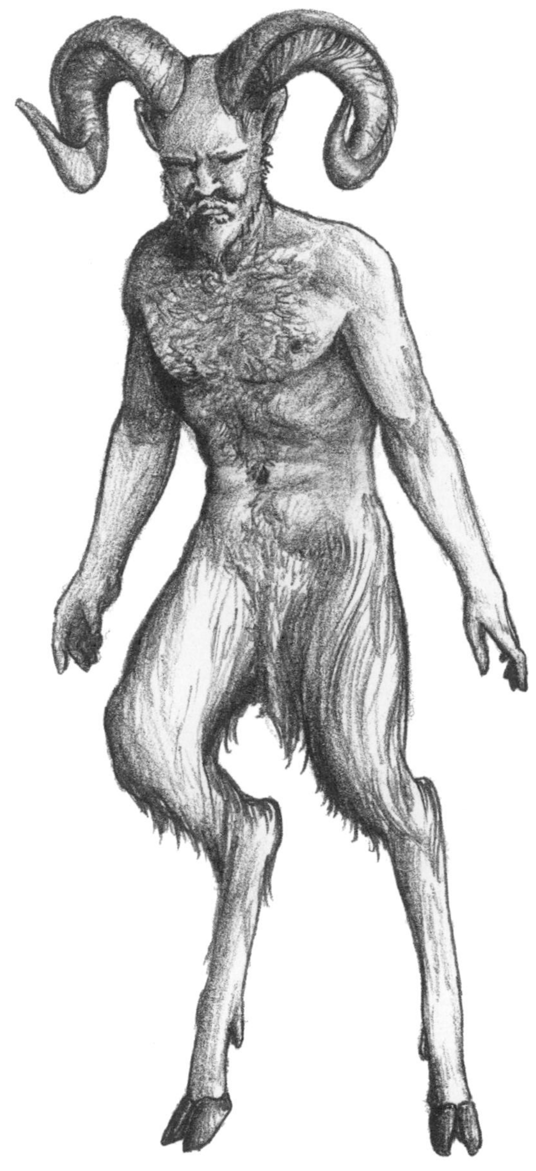

布萊克在《絕跡動物秘典》中呈現的牛頭人米諾陶，可說是充滿悲劇性的生物。牠繼承了人類和公牛這兩個物種的缺陷，至於優勢，則是一無所有。一個缺乏力量的人類軀體，和一個缺乏智慧的公牛心智，這是何等悲慘的組合！

除此之外，牛頭人還有著更多的缺陷。牠缺少能夠進行攻擊和防禦的腳爪，同時也不具有飛行或游泳的能力。這樣的生物為何能夠存在於世界上？這也是個難以理解的謎團。

——史賓賽・布萊克

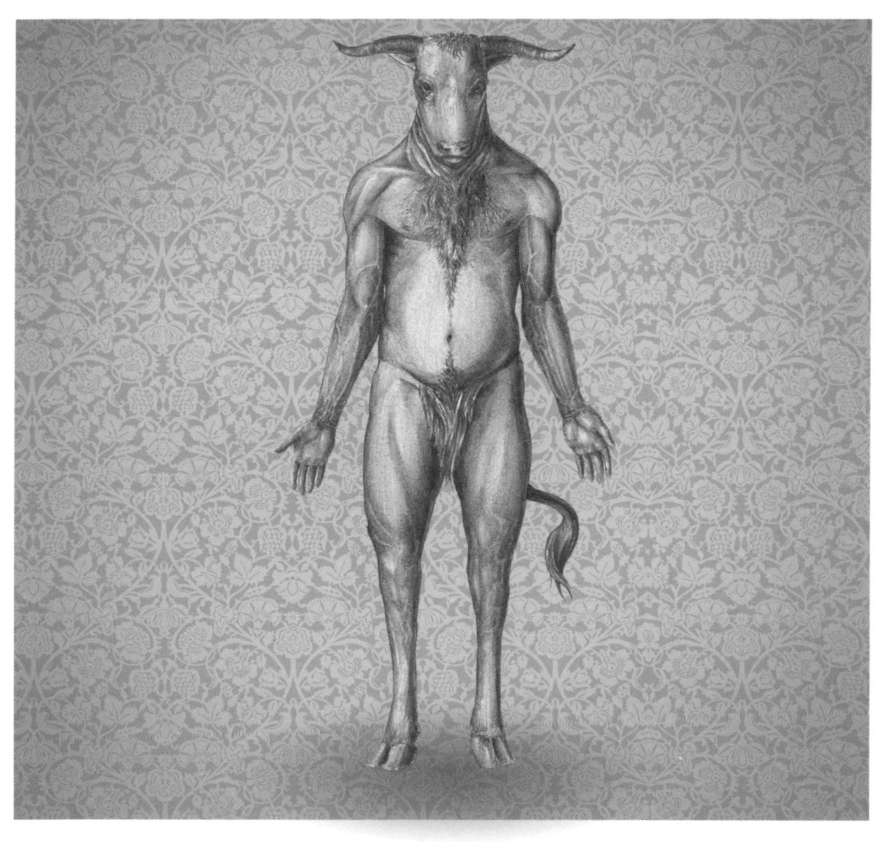

阿斯特里翁的米諾陶
MINOTAURUS ASTERION

界：動物界 *Animalia*

門：脊椎動物門 *Vertebrata*

綱：哺乳綱 *Mammalia*

目：阿斯特里翁目 *Asterius* *

科：米諾斯科 *Minos*

屬：米諾陶（即「米諾斯的牛」）屬 *Minotaurus*

種：阿斯特里翁的米諾陶 *Minotaurus asterion*

* Asterius 是 Asterion 的拉丁化拼法。在希臘神話中，克里特（Crete）王米諾斯（Minos）與妻子生下牛頭人米諾陶（Minotaur），阿斯特里翁（Asterion）即為米諾陶的本名。

這個物種展現了獨特的肌肉組織，來支撐其碩大的頭部，並支援其他各種可能的活動，包括搏鬥。我搜集到一些可能屬於此種生物的不完整軀體，對於是否有其他不同的品種，我還無法下定論。米諾陶是一種極為獨特的生物，雖然在歷史記載中，有著許多互相衝突矛盾的描述。研究米諾陶的演化祖先也許能夠獲得一些重要的線索，其中有些可能像半人馬一樣擁有六隻肢體，包括四條腿和兩隻手臂。然而，我目前還無法證實這個推測。

就像許多我從私人收藏中所取得，或我自己挖掘出的動物屍體一樣，在我手上的米諾陶標本保存的情況並不好，所以我無法進行徹底的檢驗。牠的肌肉組織都已經嚴重地腐化分解，殘餘的部分並不能夠提供任何決定性的資訊。

根據我的推測，古代的米諾陶並不像牠牛類的近親一般，有四個胃的消化系統。鑑於牠直立的站姿和能夠收集食物的兩隻手臂，我認為反芻機制對米諾陶來說是不切實際的。牠們很有可能是雜食性動物；其體型和獵食習性都可能是因應食物短缺的演化結果。然而對於米諾陶來說，演化過程中平衡性的不足，導致牠們沒有辦法有效率地覓食並保存獲來的食物。牠是以雙足行動、頭腦簡單的動物，既無法快速地逃離掠食者，也無法像具有高等智慧的動物那樣設計出有效的覓食策略或用武器保護自己，而這也註定了牠悲劇性的命運。

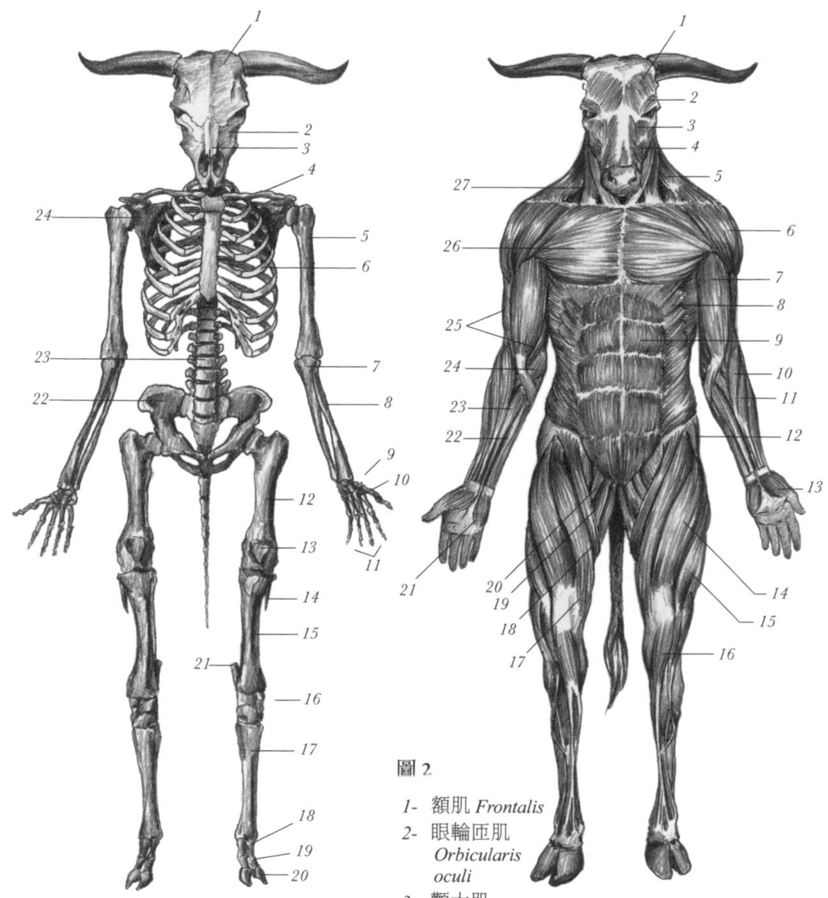

圖 1

1- 額骨 *Frontal bone*
2- 顴弓 *Zygomatic arch*
3- 鼻骨 *Nasal bone*
4- 鎖骨 *Clavicle*
5- 肱骨 *Humerus*
6- 肋骨 *Ribs*
7- 尺骨 *Ulna*
8- 橈骨 *Radius*
9- 腕骨 *Carpal bones*
10- 掌骨 *Metacarpal bone*
11- 指骨 *Phalanges*
12- 股骨 *Femur*
13- 膝蓋骨 *Patella*
14- 腓骨 *Fibula*
15- 脛骨 *Tibia*
16- 跗骨 *Tarsal bone*
17- 第三與第四跖骨 *3rd & 4th metatarsal bones*
18- 第一趾骨 *1st phalanx*
19- 第二趾骨 *2nd phalanx*
20- 第三趾骨 *3rd phalanx*
21- 肘突 *Olecranean tubor*
22- 骨盆 *Pelvis*
23- 椎骨 *Vertebrae*
24- 肩胛骨 *Scapula*

圖 2

1- 額肌 *Frontalis*
2- 眼輪匝肌 *Orbicularis oculi*
3- 顴大肌 *Zygomaticus major*
4- 上唇提肌 *Levator labii superioris*
5- 斜方肌 *Trapezius*
6- 三角肌 *Deltoid*
7- 肱二頭肌 *Biceps brachii*
8- 鋸肌 *Serratus*
9- 腹直肌 *Rectus abdominis*
10- 肱橈肌 *Brachioradialis*
11- 橈側腕伸肌 *Extensor carpi radialis*
12- 臀中肌 *Gluteus medius*
13- 魚際肌 *Thenar*
14- 股直肌 *Rectus femoris*
15- 股外側肌 *Vastus lateralis*
16- 脛骨肌 *Tibialis*
17- 股內側肌 *Vastus medialis*
18- 縫匠肌 *Sartorius*
19- 長收肌 *Adductor longus*
20- 恥骨肌 *Pectineus*
21- 小魚際肌 *Hypothenar*
22- 掌長肌 *Palmaris longus*
23- 橈側腕屈肌 *Flexor carpi radialis*
24- 旋前圓肌 *Pronator teres*
25- 肱肌 *Brachialis*
26- 胸大肌 *Pectoralis major*
27- 胸鎖乳突肌 *Sternocleidomastoideus*

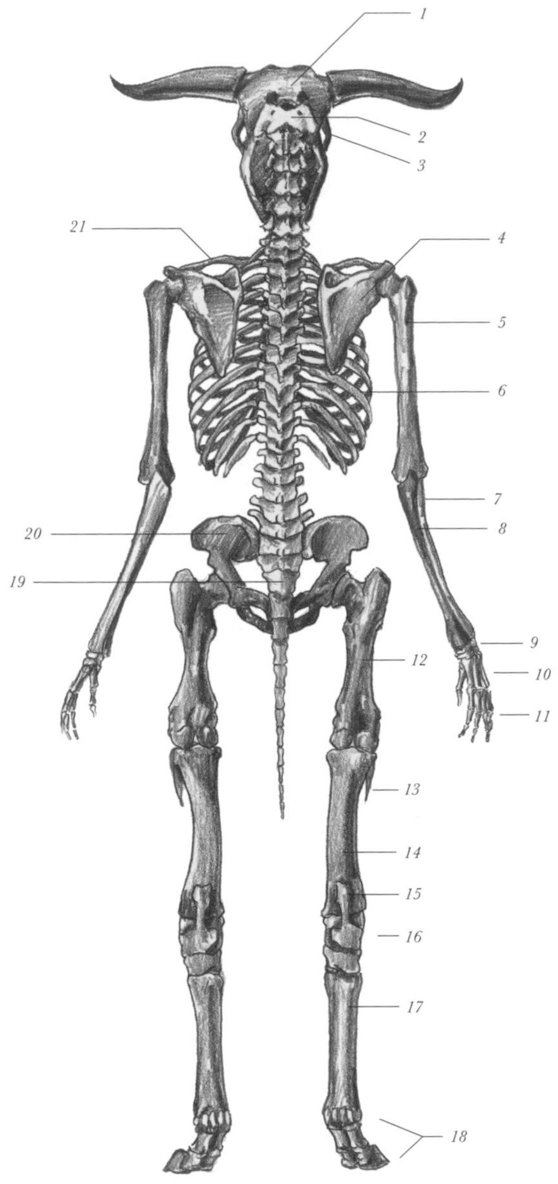

圖 3

1- 頂骨 *Parietale*

2- 第一頸椎
1st cervical vertebra

3- 顴骨 *Zygomatic bone*

4- 肩胛骨 *Scapula*

5- 肱骨 *Humerus*

6- 肋骨 *Rib*

7- 橈骨 *Radius*

8- 尺骨 *Ulna*

9- 腕骨 *Carpal bones*

10- 掌骨 *Metacarpal bones*

11- 指骨 *Phalanges*

12- 股骨 *Femur*

13- 腓骨 *Fibula*

14- 脛骨 *Tibia*

15- 踵骨結節 *Calcanean tuber*

16- 跗骨 *Tarsal bones*

17- 第三與第四跖骨
3rd & 4th metatarsal bones

18- 趾骨 *Phalanges*

19- 骶骨 *Sacrum*

20- 骨盆 *Pelvis*

21- 鎖骨 *Clavicle*

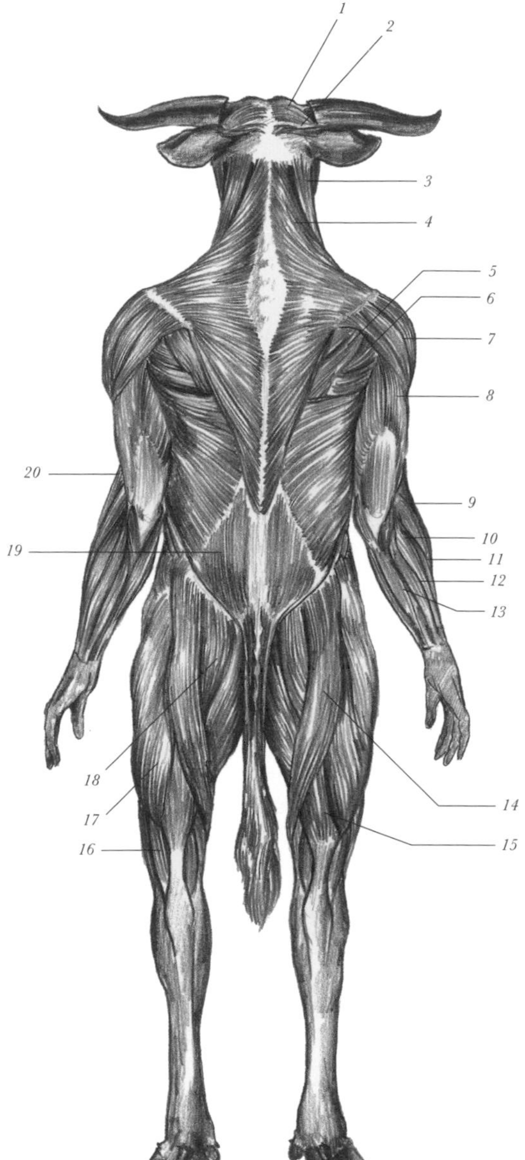

圖 4

1- 頭上斜肌 *Obliquus capitis superior*
2- 耳降肌 *Adductor of the auricle*
3- 胸鎖乳突肌 *Sternomastoid*
4- 斜方肌 *Trapezius*
5- 岡下肌 *Infraspinatus*
6- 小圓肌 *Teres minor*
7- 三角肌 *Deltoid*
8- 肱三頭肌 *Triceps brachii*
9- 橈側腕長伸肌
Extensor carpi radialis longus
10- 指總伸肌
Extensor digitorum communis
11- 橈側腕短伸肌
Extensor carpi radialis brevis
12- 尺側腕伸肌 *Extensor carpi ulnaris*
13- 尺側腕屈肌 *Flexor carpi ulnaris*
14- 半腱肌 *Semitendinosus*
15- 腓腸肌 *Gastrocnemius*
16 脛骨前肌 *Tibialis cranialis*
17- 股二頭肌 *Biceps femoris*
18- 半膜肌 *Semimembranosus*
19- 骶棘肌 *Sacrospinalis*
20- 肱橈肌 *Brachioradialis*

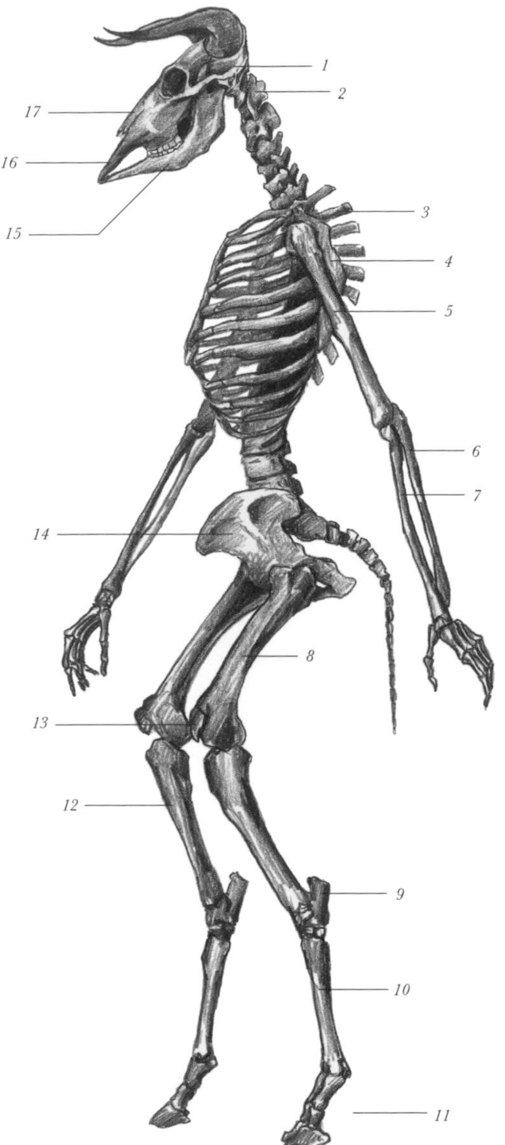

圖 5

1- 顳骨 *Temporal bone*
2- 第一頸椎 *1st cervical vertebra*
3- 第一胸椎 *1st thoracic vertebra*
4- 肩胛骨 *Scapula*
5- 肱骨 *Humerus*
6- 尺骨 *Ulna*
7- 橈骨 *Radius*
8- 股骨 *Femur*
9- 踵骨結節 *Calcanean tuber*
10- 第三與第四蹠骨 *3rd & 4th metatarsal bone*
11- 趾骨 *Phalanges*
12- 脛骨 *Tibia*
13- 膝蓋骨 *Patella*
14- 骨盆 *Pelvis*
15- 門齒（下頷骨） *Incisor (lower jawbone)*
16- 門齒骨 *Incisival bone*
17- 鼻骨 *Nasal bone*

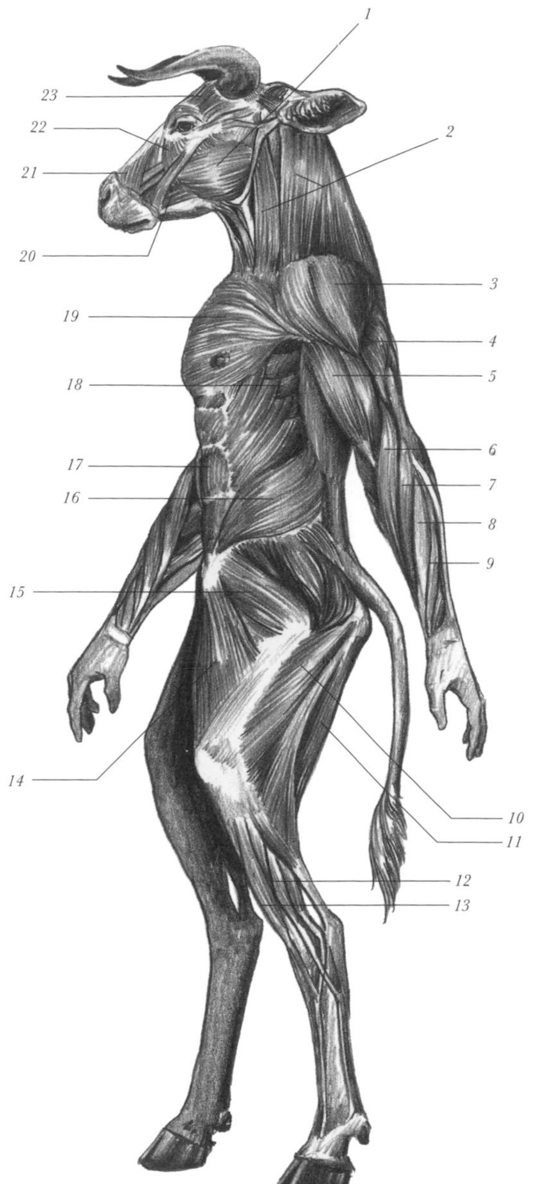

圖 6

1- 咬肌 *Masseter*
2- 肱頭肌 *Brachiocephalicus*
3- 三角肌 *Deltoid*
4- 肱三頭肌 *Triceps brachii*
5- 肱二頭肌 *Biceps brachii*
6- 肱橈肌 *Brachioradialis*
7- 橈側腕長伸肌 *Extensor carpi radialis longus*
8- 橈側腕短伸肌 *Extensor carpi radialis brevis*
9- 拇長收肌 *Adductor pollicis longus*
10- 股二頭肌 *Gluteobiceps*
11- 半腱肌 *Semitendinosus*
12- 腓骨長肌 *Peroneus longus*
13- 第三腓骨肌 *Peroneus tertius*
14- 闊筋膜張肌 *Tensor fasciae latae*
15- 臀中肌 *Gluteus medius*
16- 腹外斜肌 *Obliquus externus abdominis*
17- 腹直肌 *Rectus abdominis*
18- 鋸肌 *Serratus*
19- 胸大肌 *Pectoralis major*
20- 頰肌 *Buccinator*
21- 鼻唇提肌 *Levator nasolabialis*
22- 顴小肌 *Zygomaticus minor*
23- 額肌 *Frontalis*

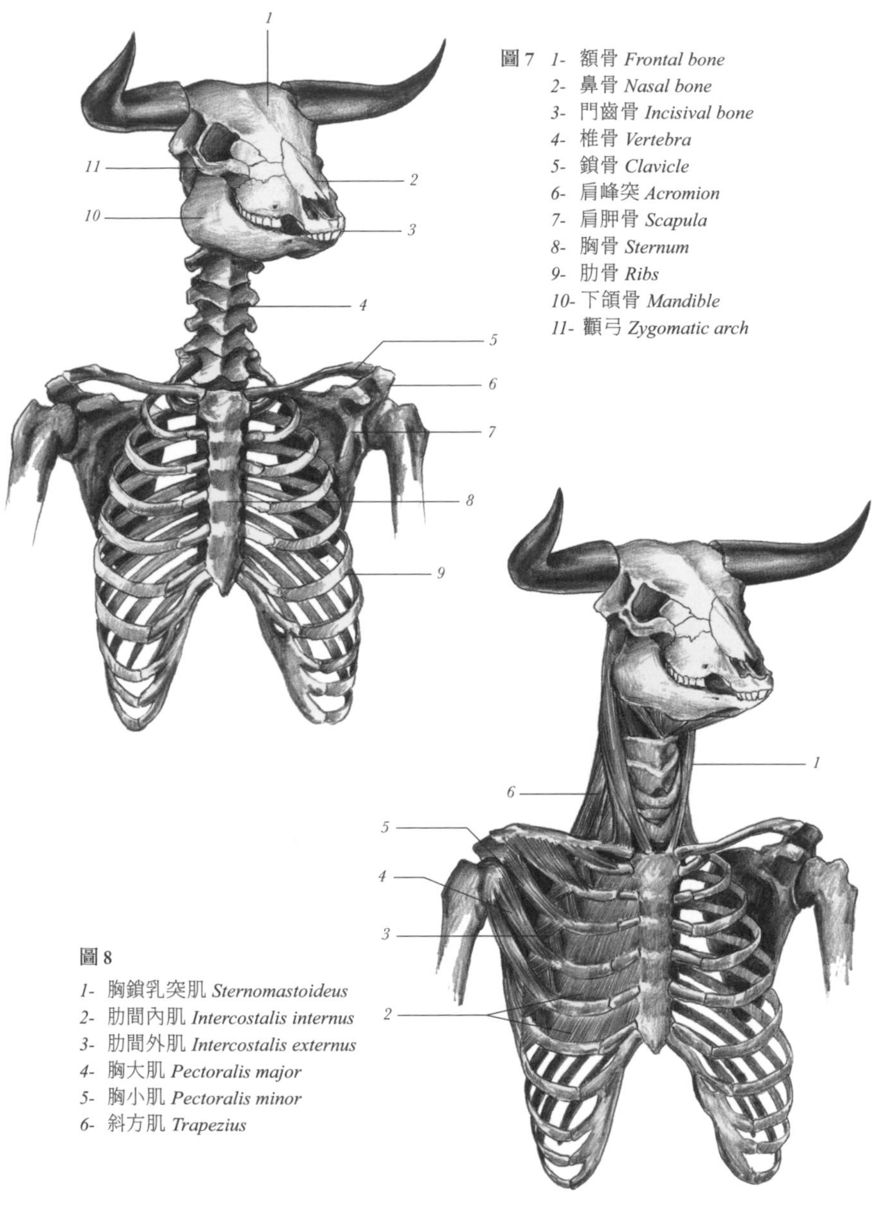

圖 7
1- 額骨 *Frontal bone*
2- 鼻骨 *Nasal bone*
3- 門齒骨 *Incisival bone*
4- 椎骨 *Vertebra*
5- 鎖骨 *Clavicle*
6- 肩峰突 *Acromion*
7- 肩胛骨 *Scapula*
8- 胸骨 *Sternum*
9- 肋骨 *Ribs*
10- 下頜骨 *Mandible*
11- 顴弓 *Zygomatic arch*

圖 8
1- 胸鎖乳突肌 *Sternomastoideus*
2- 肋間內肌 *Intercostalis internus*
3- 肋間外肌 *Intercostalis externus*
4- 胸大肌 *Pectoralis major*
5- 胸小肌 *Pectoralis minor*
6- 斜方肌 *Trapezius*

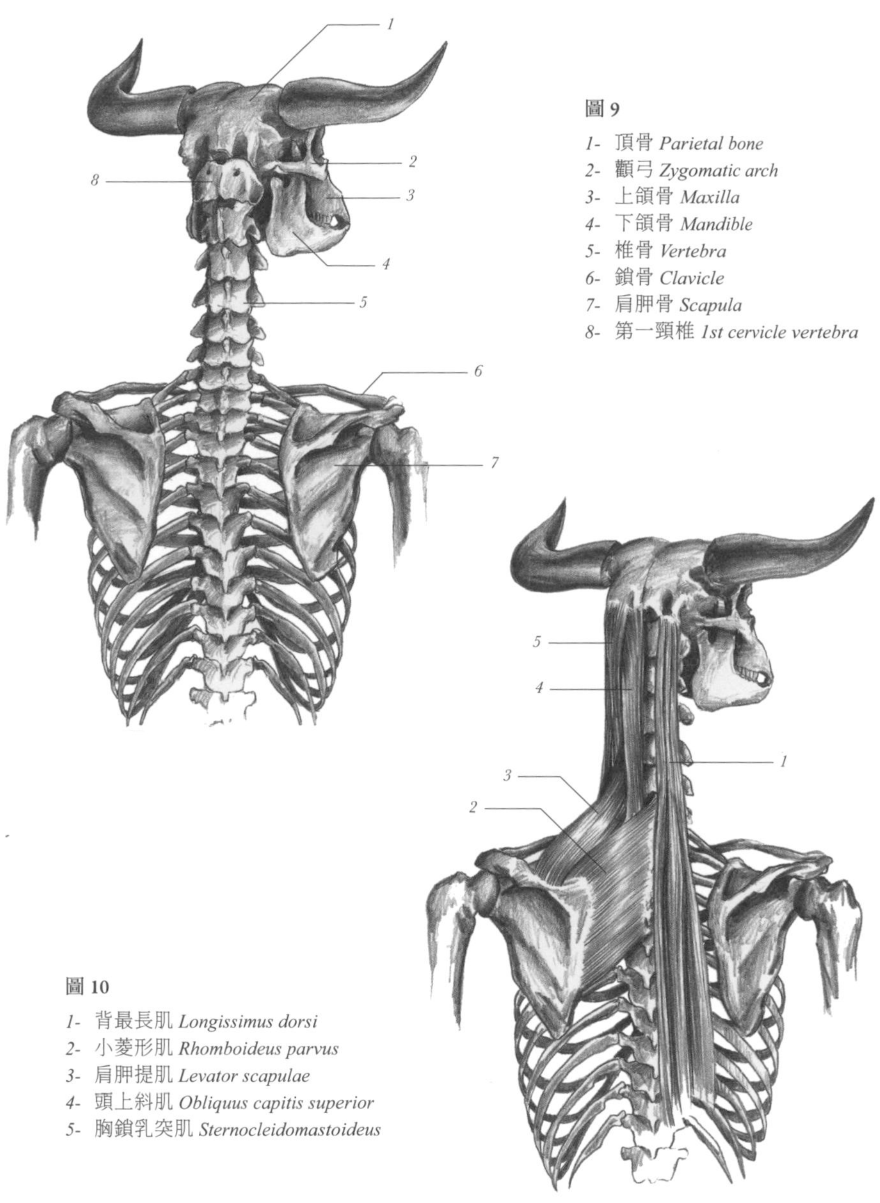

圖 9

1- 頂骨 *Parietal bone*
2- 顴弓 *Zygomatic arch*
3- 上頜骨 *Maxilla*
4- 下頜骨 *Mandible*
5- 椎骨 *Vertebra*
6- 鎖骨 *Clavicle*
7- 肩胛骨 *Scapula*
8- 第一頸椎 *1st cervicle vertebra*

圖 10

1- 背最長肌 *Longissimus dorsi*
2- 小菱形肌 *Rhomboideus parvus*
3- 肩胛提肌 *Levator scapulae*
4- 頭上斜肌 *Obliquus capitis superior*
5- 胸鎖乳突肌 *Sternocleidomastoideus*

有許多有趣的傳說提到「象頭人」的起源。其中一個版本來自於印度神話。雪山神女（Parvati）以塵土創造了一個男孩來擔任她沐浴時的守衛。此時神女的丈夫毀滅神濕婆（Shiva）前來尋找妻子時，由於不知情，便出手擊斃了這名陌生的年輕男子，並砍下了他的頭顱。濕婆後來得知他其實是神女的兒子，就以大象的頭復活了他，並且封他為神。

象頭人呈現出劇烈的演化過程，牠是兩種自然生物形態的結合：人類和大象。雖然象頭人的起源是來自於神話，但牠並非是由塵土所賦予生命。真理一向都是埋藏在過去之中。

——史賓賽・布萊克

東方象頭人
GANESHA ORIENTIS

界：動物界 *Animalia*

門：脊椎動物門 *Vertebrata*

綱：哺乳綱 *Mammalia*

目：長鼻目 *Proboscidea*

科：象齒人科 *Homoeboreus*

屬：象神屬 *Ganesha* *

種：東方象頭人 *Ganesha orientis*

* Ganesha 即為印度神話中的象神，其形貌為大象的頭顱、一邊折斷的象牙，以及四隻手臂。祂是象徵克服阻礙之神，同時也庇佑藝術家和科學家。

我針對象頭人的研究，解答了許多生物在骨骼構造上長久以來的謎：如此輕盈嬌小的骨架要如何支撐粗壯的附肢（appendages）和這樣一個不符比例的巨大頭顱？在象頭人的骨架上，似乎密佈著獨立於韌帶和肌腱系統外的肌肉纖維。這些肌肉纖維形成了抵抗過度張力的屏障，就像昆蟲的外骨骼組織，或者保護骨折肢體的夾板一樣。這樣的構造說明了為何許多動物身體能夠承受巨大的張力或扭曲。但是很遺憾地，我還沒有發現任何現存的動物有演化出類似的肌肉纖維構造。

我手上所擁有的樣本是來自東方的珍寶。雖然它僅僅是象頭人的部分殘軀，但是它被層層的破布所包覆，保存情況良好。我是在無意中發現了此標本的墓穴，在世界其他地方，想必還有更多類似的地點。我相信未來還會有更多的發現。

象頭人的頭顱無法簡單地歸類為人類或者象類動物。其形貌和大腦的位置，尤其是大腦皮層，都需要更進一步的研究。我認為象頭人很可能擁有高度的智慧。但是為什麼在高智能的條件下，牠們卻無法成為繁盛的物種？這個問題還有待解答。

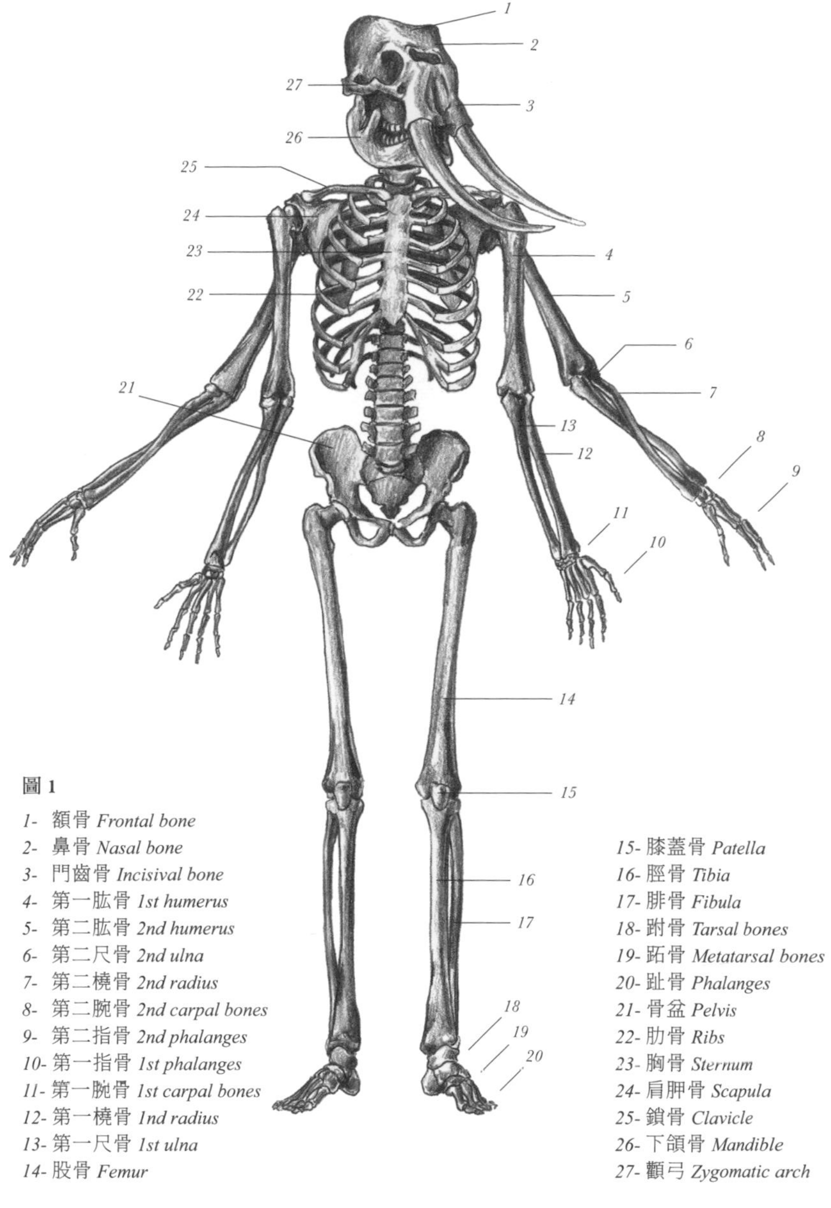

圖 1

1- 額骨 *Frontal bone*

2- 鼻骨 *Nasal bone*

3- 門齒骨 *Incisival bone*

4- 第一肱骨 *1st humerus*

5- 第二肱骨 *2nd humerus*

6- 第二尺骨 *2nd ulna*

7- 第二橈骨 *2nd radius*

8- 第二腕骨 *2nd carpal bones*

9- 第二指骨 *2nd phalanges*

10- 第一指骨 *1st phalanges*

11- 第一腕骨 *1st carpal bones*

12- 第一橈骨 *1nd radius*

13- 第一尺骨 *1st ulna*

14- 股骨 *Femur*

15- 膝蓋骨 *Patella*

16- 脛骨 *Tibia*

17- 腓骨 *Fibula*

18- 跗骨 *Tarsal bones*

19- 跖骨 *Metatarsal bones*

20- 趾骨 *Phalanges*

21- 骨盆 *Pelvis*

22- 肋骨 *Ribs*

23- 胸骨 *Sternum*

24- 肩胛骨 *Scapula*

25- 鎖骨 *Clavicle*

26- 下頜骨 *Mandible*

27- 顴弓 *Zygomatic arch*

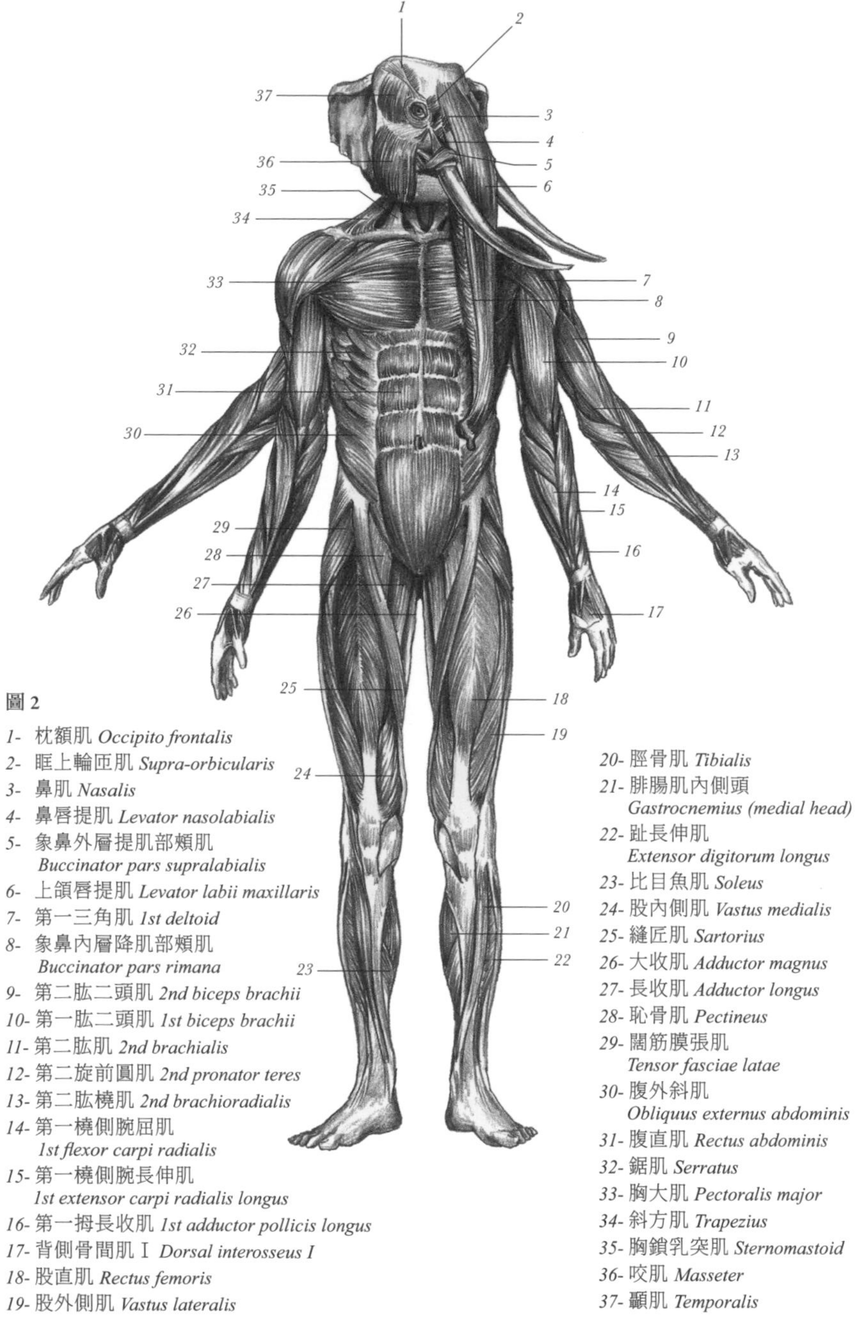

圖 2

1- 枕額肌 *Occipito frontalis*
2- 眶上輪匝肌 *Supra-orbicularis*
3- 鼻肌 *Nasalis*
4- 鼻唇提肌 *Levator nasolabialis*
5- 象鼻外層提肌部頰肌 *Buccinator pars supralabialis*
6- 上頜唇提肌 *Levator labii maxillaris*
7- 第一三角肌 *1st deltoid*
8- 象鼻內層降肌部頰肌 *Buccinator pars rimana*
9- 第二肱二頭肌 *2nd biceps brachii*
10- 第一肱二頭肌 *1st biceps brachii*
11- 第二肱肌 *2nd brachialis*
12- 第二旋前圓肌 *2nd pronator teres*
13- 第二肱橈肌 *2nd brachioradialis*
14- 第一橈側腕屈肌 *1st flexor carpi radialis*
15- 第一橈側腕長伸肌 *1st extensor carpi radialis longus*
16- 第一拇長收肌 *1st adductor pollicis longus*
17- 背側骨間肌 I *Dorsal interosseus I*
18- 股直肌 *Rectus femoris*
19- 股外側肌 *Vastus lateralis*
20- 脛骨肌 *Tibialis*
21- 腓腸肌內側頭 *Gastrocnemius (medial head)*
22- 趾長伸肌 *Extensor digitorum longus*
23- 比目魚肌 *Soleus*
24- 股內側肌 *Vastus medialis*
25- 縫匠肌 *Sartorius*
26- 大收肌 *Adductor magnus*
27- 長收肌 *Adductor longus*
28- 恥骨肌 *Pectineus*
29- 闊筋膜張肌 *Tensor fasciae latae*
30- 腹外斜肌 *Obliquus externus abdominis*
31- 腹直肌 *Rectus abdominis*
32- 鋸肌 *Serratus*
33- 胸大肌 *Pectoralis major*
34- 斜方肌 *Trapezius*
35- 胸鎖乳突肌 *Sternomastoid*
36- 咬肌 *Masseter*
37- 顳肌 *Temporalis*

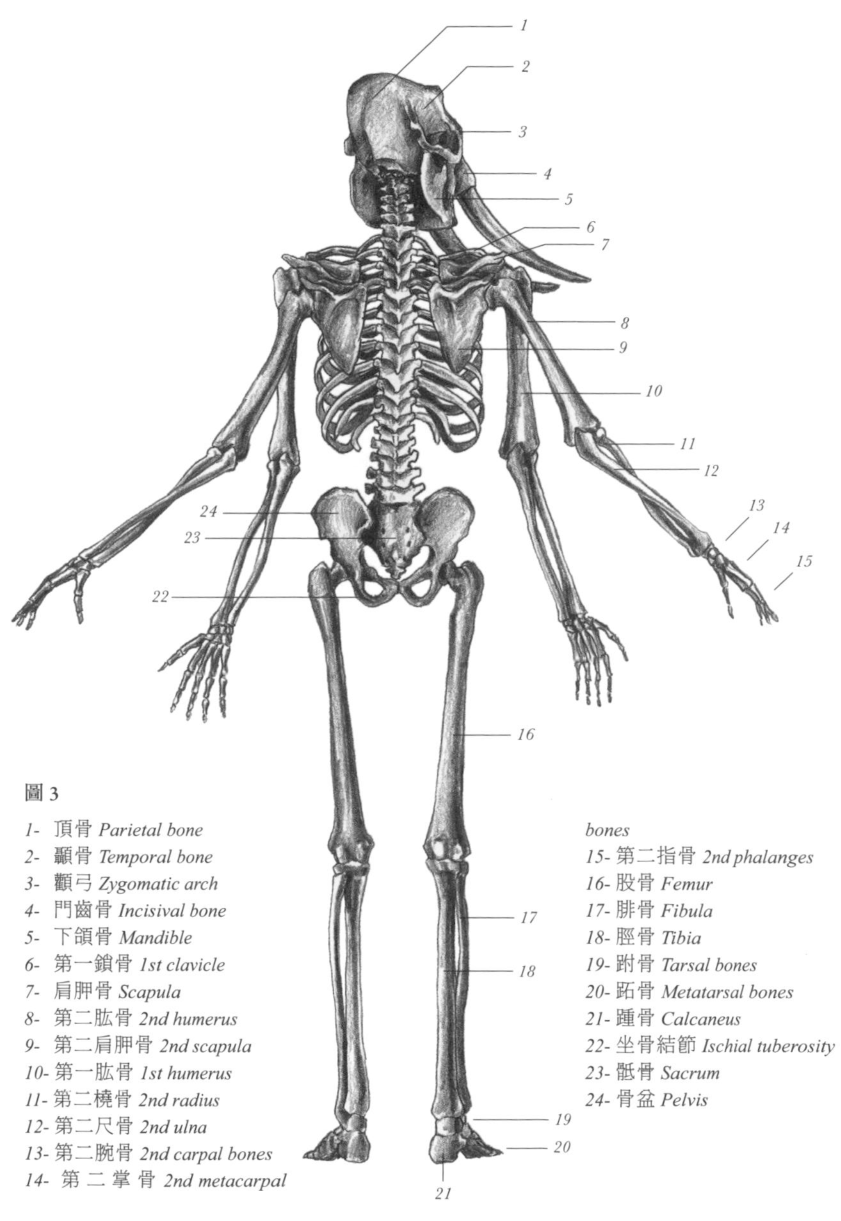

圖 3

1- 頂骨 *Parietal bone*
2- 顳骨 *Temporal bone*
3- 顴弓 *Zygomatic arch*
4- 門齒骨 *Incisival bone*
5- 下頜骨 *Mandible*
6- 第一鎖骨 *1st clavicle*
7- 肩胛骨 *Scapula*
8- 第二肱骨 *2nd humerus*
9- 第二肩胛骨 *2nd scapula*
10- 第一肱骨 *1st humerus*
11- 第二橈骨 *2nd radius*
12- 第二尺骨 *2nd ulna*
13- 第二腕骨 *2nd carpal bones*
14- 第 二 掌 骨 *2nd metacarpal bones*
15- 第二指骨 *2nd phalanges*
16- 股骨 *Femur*
17- 腓骨 *Fibula*
18- 脛骨 *Tibia*
19- 跗骨 *Tarsal bones*
20- 跖骨 *Metatarsal bones*
21- 踵骨 *Calcaneus*
22- 坐骨結節 *Ischial tuberosity*
23- 骶骨 *Sacrum*
24- 骨盆 *Pelvis*

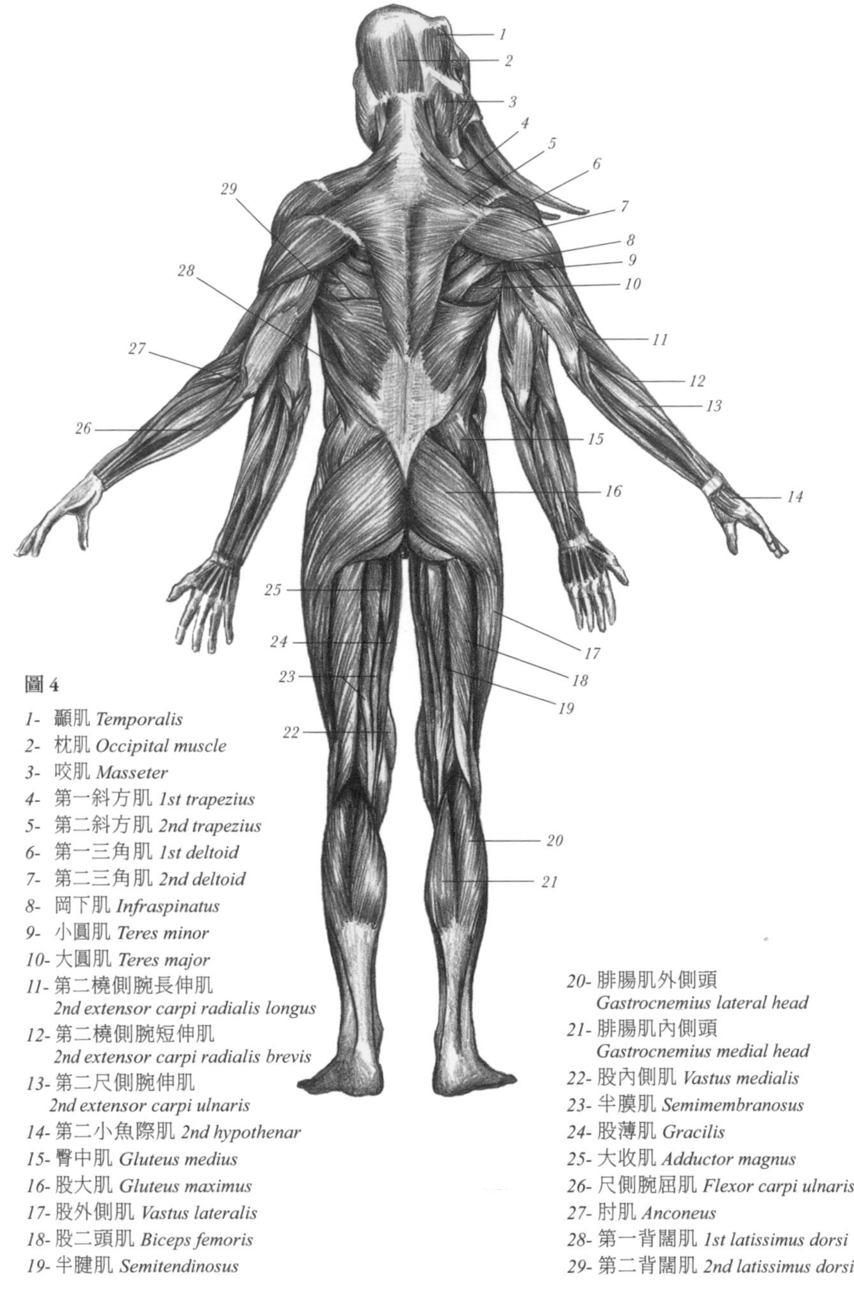

圖 4

1- 顳肌 *Temporalis*
2- 枕肌 *Occipital muscle*
3- 咬肌 *Masseter*
4- 第一斜方肌 *1st trapezius*
5- 第二斜方肌 *2nd trapezius*
6- 第一三角肌 *1st deltoid*
7- 第二三角肌 *2nd deltoid*
8- 岡下肌 *Infraspinatus*
9- 小圓肌 *Teres minor*
10- 大圓肌 *Teres major*
11- 第二橈側腕長伸肌 *2nd extensor carpi radialis longus*
12- 第二橈側腕短伸肌 *2nd extensor carpi radialis brevis*
13- 第二尺側腕伸肌 *2nd extensor carpi ulnaris*
14- 第二小魚際肌 *2nd hypothenar*
15- 臀中肌 *Gluteus medius*
16- 股大肌 *Gluteus maximus*
17- 股外側肌 *Vastus lateralis*
18- 股二頭肌 *Biceps femoris*
19- 半腱肌 *Semitendinosus*
20- 腓腸肌外側頭 *Gastrocnemius lateral head*
21- 腓腸肌內側頭 *Gastrocnemius medial head*
22- 股內側肌 *Vastus medialis*
23- 半膜肌 *Semimembranosus*
24- 股薄肌 *Gracilis*
25- 大收肌 *Adductor magnus*
26- 尺側腕屈肌 *Flexor carpi ulnaris*
27- 肘肌 *Anconeus*
28- 第一背闊肌 *1st latissimus dorsi*
29- 第二背闊肌 *2nd latissimus dorsi*

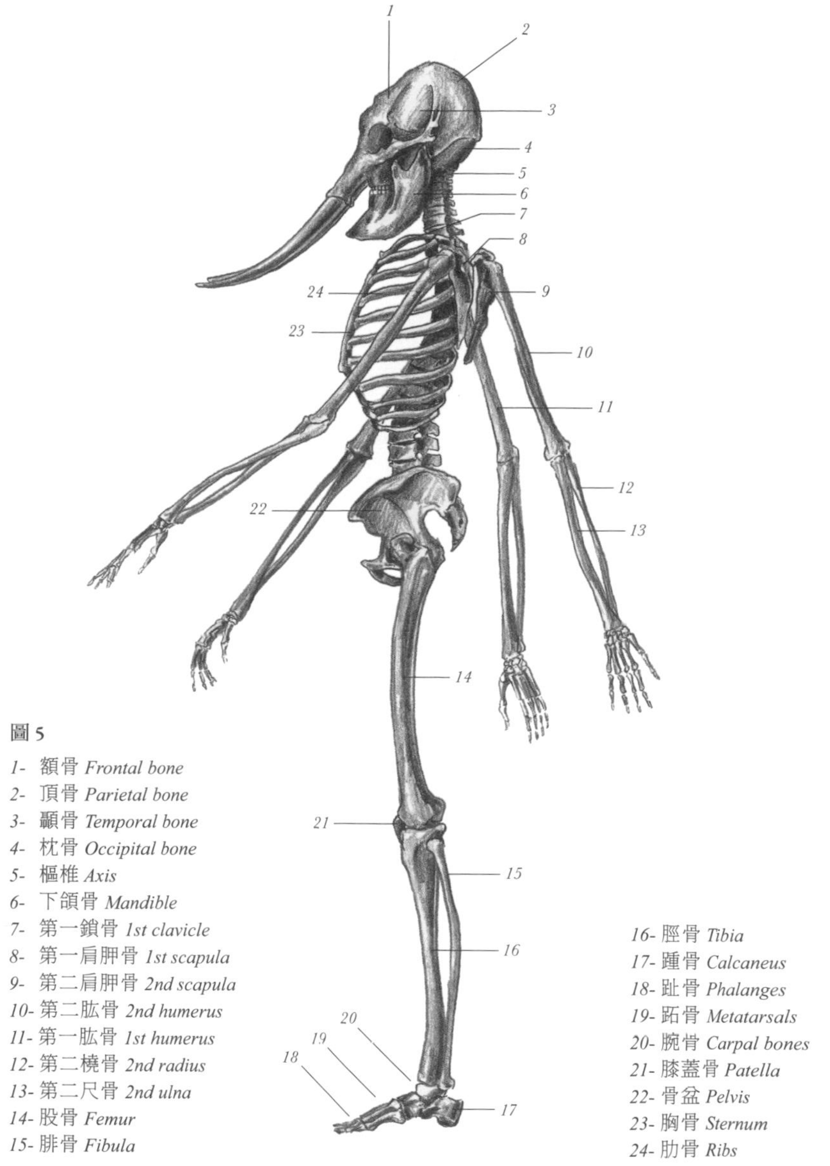

圖 5

1- 額骨 *Frontal bone*
2- 頂骨 *Parietal bone*
3- 顳骨 *Temporal bone*
4- 枕骨 *Occipital bone*
5- 樞椎 *Axis*
6- 下頜骨 *Mandible*
7- 第一鎖骨 *1st clavicle*
8- 第一肩胛骨 *1st scapula*
9- 第二肩胛骨 *2nd scapula*
10- 第二肱骨 *2nd humerus*
11- 第一肱骨 *1st humerus*
12- 第二橈骨 *2nd radius*
13- 第二尺骨 *2nd ulna*
14- 股骨 *Femur*
15- 腓骨 *Fibula*
16- 脛骨 *Tibia*
17- 踵骨 *Calcaneus*
18- 趾骨 *Phalanges*
19- 跖骨 *Metatarsals*
20- 腕骨 *Carpal bones*
21- 膝蓋骨 *Patella*
22- 骨盆 *Pelvis*
23- 胸骨 *Sternum*
24- 肋骨 *Ribs*

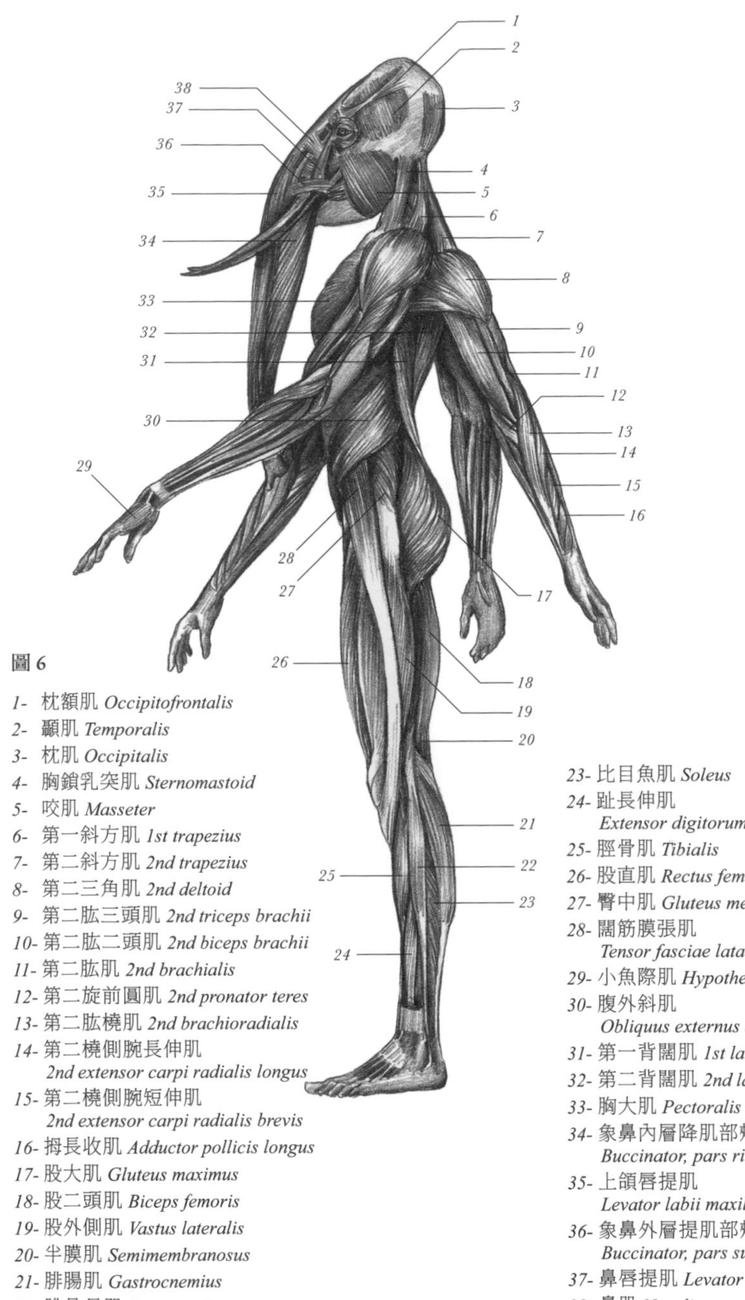

圖 6

1- 枕額肌 *Occipitofrontalis*
2- 顳肌 *Temporalis*
3- 枕肌 *Occipitalis*
4- 胸鎖乳突肌 *Sternomastoid*
5- 咬肌 *Masseter*
6- 第一斜方肌 *1st trapezius*
7- 第二斜方肌 *2nd trapezius*
8- 第二三角肌 *2nd deltoid*
9- 第二肱三頭肌 *2nd triceps brachii*
10- 第二肱二頭肌 *2nd biceps brachii*
11- 第二肱肌 *2nd brachialis*
12- 第二旋前圓肌 *2nd pronator teres*
13- 第二肱橈肌 *2nd brachioradialis*
14- 第二橈側腕長伸肌 *2nd extensor carpi radialis longus*
15- 第二橈側腕短伸肌 *2nd extensor carpi radialis brevis*
16- 拇長收肌 *Adductor pollicis longus*
17- 股大肌 *Gluteus maximus*
18- 股二頭肌 *Biceps femoris*
19- 股外側肌 *Vastus lateralis*
20- 半膜肌 *Semimembranosus*
21- 腓腸肌 *Gastrocnemius*
22- 腓骨長肌 *Peroneus longus*
23- 比目魚肌 *Soleus*
24- 趾長伸肌 *Extensor digitorum longus*
25- 脛骨肌 *Tibialis*
26- 股直肌 *Rectus femoris*
27- 臀中肌 *Gluteus medius*
28- 闊筋膜張肌 *Tensor fasciae latae*
29- 小魚際肌 *Hypothenar*
30- 腹外斜肌 *Obliquus externus abdominis*
31- 第一背闊肌 *1st latissimus dorsi*
32- 第二背闊肌 *2nd latissimus dorsi*
33- 胸大肌 *Pectoralis major*
34- 象鼻內層降肌部頰肌 *Buccinator, pars rimana*
35- 上頜唇提肌 *Levator labii maxillaris*
36- 象鼻外層提肌部頰肌 *Buccinator, pars supralabialis*
37- 鼻唇提肌 *Levator nasolabialis*
38- 鼻肌 *Nasalis*

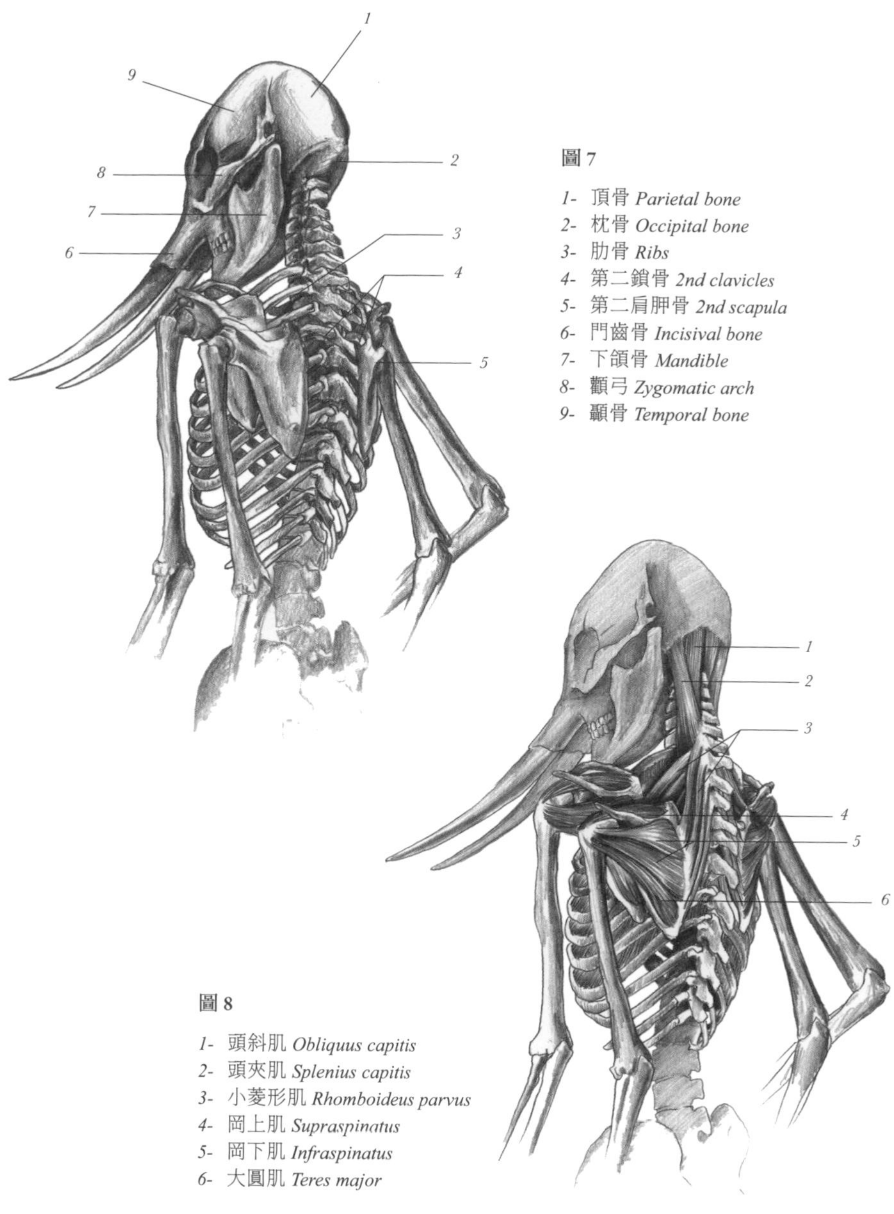

圖 7

1- 頂骨 *Parietal bone*
2- 枕骨 *Occipital bone*
3- 肋骨 *Ribs*
4- 第二鎖骨 *2nd clavicles*
5- 第二肩胛骨 *2nd scapula*
6- 門齒骨 *Incisival bone*
7- 下頜骨 *Mandible*
8- 顴弓 *Zygomatic arch*
9- 顳骨 *Temporal bone*

圖 8

1- 頭斜肌 *Obliquus capitis*
2- 頭夾肌 *Splenius capitis*
3- 小菱形肌 *Rhomboideus parvus*
4- 岡上肌 *Supraspinatus*
5- 岡下肌 *Infraspinatus*
6- 大圓肌 *Teres major*

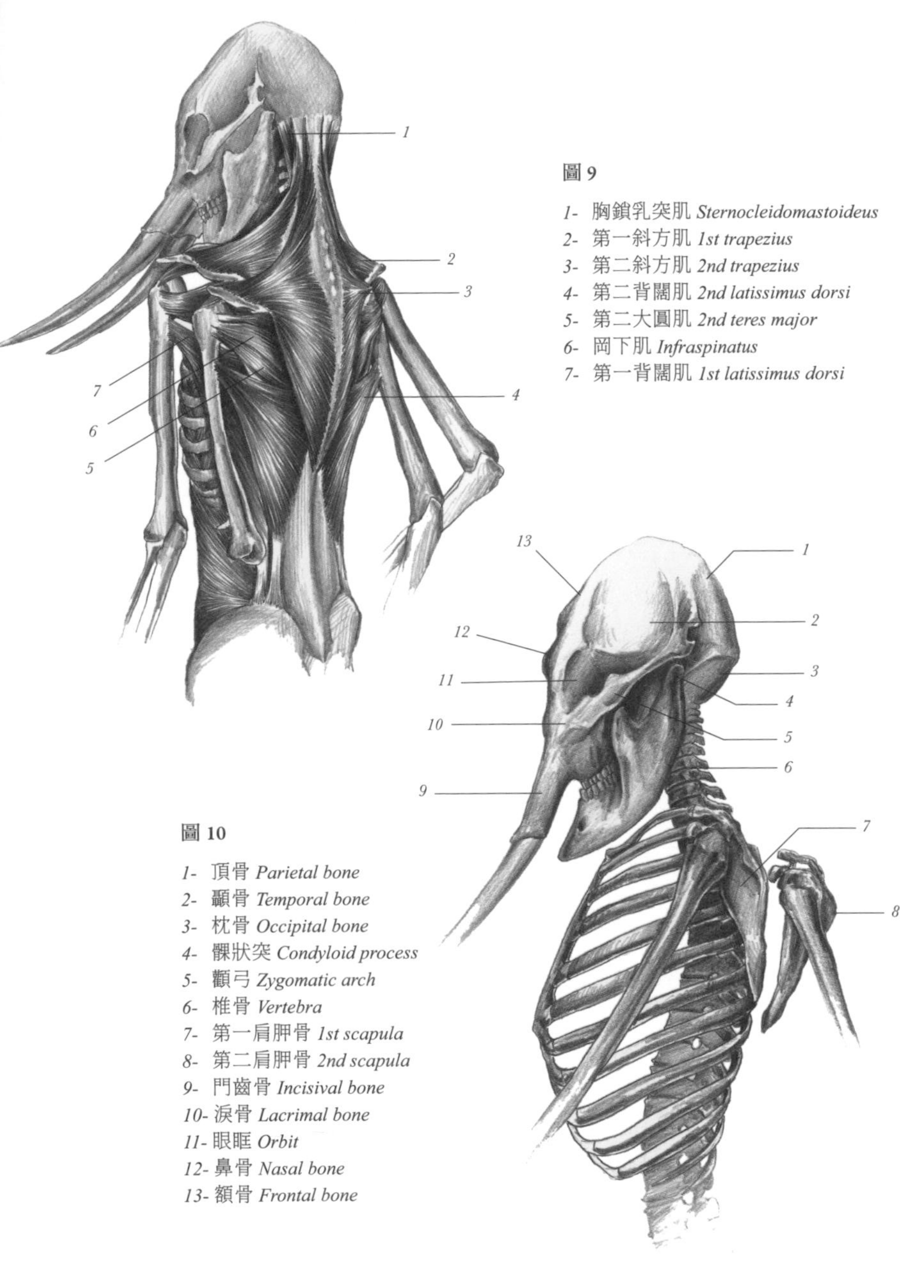

圖 9

1- 胸鎖乳突肌 *Sternocleidomastoideus*
2- 第一斜方肌 *1st trapezius*
3- 第二斜方肌 *2nd trapezius*
4- 第二背闊肌 *2nd latissimus dorsi*
5- 第二大圓肌 *2nd teres major*
6- 岡下肌 *Infraspinatus*
7- 第一背闊肌 *1st latissimus dorsi*

圖 10

1- 頂骨 *Parietal bone*
2- 顳骨 *Temporal bone*
3- 枕骨 *Occipital bone*
4- 髁狀突 *Condyloid process*
5- 顴弓 *Zygomatic arch*
6- 椎骨 *Vertebra*
7- 第一肩胛骨 *1st scapula*
8- 第二肩胛骨 *2nd scapula*
9- 門齒骨 *Incisival bone*
10- 淚骨 *Lacrimal bone*
11- 眼眶 *Orbit*
12- 鼻骨 *Nasal bone*
13- 額骨 *Frontal bone*

圖 11

1- 顳肌 *Temporalis*
2- 咬肌 *Masseter*
3- 中斜角肌 *Scalenus medius*
4- 前斜角肌 *Scalenus anterior*
5- 第二胸大肌 *2nd pectoralis major*
6- 岡下肌 *Infraspinatus*
7- 肱二頭肌 *Biceps brachii*
8- 第一背闊肌 *1st latissimus dorsi*
9- 第二背闊肌 *2nd latissimus dorsi*
10- 腰方肌 *Quadratus lumborum*
11- 腹內斜肌 *Obliquus internus abdominis*
12- 肋間內肌 *Intercostalis internus*
13- 肱三頭肌 *Triceps brachii*
14- 第二胸大肌 *2nd pectoralis major*
15- 象鼻內層降肌部頰肌
Buccinator, pars rimana
16- 第一胸大肌 *1st pectoralis major*
17- 象鼻外層提肌部頰肌
Buccinator, pars supralabialis
18- 上頜唇提肌
Levator labii maxillaris
19- 額肌 *Frontalis muscle*

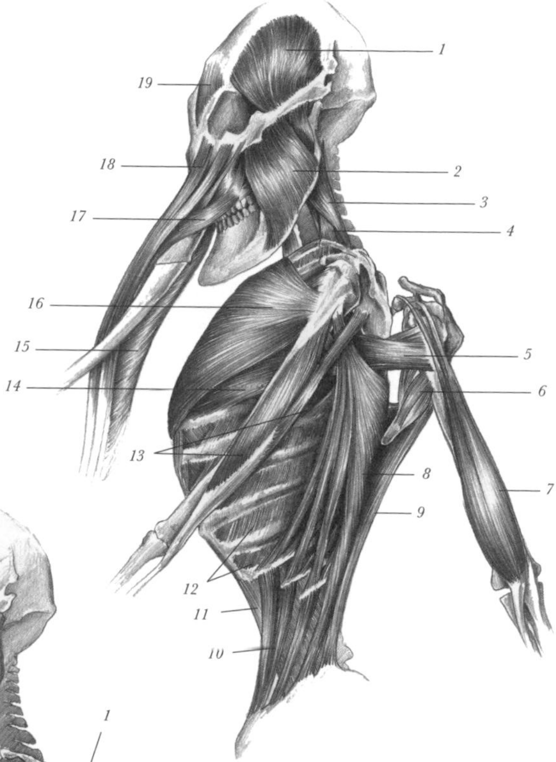

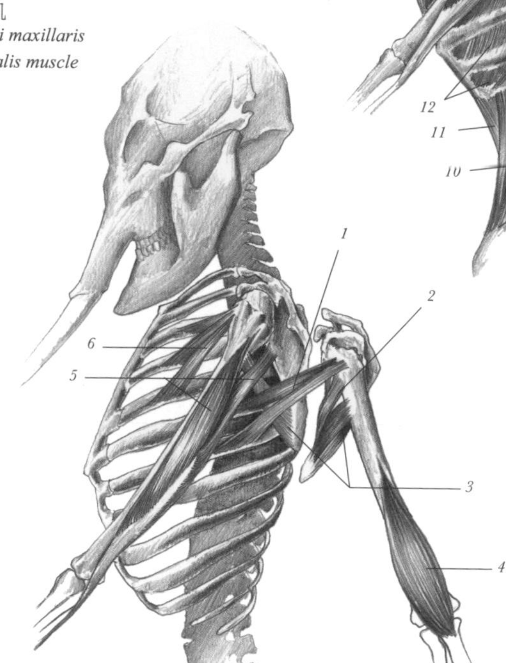

圖 12

1- 胸大肌 *Pectoralis major*
2- 岡下肌 *Infraspinatus*
3- 大圓肌 *Teres major*
4- 肱肌 *Brachialis*
5- 肱三頭肌 *Triceps brachii*
6- 胸小肌 *Pectoralis minor*

現今的生物界，並不存在多個頭部的動物。當然，因為突變而出現的雙頭或者三頭畸形也並不是太過罕見，此種病徵被稱為polycephaly，也就是希臘文中「多頭的」之意。在大多數的情況下，這種突變都是以兩個頭結合在一起的形貌出現。令人悲傷的是，發生多頭突變的病患通常都無法存活太長的時間。

在接下來的兩章中，布萊克醫師探討了兩種三頭生物：奇邁拉和賽伯路斯（Cerberus）。他堅信，這兩種動物絕非偶然的突變所造成，而是大自然進化完全的生物形態。

燃燒的奇邁拉
CHIMÆRA INCENDIARIUS

界：動物界 *Animalia*

門：脊椎動物門 *Vertebrata*

綱：厄客德娜綱 *Echidnæ*

目：守護者目 *Praesidium*

科：燃燒科 *Incendium*

屬：奇邁拉屬 *Chimæra*

種：燃燒的奇邁拉 *Chimæra incendiarius*

對於研究者而言，眼前的生物確實是一大挑戰。大自然為何將牠塑造成這副模樣？牠的形貌醜惡、令人迷惑且不安。無論如何，所有的謎團都必須被解開，所有的奧秘都將被我揭露。

由於我沒有機會研究活生生的個體，我無法理解奇邁拉如何整合三個大腦（也就是三種意志），然後掌控僅僅一個身體。這對我來說，是一個最大的謎題，也成為我的研究重擔。

令人費解的是，我發現這種生物的尾巴有著蛇一般的構造。但是整體而言，奇邁拉並沒有蛇類動物的許多生理功能；牠既無法爬行，也無法蜷曲自己的身體。我懷疑，奇邁拉的尾巴僅僅只有平衡身體的功能。

以重量、比例和力量來說，獅頭的肌肉組織都遠在另外兩個頭之上。我認為奇邁拉中間的脊椎關節能夠承受一定程度的扭曲，讓牠具有中庸的靈活性。

奇邁拉的食性也是一大疑問。牠的三個頭都來自於完全不同食性的動物，但是牠們卻共用一個消化系統和其他基本的生理功能。在我的想象中，這樣的構造想必有著某些巨大的優勢。比如說，當獅頭正在休息時，羊頭依舊可以在草地上進食，達到同時多工的效果。

奇邁拉很有可能最後演化為構造較為簡單且具高度適應性的動物，雖然對此我並沒有任何證據。我認為奇邁拉並沒有辦法在現今的環境下存活太久的時間。

圖 1

1- 上頜骨 *Maxilla*
2- 齶方軟骨 *Palatoqudrate*
3- 寰椎 *Atlas*
4- 頸椎 *Cervical vertebrae*
5- 肩胛骨 *Scapula*
6- 第一腰椎 *1st lumbar vertebra*
7- 骨盆 *Pelvis*
8- 骶骨 *Sacrum*
9- 坐骨 *Ischial bone*
10- 股骨 *Femur*
11- 尾椎 *Caudal vertebra*
12- 第二趾骨 *2nd phalanx*
13- 第三趾骨 *3rd phalanx*
14- 第一趾骨 *1st phalanx*
15- 跖骨 *Metatarsal*
16- 跗骨 *Tarsal bone*
17- 踵骨 *Calcanean bone*
18- 脛骨 *Tibia*
19- 膝蓋骨 *Patella*
20- 指骨 *Phalanges*
21- 掌骨 *Metacarpal*
22- 腕骨 *Carpal*
23- 尺骨 *Ulna*
24- 橈骨 *Radius*
25- 肱骨 *Humerus*
26- 胸骨 *Sternum*
27- 寰椎 *Atlas*
28- 下頜骨 *Mandibula*
29- 顳骨 *Temporal bone*
30- 下頜骨 *Mandibula*
31- 鼻骨 *Nasal bone*
32- 額骨 *Frontal bone*

圖 2

1- 外收肌 *External adductor*
2- 下頜降肌 *Depressor mandibula*
3- 髂肋肌 *Iliocostalis*
4- 鱗間肌復合體 *Scutali-interscutali complex*
5- 翼狀肌 *Pterygoideus*
6- 鎖骨乳突肌 *Cleidomastoideus*
7- 斜方肌 *Trapezius*
8- 背闊肌 *Latissimus dorsi*
9- 腹斜肌 *Obliquus abdominis*
10- 腹内斜肌 *Obliquus abdominis internus*
11- 闊筋膜張肌 *Tensor fasciae latae*
12- 臀中肌 *Gluteus medius*
13- 股大肌 *Gluteus maximus*
14- 棘肌 *Spinalis*
15- 背最長肌 *Longissimus dorsi*
16- 髂肋肌 *Iliocostalis*
17- 股二頭肌 *Biceps femoris*

18- 鱗間肌復合體 *Scutali-interscutali complex*
19- 腓骨長肌 *Pernaeus longus*
20- 趾長伸總肌 *Extensor digitorum pedislongus*
21- 橈側腕伸肌 *Extensor carpi radialis*
22- 肱橈肌 *Brachioradialis*
23- 鎖骨乳突肌 *Cleidomastoideus*
24- 肱三頭肌 *Triceps brachii*
25- 胸骨下頜肌 *Sternomandibularis*
26- 鼻唇提肌 *Levator nasolabialis*
27- 咬肌 *Masseter*
28- 顳肌 *Temporalis*
29- 鼻唇提肌 *Levator nasolabialis*
30- 顴肌 *Malaris*

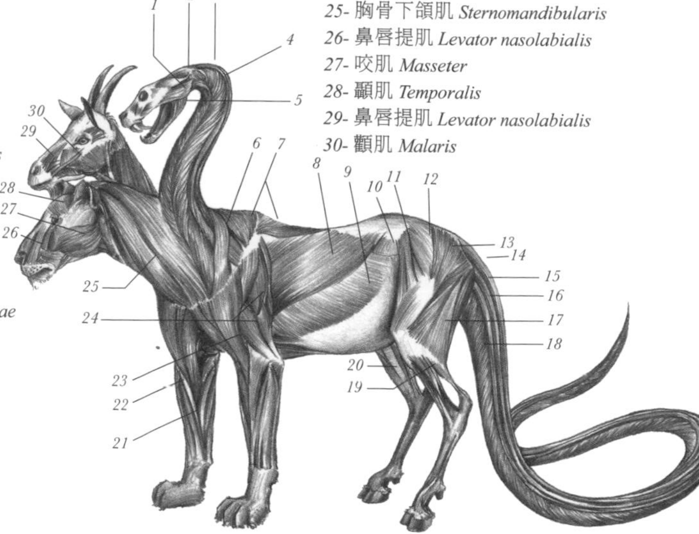

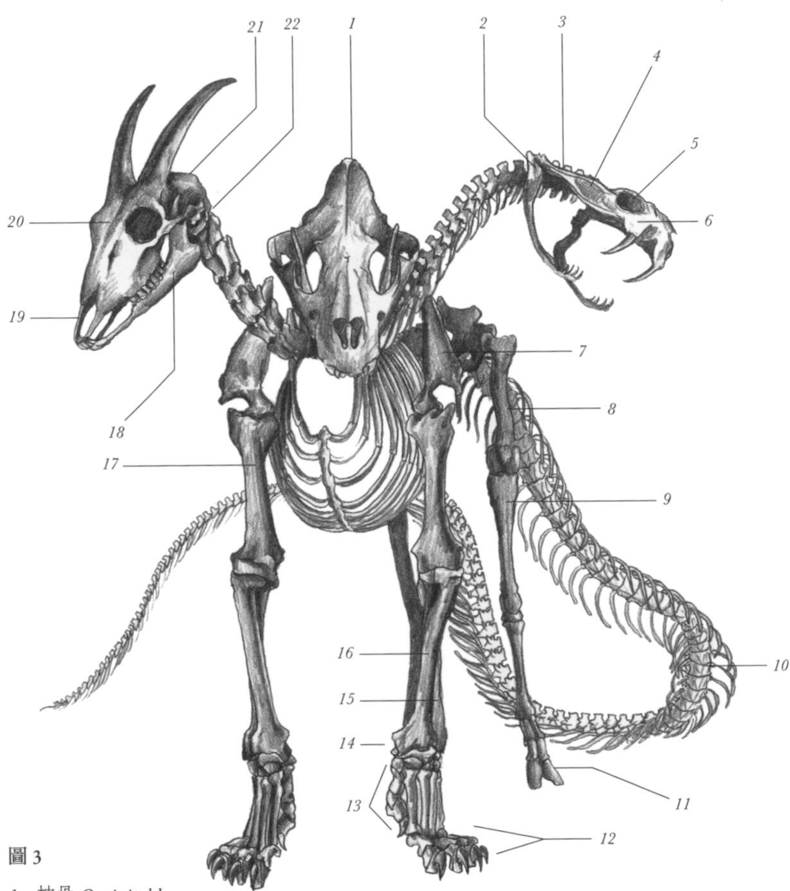

圖 3

1- 枕骨 *Occipital bone*
2- 下頜骨 *Mandibula*
3- 翼狀肌 *Pterygoid*
4- 互齶骨 *Transpalatine*
5- 前額骨 *Prefrontal*
6- 上頜骨 *Maxilla*
7- 肩胛骨 *Scapula*
8- 股骨 *Femur*
9- 脛骨 *Tibia*
10- 尾椎 *Caudal vertebra*
11- 遠節趾骨 *Distal phalanx*
12- 指骨 *Phalanges*
13- 掌骨 *Metacarpal bones*
14- 腕骨 *Carpal bones*
15- 尺骨 *Ulna*
16- 橈骨 *Radius*
17- 肱骨 *Humerus*
18- 下頜骨 *Mandibula*
19- 門齒骨 *Incisive bone*
20- 額骨 *Frontal bone*
21- 枕骨 *Occipital bone*
22- 寰椎 *Atlas*

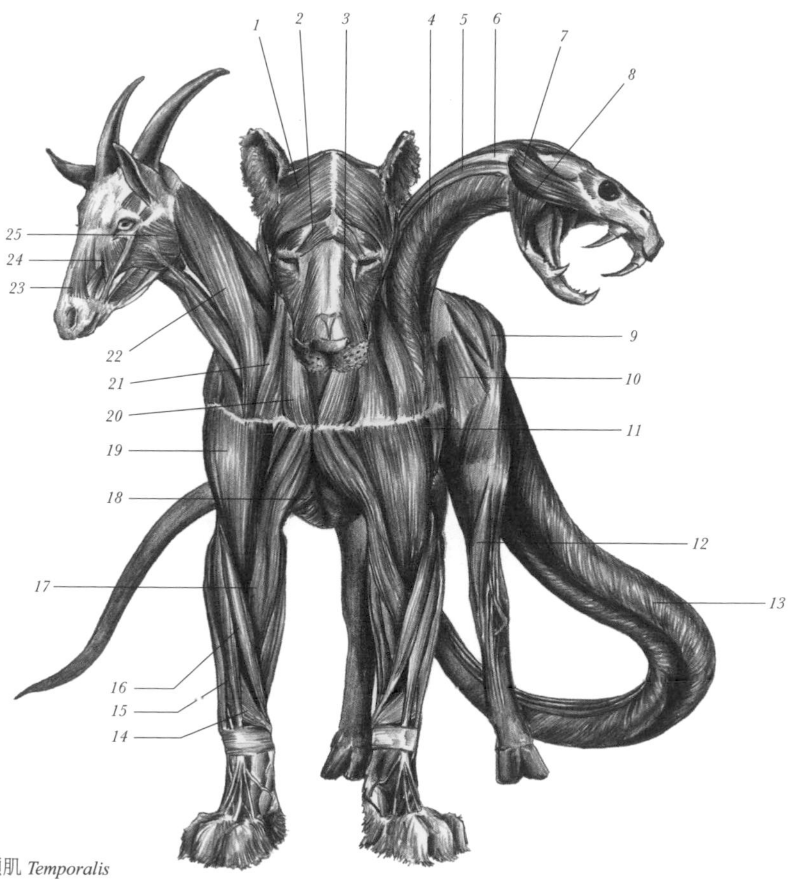

圖 4

1- 顳肌 *Temporalis*
2- 皺眉肌 *Corrugator supercilii*
3- 鼻唇提肌 *Levator nasolabialis*
4- 鱗間肌復合體 *Scutali-interscutali complex*
5- 髂肋肌 *Iliocostalis*
6- 背最長肌 *Longissimus dorsi*
7- 外收肌 *External adductor*
8- 翼狀肌 *Pterygoideus*
9- 股二頭肌 *Biceps femoris*
10- 闊筋膜張肌 *Tensor fasciae latae*
11- 三角肌 *Deltoideus*
12- 趾長總伸肌 *Extensor digitorum pedislongus*
13- 鱗間肌復合體 *Scutali-interscutali complex*
14- 拇長收肌 *Adductor pollicis longus*
15- 指總伸肌 *Extensor digitorum communis*
16- 肱橈肌 *Brachioradialis*
17- 旋前圓肌 *Pronator teres*
18- 胸大肌 *Pectoralis major*
19- 鎖骨乳突肌 *Cleidomastoideus*
20- 胸骨下頜肌 *Sternomandibularis*
21- 鎖骨乳突肌 *Cleidomastoideus*
22- 肱頭肌 *Brachiocephalicus*
23- 鼻唇提肌 *Levator nasolabialis*
24- 顴肌 *Malaris*
25- 咬肌 *Masseter*

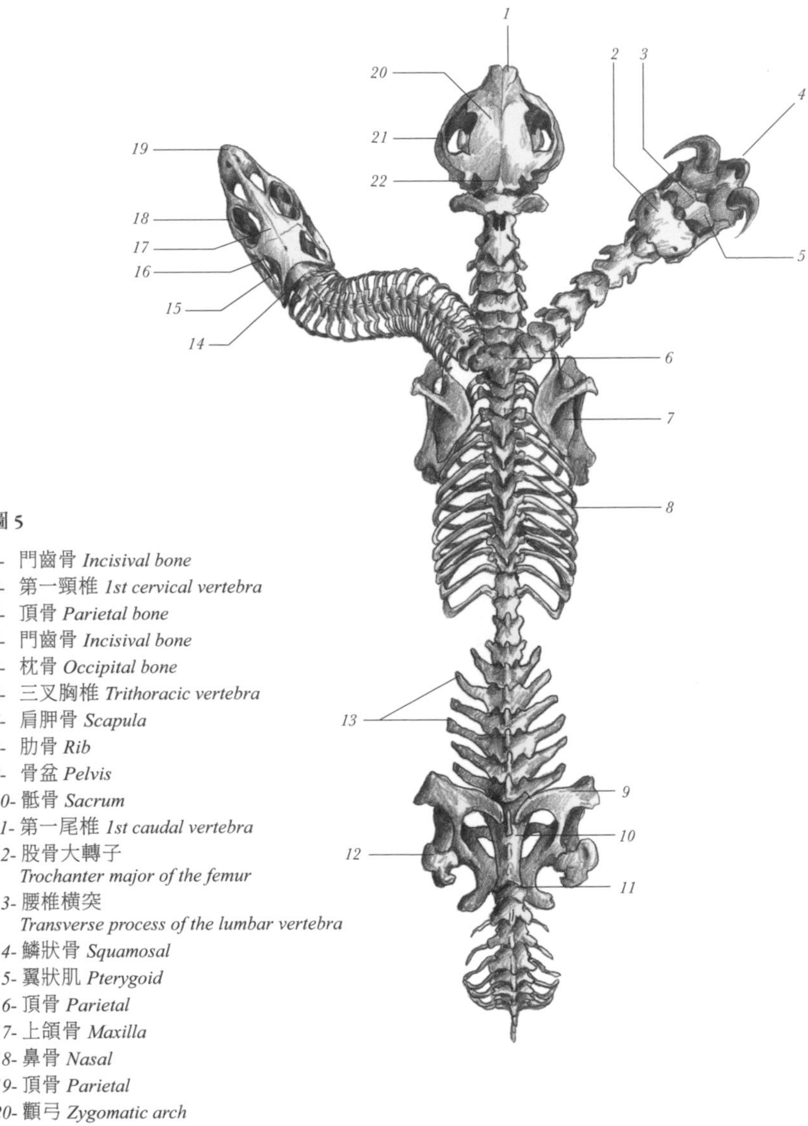

圖 5

1- 門齒骨 *Incisival bone*
2- 第一頸椎 *1st cervical vertebra*
3- 頂骨 *Parietal bone*
4- 門齒骨 *Incisival bone*
5- 枕骨 *Occipital bone*
6- 三叉胸椎 *Trithoracic vertebra*
7- 肩胛骨 *Scapula*
8- 肋骨 *Rib*
9- 骨盆 *Pelvis*
10- 骶骨 *Sacrum*
11- 第一尾椎 *1st caudal vertebra*
12- 股骨大轉子
Trochanter major of the femur
13- 腰椎橫突
Transverse process of the lumbar vertebra
14- 鱗狀骨 *Squamosal*
15- 翼狀肌 *Pterygoid*
16- 頂骨 *Parietal*
17- 上頜骨 *Maxilla*
18- 鼻骨 *Nasal*
19- 頂骨 *Parietal*
20- 顴弓 *Zygomatic arch*
21- 枕骨 *Occipital*
22- 寰椎（第一節頸椎）*Atlas (1st cervical vertebra)*

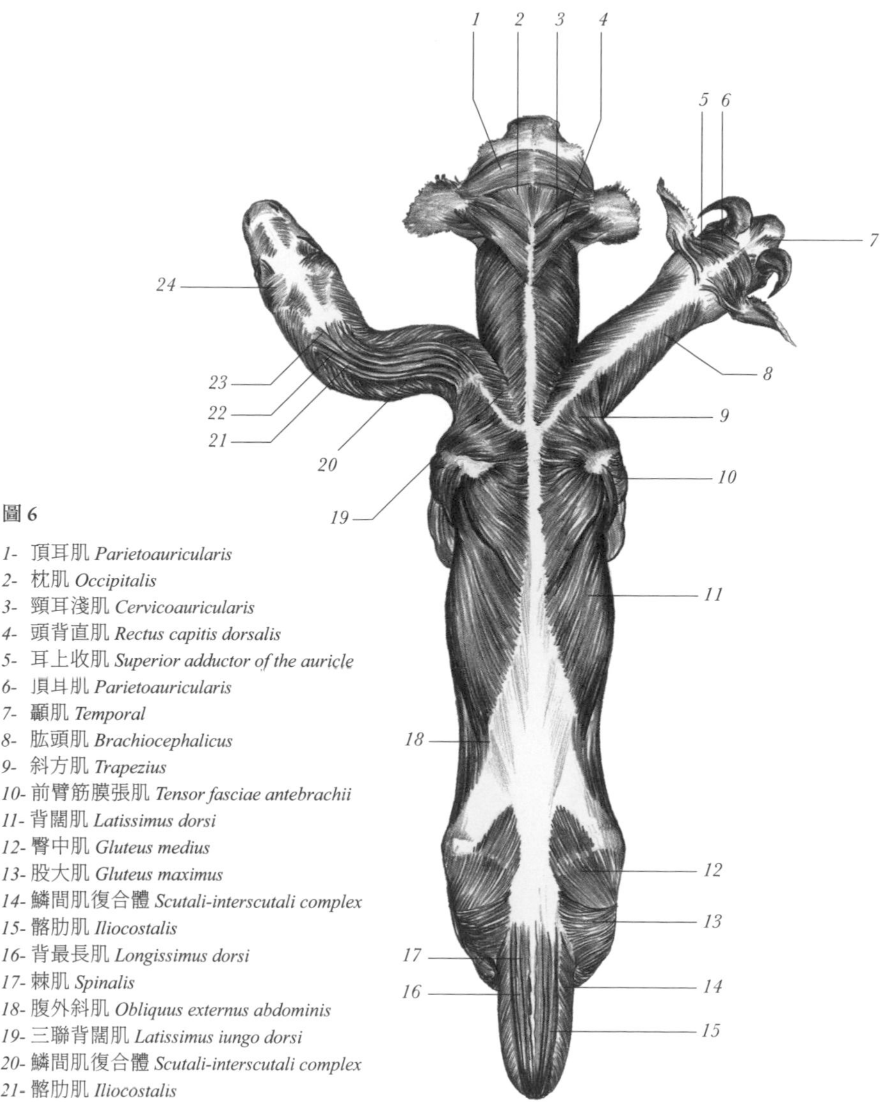

圖 6

1- 頂耳肌 *Parietoauricularis*
2- 枕肌 *Occipitalis*
3- 頸耳淺肌 *Cervicoauricularis*
4- 頭背直肌 *Rectus capitis dorsalis*
5- 耳上收肌 *Superior adductor of the auricle*
6- 頂耳肌 *Parietoauricularis*
7- 顳肌 *Temporal*
8- 肱頭肌 *Brachiocephalicus*
9- 斜方肌 *Trapezius*
10- 前臂筋膜張肌 *Tensor fasciae antebrachii*
11- 背闊肌 *Latissimus dorsi*
12- 臀中肌 *Gluteus medius*
13- 股大肌 *Gluteus maximus*
14- 鱗間肌復合體 *Scutali-interscutali complex*
15- 髂肋肌 *Iliocostalis*
16- 背最長肌 *Longissimus dorsi*
17- 棘肌 *Spinalis*
18- 腹外斜肌 *Obliquus externus abdominis*
19- 三聯背闊肌 *Latissimus iungo dorsi*
20- 鱗間肌復合體 *Scutali-interscutali complex*
21- 髂肋肌 *Iliocostalis*
22- 背最長肌 *Longissimus dorsi*
23- 棘肌 *Spinalis*
24- 顳肌 *Temporalis*

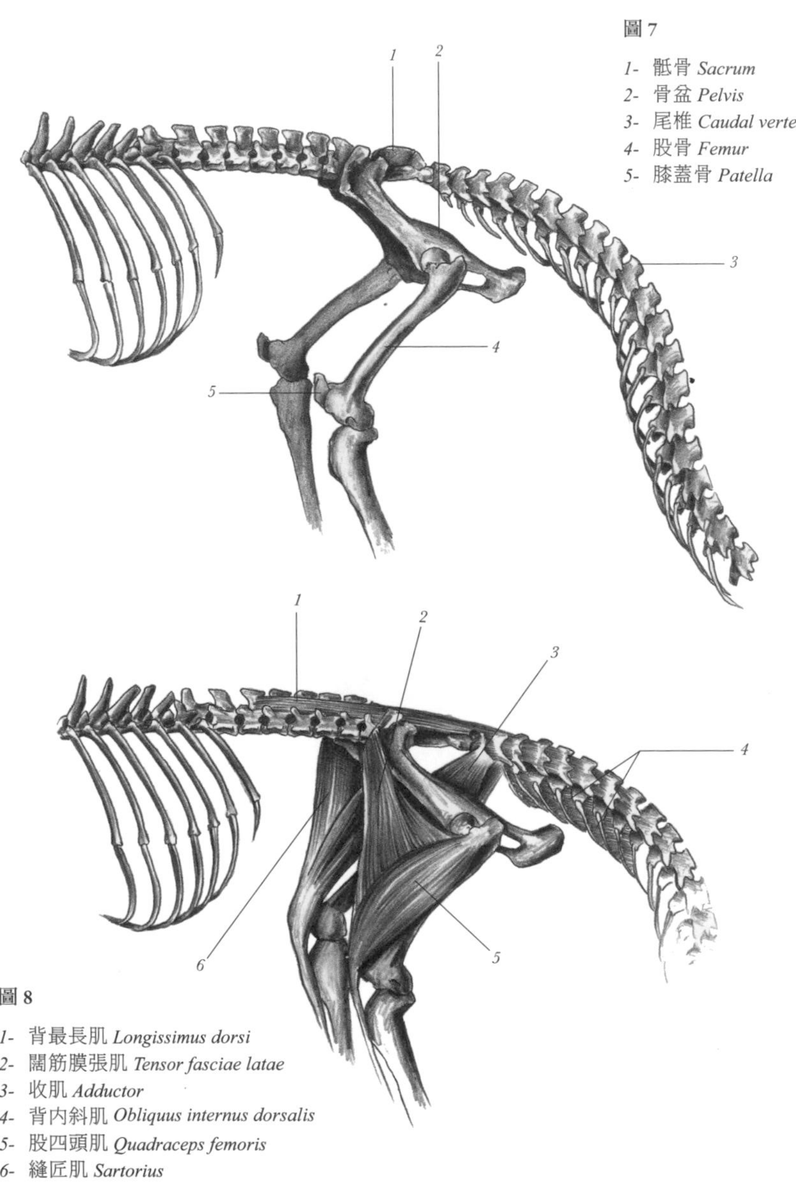

圖 7

1- 骶骨 *Sacrum*
2- 骨盆 *Pelvis*
3- 尾椎 *Caudal vertebra*
4- 股骨 *Femur*
5- 膝蓋骨 *Patella*

圖 8

1- 背最長肌 *Longissimus dorsi*
2- 闊筋膜張肌 *Tensor fasciae latae*
3- 收肌 *Adductor*
4- 背內斜肌 *Obliquus internus dorsalis*
5- 股四頭肌 *Quadraceps femoris*
6- 縫匠肌 *Sartorius*

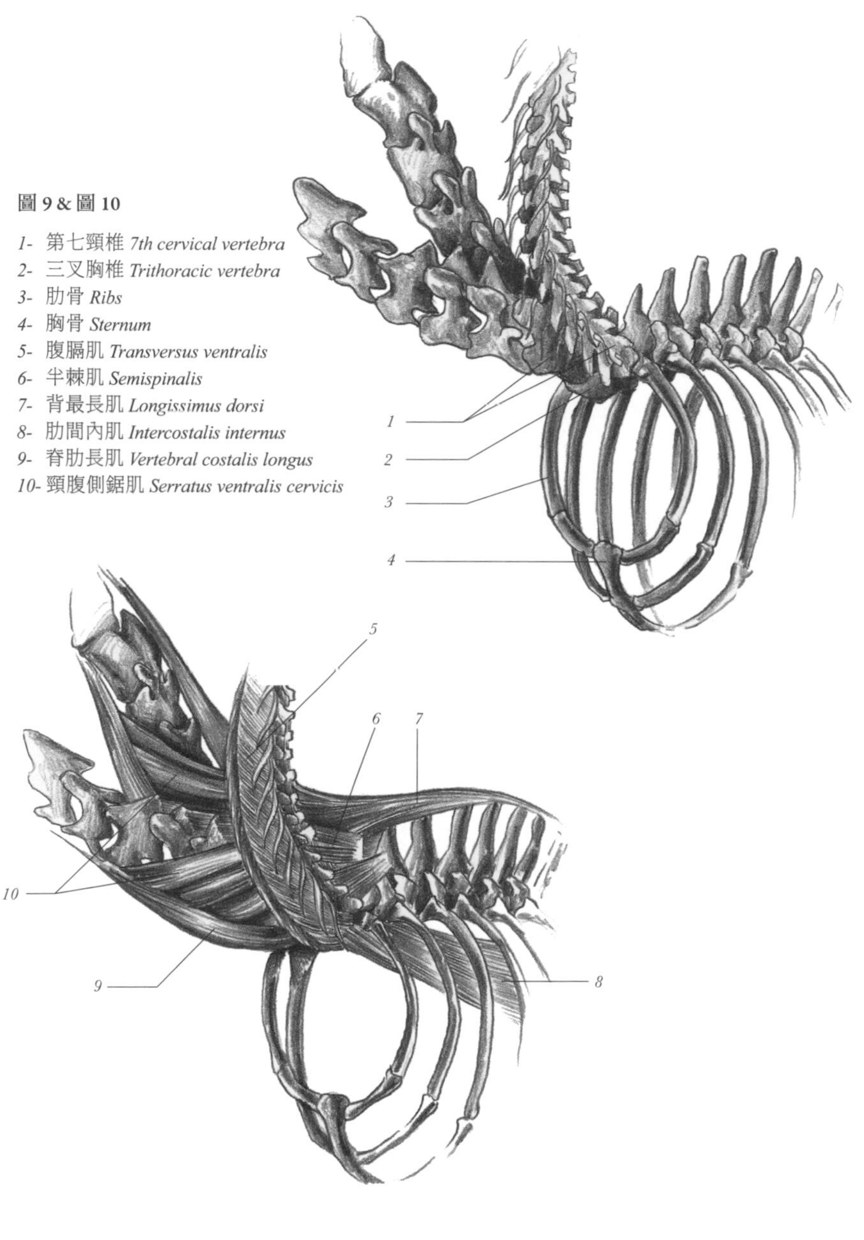
圖 9 & 圖 10
1- 第七頸椎 7th cervical vertebra
2- 三叉胸椎 Trithoracic vertebra
3- 肋骨 Ribs
4- 胸骨 Sternum
5- 腹膈肌 Transversus ventralis
6- 半棘肌 Semispinalis
7- 背最長肌 Longissimus dorsi
8- 肋間內肌 Intercostalis internus
9- 脊肋長肌 Vertebral costalis longus
10- 頸腹側鋸肌 Serratus ventralis cervicis
1
2
3
4
5
6
7
8
9
10

和奇邁拉一樣，這種被稱為賽伯路斯的生物也擁有三個頭。不同之處在於，後者的三個頭都屬於同一個物種。犬科動物一直都是布萊克研究中常見的實驗對象。從布萊克的傳記中，我們已經知道他曾經創造出名為「達爾文獵犬」的混合生物。但是對於他所進行過的多頭動物實驗，我們並沒有完整的資訊。

地獄犬
CANIS HADES*

界：動物界 *Animalia*

門：脊椎動物門 *Vertebrata*

綱：厄客德娜綱 *Echidnæ*

目：守護者目 *Praesidium*

科：犬科 *Canidæ*

屬：犬屬 *Canis*

種：地獄犬 *Canis hades*

* 黑底斯（Hades）即為希臘神話中掌管冥界之神。

我原先相信，地獄犬是像象頭人或奇邁拉那樣的獨居動物。但是，在一次偶然的機遇中，我取得了八隻此種動物的樣本。出土的狀態顯示，牠們是一個群體，並且一同面對死亡。其中幾隻樣本有兩個或者三個頭，甚至擁有多達六個的頭部。在這個章節，我將探討的是其中一個有三個頭及蛇類尾巴的個體。

我認為，在賽伯路斯和奇邁拉的骨骼、血液以及大腦中，必然存在著某些要素，讓牠們能夠生長出多個頭部。多頭絕對不是在不自然情況下所造成的突變。因為牠們的身體結構太過精密，其中透露著造物者的某種意圖。除了表象上的些許相似性，我沒有證據能夠證明賽伯路斯和奇邁拉是物種上的近親。就像我和魚類並無近親關係，即使我們都只有一個頭。

賽伯路斯有著與其他哺乳類動物相關的特徵：牠同樣也是溫血動物，並且有著四個心室、正常大小的臟器和乳腺。我推斷，賽伯路斯和奇邁拉身上的蛇類附屬特徵，都表示牠們經過了適當的演化以適應新環境，並捨棄了典型爬蟲類的冷血溫控系統。類似的演化結果也顯現在其他一些爬蟲類動物上，例如棱皮龜（學名 *Dermochelys coriacea*）。這些爬蟲類動物都有著共同的祖先，意味著牠們的生物譜系相當龐大，其中某些品種可能還在未知的地方繁衍著。

圖 1

1- 顴弓 *Zygomatic arch*
2- 枕骨髁 *Condyle of the occipital bone*
3- 顳骨 *Temporal bone*
4- 椎骨 *Vertebra*
5- 第一到第六胸椎 *1st – 6th thoracic vert*
6- 腰椎 *Lumbar vertebr*
7- 骨盆 *Pelvis*
8- 骶骨 *Sacrum*
9- 尾椎 *Caudal vertebra*
10- 肋骨 *Ribs*
11- 趾骨 *Phalanges*
12- 跖骨 *Metatarsal bone.*
13- 跗骨 *Tarsal bones*
14- 腓骨 *Fibula*
15- 脛骨 *Tibia*
16- 股骨 *Femur*
17- 肋骨 *Ribs*
18- 尺骨鷹嘴突 *Process of the ulna*
19- 橈骨 *Radius*
20- 尺骨 *Ulna*
21- 腕骨 *Carpal bones*
22- 掌骨 *Metacarpal bones*
23- 指骨 *Phalanges*
24- 肱骨 *Humerus*
25- 肩胛骨 *Scapula*
26- 下頜骨 *Mandible*
27- 門齒骨 *Incisival bone*
28- 鼻骨 *Nasal bone*

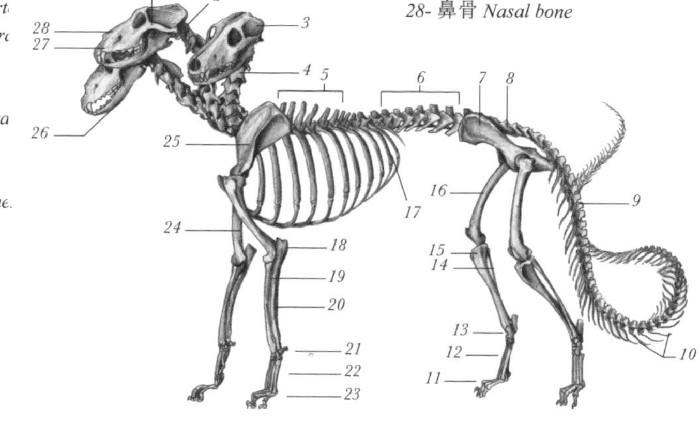

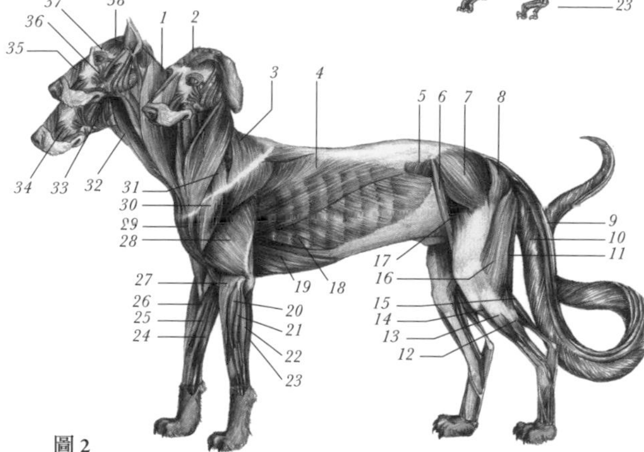

圖 2

1- 肱頭肌 *Brachiocephalicus*
2- 額盾肌 *Frontoscutularis*
3- 斜方肌 *Trapezius*
4- 背闊肌 *Latissimus dorsi*
5- 腹内斜肌 *Obliquus internus abdominis*
6- 縫匠肌 *Sartorius*
7- 臀中肌 *Gluteus medius*
8- 臀大肌 *Gluteus superficialis*
9- 背最長肌 *Longissimus dorsi*
10- 鱗間肌復合體 *Scutali-interscutali complex*
11- 半腱肌 *Semitendinosus*
12- 拇趾足母長屈肌 *Flexor hallucis longus*
13- 腓骨長肌 *Peroneus longus*
14- 趾長伸肌 *Extensor digitorum longus*
15- 小腿三頭肌 *Triceps surae*
16- 股二頭肌 *Biceps femoris*
17- 闊筋膜張肌 *Tensor fasciae latae*
18- 肋間外肌 *Intercostalis externus*
19- 胸深肌 *Pectoralis profundus*
20- 指總伸肌 *Extensor digitorum communis*
21- 指側伸肌 *Extensor digitorum lateralis*
22- 尺側腕伸肌 *Extensor carpi ulnaris*
23- 尺側腕屈肌 *Flexor carpi ulnaris*
24- 尺側腕屈肌 *Flexor carpi ulnaris*
25- 橈側腕屈肌 *Flexor carpi radialis*
26- 旋前圓肌 *Pronator teres*
27- 肱橈肌 *Brachioradialis*
28- 肱三頭肌 *Triceps brachii*
29- 鎖骨腱隔膜 *Clavicular tendinosus septum*
30- 三角肌 *Deltoideus*
31- 肩胛橫肌 *Omotransversarius*
32- 胸骨舌骨肌 *Sternohyoideus*
33- 顴弓骨膜 *Zygomatic cutaneous*
34- 犬齒肌 *Caninus*
35- 鼻唇提肌 *Levator nasolabialis*
36- 顴肌 *Malaris*
37- 眼輪匝肌 *Orbicularis oculi*
38- 顳肌 *Temporalis*

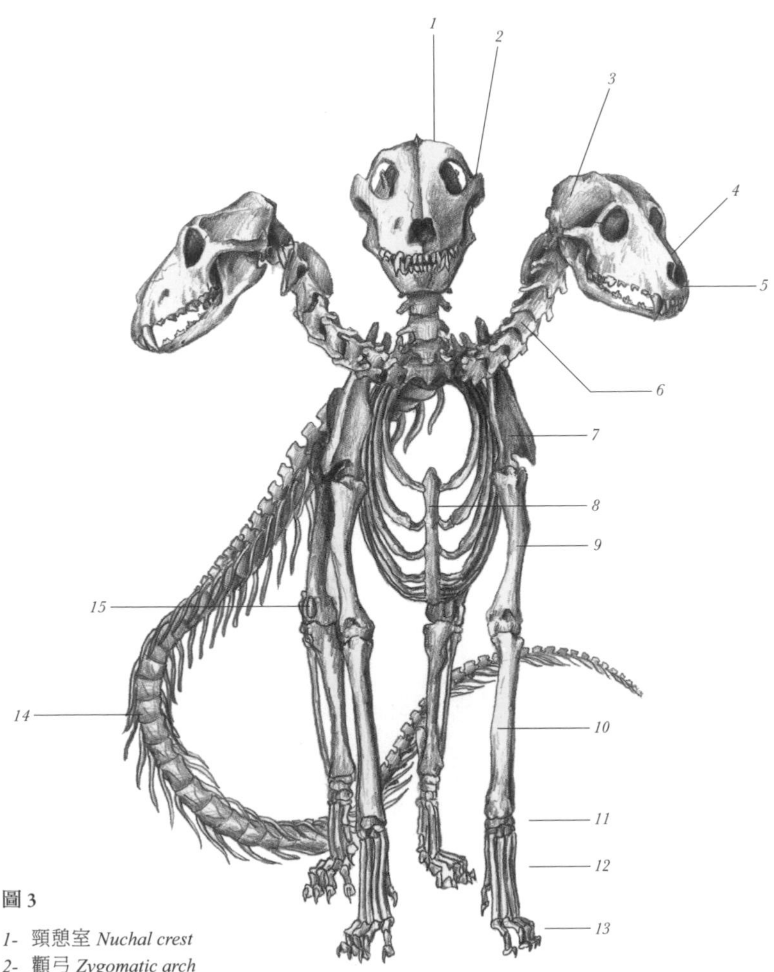

圖 3

1- 頸憩室 *Nuchal crest*
2- 顴弓 *Zygomatic arch*
3- 顳骨 *Temporal bone*
4- 鼻骨 *Nasal bone*
5- 門齒骨 *Incisival bone*
6- 椎骨 *Vertebra*
7- 肩胛骨 *Scapula*
8- 胸骨 *Sternum*
9- 肱骨 *Humerus*
10- 橈骨 *Radius*
11- 腕骨 *Carpal bones*
12- 掌骨 *Metacarpal bones*
13- 指骨 *Phalanges*
14- 尾椎 *Caudal vertebra*
15- 膝蓋骨 *Patella*

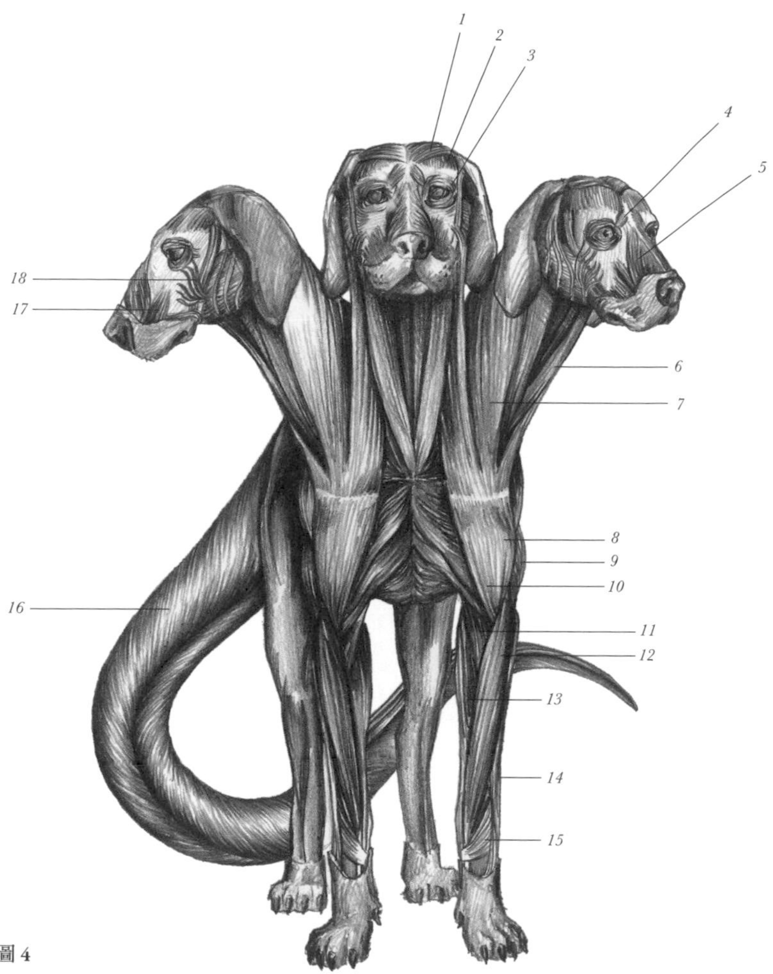

圖 4

1- 額盾肌 *Frontoscutularis*
2- 顳肌 *Temporalis*
3- 眼輪匝肌 *Orbicularis oculi*
4- 内眼角提肌 *Levator anguli oculi medialis*
5- 鼻唇提肌 *Levatori nasolabialis*
6- 胸頭肌 *Sternocephalicus*
7- 肱頭肌 *Brachiocephalicus*
8- 三角肌 *Deltoideus*
9- 肱三頭肌 *Triceps brachii*
10- 肱頭肌 *Brachiocephalicus*
11- 肱肌 *Brachialis*
12- 橈側腕伸肌 *Extensor carpi radialis*
13- 旋前圓肌 *Pronator teres*
14- 指總伸肌 *Extensor digitorum communis*
15- 第一指收肌 *Adductor digit 1st muscle*
16- 鱗間肌復合體 *Scutali-interscutali complex*
17- 犬齒肌 *Caninus*
18- 顴肌 *Malaris*

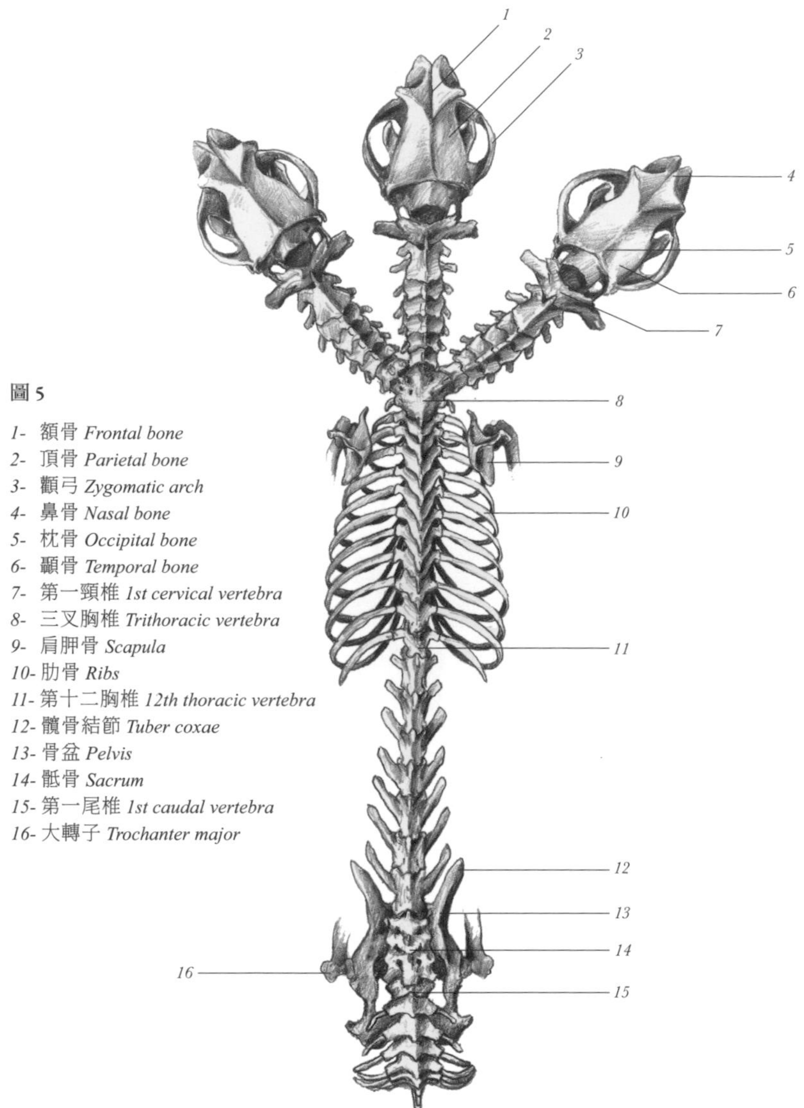

圖 5

1- 額骨 *Frontal bone*
2- 頂骨 *Parietal bone*
3- 顴弓 *Zygomatic arch*
4- 鼻骨 *Nasal bone*
5- 枕骨 *Occipital bone*
6- 顳骨 *Temporal bone*
7- 第一頸椎 *1st cervical vertebra*
8- 三叉胸椎 *Trithoracic vertebra*
9- 肩胛骨 *Scapula*
10- 肋骨 *Ribs*
11- 第十二胸椎 *12th thoracic vertebra*
12- 髖骨結節 *Tuber coxae*
13- 骨盆 *Pelvis*
14- 骶骨 *Sacrum*
15- 第一尾椎 *1st caudal vertebra*
16- 大轉子 *Trochanter major*

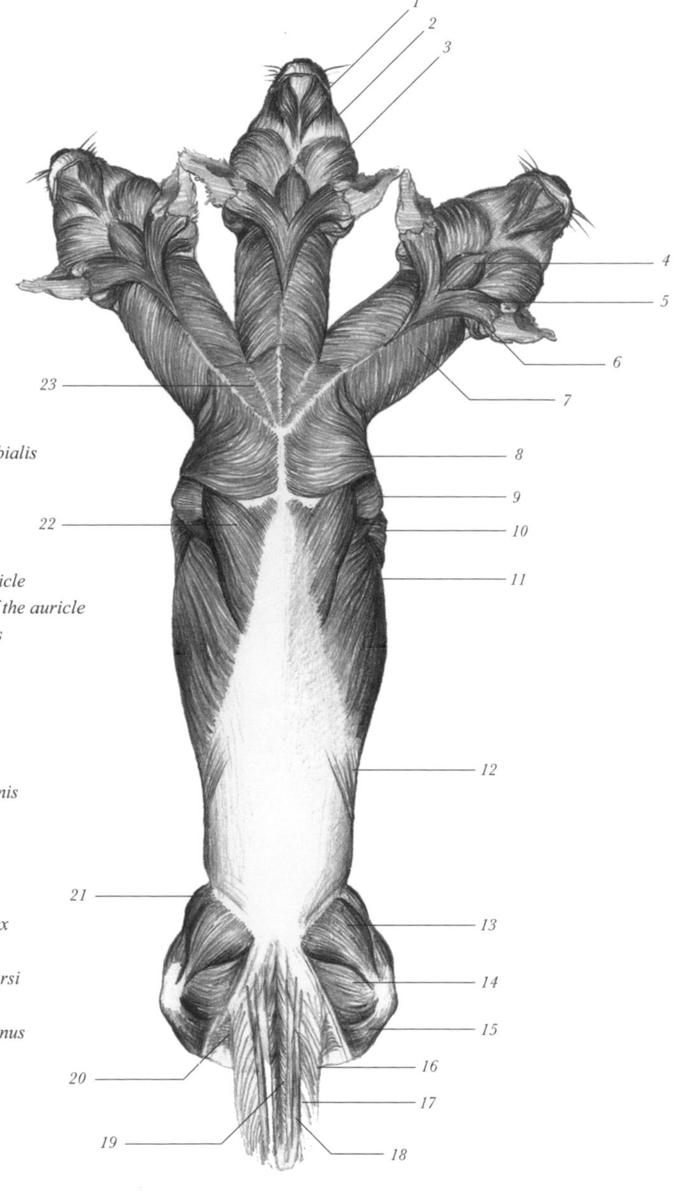

圖 6

1- 鼻唇提肌 *Levator nasolabialis*
2- 顴肌 *Malaris*
3- 額盾肌 *Frontoscutularis*
4- 枕骨 *Occipital*
5- 耳提肌 *Levator of the auricle*
6- 耳長提肌 *Long levator of the auricle*
7- 肱頭肌 *Brachiocephalicus*
8- 斜方肌 *Trapezius*
9- 三角肌 *Deltoideus*
10- 肱三頭肌 *Triceps brachii*
11- 背闊肌 *Latissimus dorsi*
12- 腹外斜肌 *Obliquus externus abdominis*
13- 臀中肌 *Gluteus medius*
14- 股大肌 *Gluteus maximus*
15- 股二頭肌 *Biceps femoris*
16- 鱗間肌復合體 *Scutali-interscutali complex*
17- 髂肋肌 *Iliocostalis*
18- 背最長肌 *Longissimus dorsi*
19- 棘肌 *Spinalis*
20- 閉孔內肌 *Obturator internus*
21- 縫匠（前）肌 *Sartorius (anterior)*
22- 斜方肌 *Trapezius*
23- 三聯背闊肌 *Latissimus iungo dorsi*

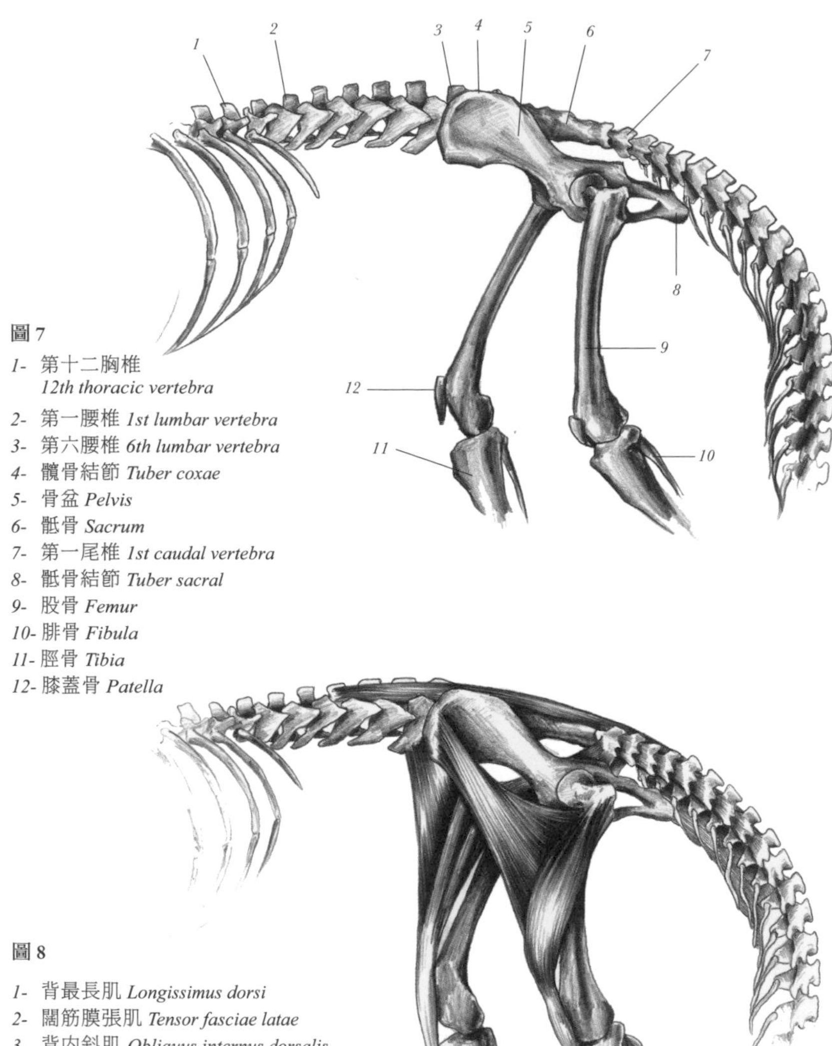

圖 7

1- 第十二胸椎
12th thoracic vertebra

2- 第一腰椎 *1st lumbar vertebra*

3- 第六腰椎 *6th lumbar vertebra*

4- 髖骨結節 *Tuber coxae*

5- 骨盆 *Pelvis*

6- 骶骨 *Sacrum*

7- 第一尾椎 *1st caudal vertebra*

8- 骶骨結節 *Tuber sacral*

9- 股骨 *Femur*

10- 腓骨 *Fibula*

11- 脛骨 *Tibia*

12- 膝蓋骨 *Patella*

圖 8

1- 背最長肌 *Longissimus dorsi*

2- 闊筋膜張肌 *Tensor fasciae latae*

3- 背內斜肌 *Obliquus internus dorsalis*

4- 股四頭肌 *Quadriceps femoris*

5- 縫匠肌 *Sartorius*

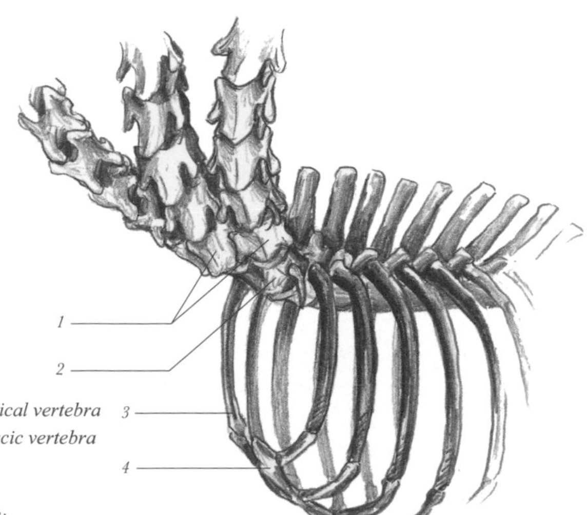

圖 9 & 圖 10

1- 第七頸椎 *7th cervical vertebra*
2- 三叉胸椎 *Trithoracic vertebra*
3- 肋骨 *Ribs*
4- 胸骨 *Sternum*
5- 半棘肌 *Semispinalis*
6- 背最長肌 *Longissimus dorsi*
7- 肋間內肌 *Intercostalis internus*
8- 脊肋長肌 *Vertebralcostalis longus*
9- 頸腹側鋸肌
Serratus ventralis cervicis

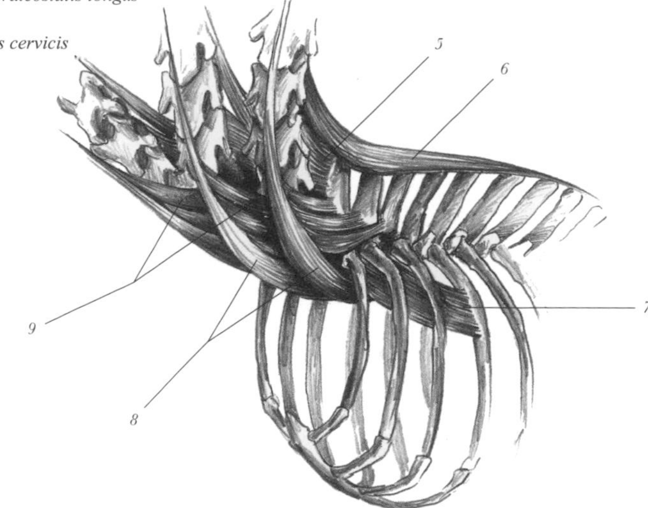

創造飛馬可說是一件浩大的工程。顯而易見，飛馬是布萊克醫師所創造的動物中，體積最為龐大的。為了能夠將牠順利安置於手術台上，布萊克必須設計並建造出一個精密的滑車升降機系統。而為了讓飛馬能夠維持展示所需的姿態（如同素描所示），還需要運用更多的帆布與繩索。

整整數個月的時間，我都在嘗試塑造出能夠正常運作的翅膀，但是沒有一次成功。我小心地將肌肉組織縫合到相應的身體部位，我也謹慎地處理神經和皮膚，以及所有這隻動物肉體中的組織與纖維，但是牠終究未能存活下來。我這些努力的用意在於向大眾展示，這種生物是曾經存在於世上的。

——史賓賽・布萊克

戈爾貢的飛馬
PEGASUS GORGONIS

界：動物界 *Animalia*

門：脊椎動物門 *Vertebrata*

綱：戈爾貢綱 * *Gorgonis*

目：奇蹄目 *Perissodactyla*

科：有翼馬科 *Equialatus*

屬：珀伽索斯屬 ** *Pegasus*

種：戈爾貢的飛馬 *Pegasus gorgonis*

* 在希臘神話中，戈爾貢（Gorgon）是能夠以目光將人石化的蛇髮女妖，其中最著名的是梅杜莎（Mesuda）。

** 在希臘神話中，飛馬珀伽索斯（Pegasus）是由梅杜莎和海神波賽頓（Poseidon）所生。後來成為了英雄伯勒洛豐（Bellerophon）的胯下坐騎。他騎乘著珀伽索斯斬殺了奇邁拉。

在希臘神話中，天馬珀伽索斯飛越諸神所在的奧林帕斯山而名揚天下，而有翼飛馬的形象也啟發了人們創造出更多的傳說與故事。

飛馬的巨大雙翼賦予了牠超乎想像的強大飛行能力。其中的奧秘需要透過檢視其身體構造來揭露。飛馬身上所有的氣囊，以比例來說是超越了所有鳥類動物的兩倍大小，提供牠飛行時無與倫比的呼吸潛力。這可以說是演化的必然現象。

飛馬身上控制翅膀的肌肉很可能非常碩大強健。如果能夠以顯微鏡觀察牠的肌肉細胞的話，我相信我們能夠揭露飛馬超凡力量的秘密。這種細胞也存在於人類體內，但是以活性而言，是遠遠低於飛馬的肌肉細胞。如果人類的肌肉細胞也能藉由訓練而達到如同飛馬一樣的功能和活動力，這將是令人驚嘆的偉大成就。

從解剖學的層面來看，飛馬的骨骼結構結合了鳥綱（Aves）與馬屬（Equus）動物的特動。令人驚訝的是，在飛馬身上，我們看不到任何的結構異常，典型的鳥類翅膀和馬的身軀完美地結合在一起。根據我的推測，這個情況可能在有翼馬科內的不同種個體之間有所差異。

圖 1

1- 橈側腕骨 *Radial carpal bone*
2- 第一指 *1st finger*
3- 指骨 *Phalanges*
4- 腕掌骨 *Carpometacarpus*
5- 尺骨 *Ulna*
6- 橈骨 *Radius*
7- 肱骨 *Humerus*
8- 肋骨 *Ribs*
9- 椎骨 *Vertebra*

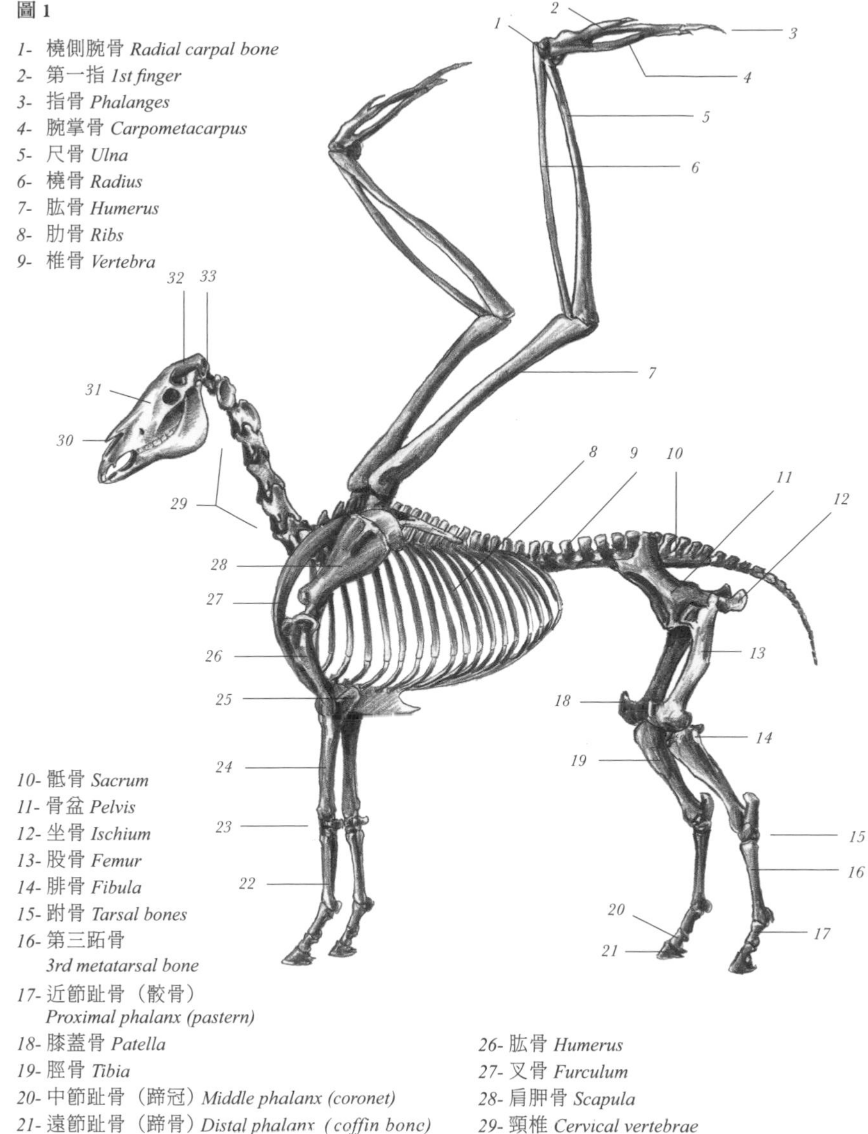

10- 骶骨 *Sacrum*
11- 骨盆 *Pelvis*
12- 坐骨 *Ischium*
13- 股骨 *Femur*
14- 腓骨 *Fibula*
15- 跗骨 *Tarsal bones*
16- 第三跖骨 *3rd metatarsal bone*
17- 近節趾骨（骹骨） *Proximal phalanx (pastern)*
18- 膝蓋骨 *Patella*
19- 脛骨 *Tibia*
20- 中節趾骨（蹄冠）*Middle phalanx (coronet)*
21- 遠節趾骨（蹄骨）*Distal phalanx (coffin bone)*
22- 第三掌骨 *3rd metacarpal bone*
23- 腕骨 *Carpal bone*
24- 橈骨 *Radius*
25- 尺骨鷹嘴突 *Olecranon*

26- 肱骨 *Humerus*
27- 叉骨 *Furculum*
28- 肩胛骨 *Scapula*
29- 頸椎 *Cervical vertebrae*
30- 鼻骨 *Nasal bone*
31- 上頜骨 *Maxilla*
32- 頂骨 *Parietal bone*
33- 枕骨髁 *Occipital condyle*

圖 2

1- 肩胛肱後肌 *Scapulohumeralis caudalis*
2- 背鋸肌 *Serratus dorsalis*
3- 胸腹側鋸肌 *Serratus ventralis thoracis*
4- 骨盆 *Pelvis*
5- 尾長提肌 *Long levator of the tail*
6- 尾短提肌 *Short levator of the tail*
7- 尾收肌 *Adductor of the tail*
8- 股四頭肌 *Quadriceps femoris*
9- 半膜肌 *Semimembranosus*
10- 股二頭肌 *Biceps femoris*

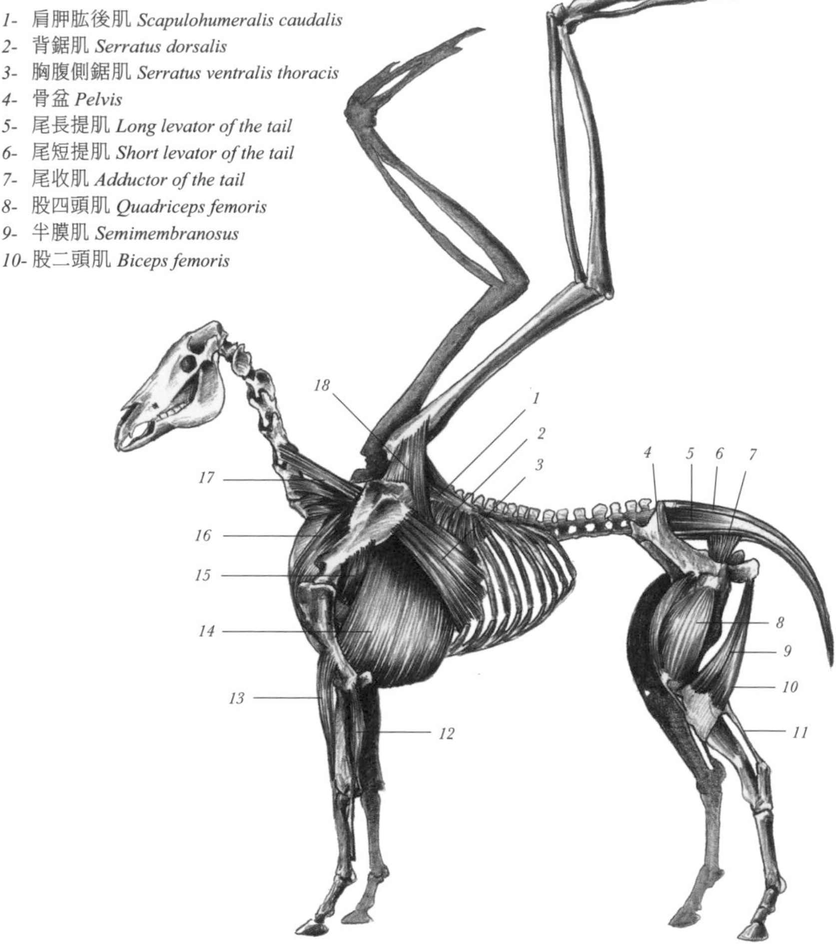

11- 趾淺屈肌 *Flexor digitorum superficialis*
12- 尺側腕伸肌 *Extensor carpi ulnaris*
13- 橈側腕伸肌 *Extensor carpi radialis*
14- 胸骼胸肌 *Pectoralis thoracis*
15- 大圓肌 *Teres major*
16- 胸小肌的肩胛部分 *Scapular portion of the pectoralis minor*
17- 頸腹側鋸肌 *Serratus ventralis cervicis*
18- 胸骼胸肌 *Pectoralis thoracis*

圖 3

1- 翼膜内收肌 *Adductor alulae*
2- 骨間掌側肌 *Interosseus ventralis*
3- 尺掌背側肌 *Ulnimetacarpalis dorsalis*
4- 尺側腕屈肌 *Flexor carpi ulnaris*
5- 指深屈肌 *Flexor digitorum profundus*
6- 指淺屈肌 *Flexor digitorum superficialis*
7- 旋前淺肌 *Pronator superficialis*
8- 肱骨 *Humerus*

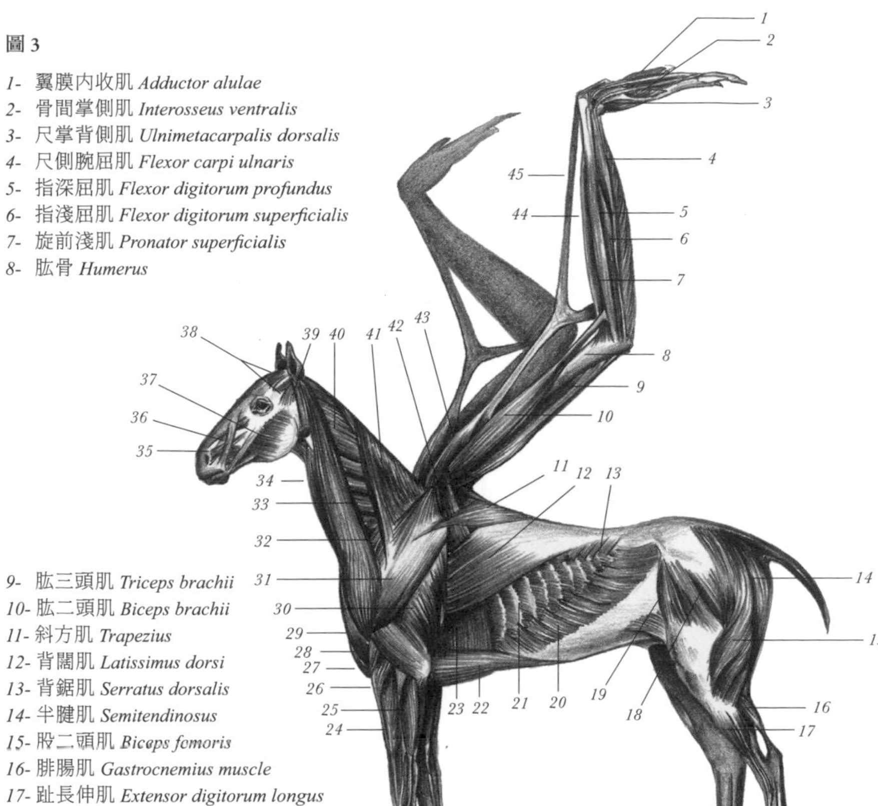

9- 肱三頭肌 *Triceps brachii*
10- 肱二頭肌 *Biceps brachii*
11- 斜方肌 *Trapezius*
12- 背闊肌 *Latissimus dorsi*
13- 背鋸肌 *Serratus dorsalis*
14- 半腱肌 *Semitendinosus*
15- 股二頭肌 *Biceps femoris*
16- 腓腸肌 *Gastrocnemius muscle*
17- 趾長伸肌 *Extensor digitorum longus*
18- 股大肌 *Gluteus maximus*
19- 闊筋膜 *Fascia latae*
20- 腹外斜肌 *Obliquus externus abdominis*
21- 肋間外肌 *Intercostalis externus*
22- 胸深肌 *Pectoralis profundus*
23- 胸骼胸肌 *Pectoralis thoracis*
24- 指總伸肌 *Extensor digitorum communis*
25- 尺側腕伸肌 *Extensor carpi ulnaris*
26- 橈側腕伸肌 *Extensor carpi radialis*
27- 胸大肌 *Pectoralis major*
28- 內側肱肌 *Brachialis internus*
29- 肱二頭肌 *Biceps brachii*
30- 肱三頭肌 *Triceps brachii*
31- 三角肌 *Deltoideus*
32- 岡上肌 *Supraspinatus*
33- 胸腹側鋸肌 *Serratus ventralis cervicis*
34- 胸骨下頜肌 *Sternomandibularis*

35- 犬齒肌 *Caninus muscle*
36- 鼻唇提肌 *Levator nasolabialis*
37- 咬肌 *Masseter*
38- 盾肌 *Scutularis muscles*
39- 腮腺耳甲肌 *Parotideoauricularis*
40- 夾肌 *Splenius*
41- 斜方肌 *Trapezius*
42- 胸骼胸肌 *Pectoralis thoracis*
43- 翼膜前張肌 *Tensor propatagialis*
44- 橈側掌伸肌 *Extensor metacarpi radialis*
45- 翼膜前張肌長頭肌腱 *Tensor propatagialis long tendon*

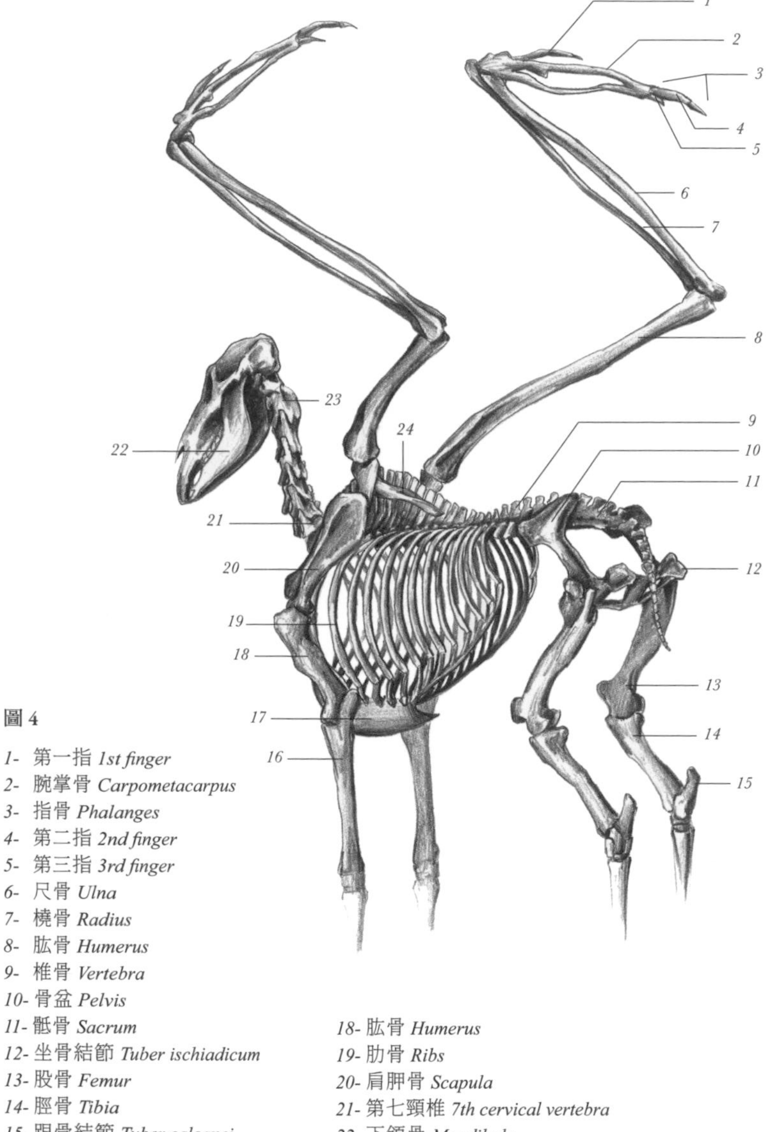

圖 4

1- 第一指 *1st finger*
2- 腕掌骨 *Carpometacarpus*
3- 指骨 *Phalanges*
4- 第二指 *2nd finger*
5- 第三指 *3rd finger*
6- 尺骨 *Ulna*
7- 橈骨 *Radius*
8- 肱骨 *Humerus*
9- 椎骨 *Vertebra*
10- 骨盆 *Pelvis*
11- 骶骨 *Sacrum*
12- 坐骨結節 *Tuber ischiadicum*
13- 股骨 *Femur*
14- 脛骨 *Tibia*
15- 跟骨結節 *Tuber calcanei*
16- 橈骨 *Radius*
17- 胸骨龍骨突 *Keel of the sternum*
18- 肱骨 *Humerus*
19- 肋骨 *Ribs*
20- 肩胛骨 *Scapula*
21- 第七頸椎 *7th cervical vertebra*
22- 下頜骨 *Mandibula*
23- 第一頸椎 *1st cervical vertebra*
24- 肩胛骨背面 *Dorsal scapula*

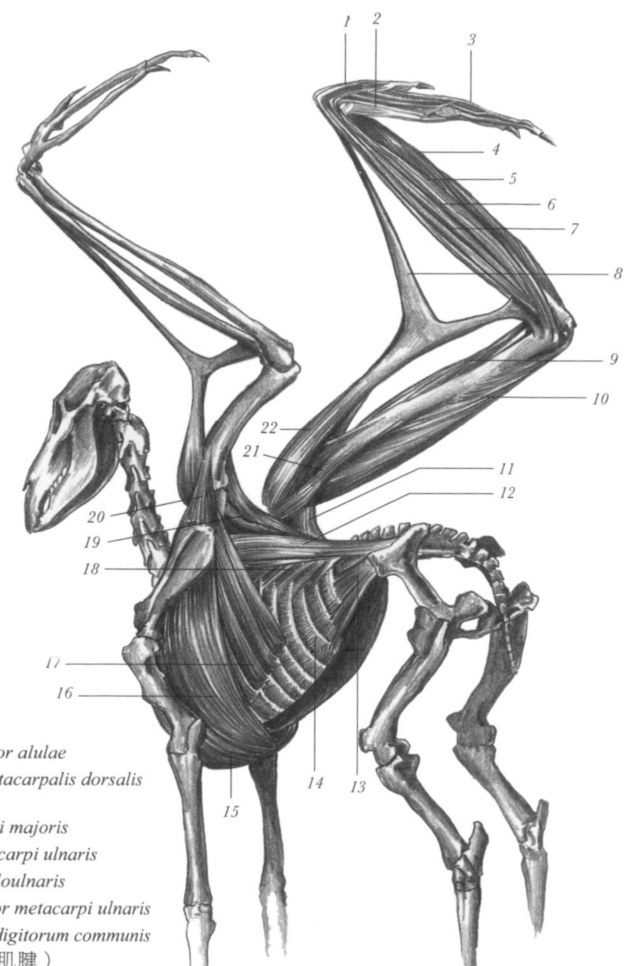

圖 5

1- 翼膜内收肌 *Adductor alulae*
2- 尺掌背側肌 *Ulnimetacarpalis dorsalis*
3- 第三指長伸肌 *Extensor longus digiti majoris*
4- 尺側腕屈肌 *Flexor carpi ulnaris*
5- 肘後肌 *Ectepicondyloulnaris*
6- 尺側掌伸肌 *Extensor metacarpi ulnaris*
7- 指總伸肌 *Extensor digitorum communis*
8- 翼膜前張肌（長頭肌腱） *Tensor propatagialis (long tendon)*
9- 肱二頭肌 *Biceps brachii*
10- 肱三頭肌 *Triceps brachii*
11- 背後闊肌 *Latissimus dorsi caudalis*
12- 背最長肌 *Longissimus dorsi*
13- 腹内斜肌 *Obliquus abdominis internus*
14- 肋間肌 *Intercostalis*
15- 胸小肌 *Pectoralis minor*
16- 胸部前鋸肌 *Thoracic serratus anterior*
17- 胸骼胸肌 *Pectoralis thoracis*
18- 後鋸肌 *Serratus posterior*
19- 肩胛肱後肌 *Scapulohumeralis caudalis*
20- 二頭肌束 *Biceps slip*
21- 大三角肌 *Deltoid major*
22- 翼膜前張肌 *Tensor propatagialis*

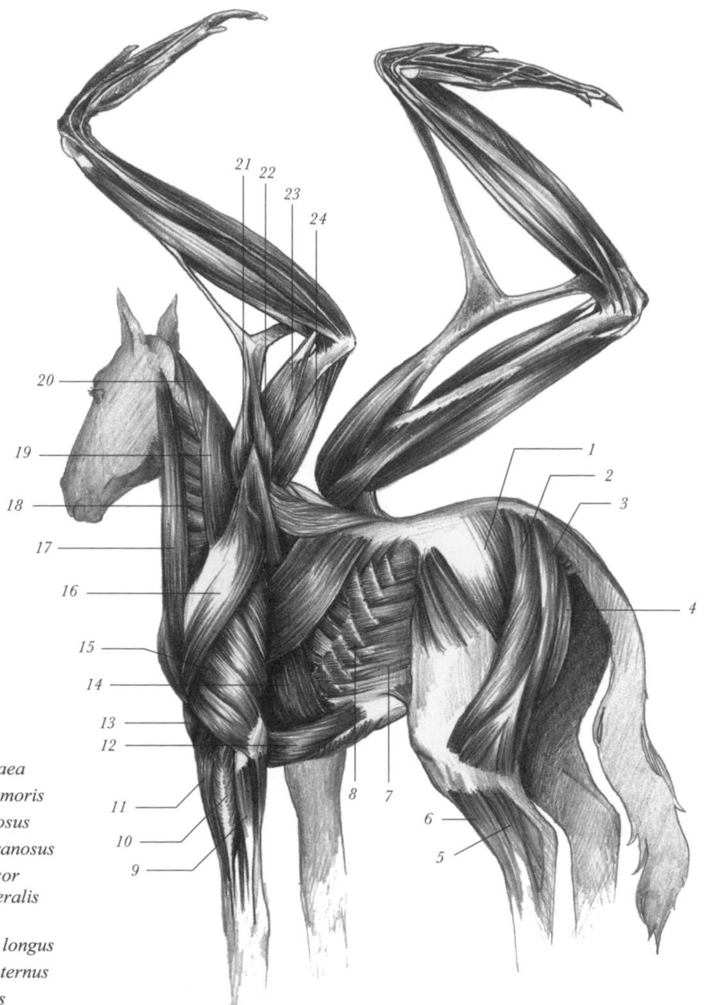

圖 6

1- 臀筋膜 *Fascia glutaea*
2- 股二頭肌 *Biceps femoris*
3- 半腱肌 *Semitendinosus*
4- 半膜肌 *Semimembranosus*
5- 趾側總伸肌 *Extensor digitorum pedis lateralis*
6- 趾長伸肌 *Extensor digitorum longus*
7- 內斜肌 *Obliquus internus*
8- 肋間肌 *Intercostalis*
9- 尺側腕伸肌 *Extensor carpi ulnaris*
10- 指總伸肌 *Extensor digitorum communis*
11- 橈側腕伸肌 *Extensor carpi radialis*
12- 胸小肌 *Pectoralis minor*
13- 內側肱肌 *Brachialis internus*
14- 胸骼胸肌 *Pectoralis thoracis*
15- 肱三頭肌 *Triceps brachii*
16- 三角肌 *Deltoideus*
17- 肱頭肌 *Brachiocephalicus*
18- 頸腹側鋸肌 *Serratus ventralis cervicis*
19- 斜方肌 *Trapezius*
20- 夾肌 *Splenius*
21- 翼膜前張肌 *Tensor propatagialis*
22- 二頭肌束 *Biceps slip*
23- 肱二頭肌 *Biceps brachii*
24- 肱三頭肌 *Triceps brachii*

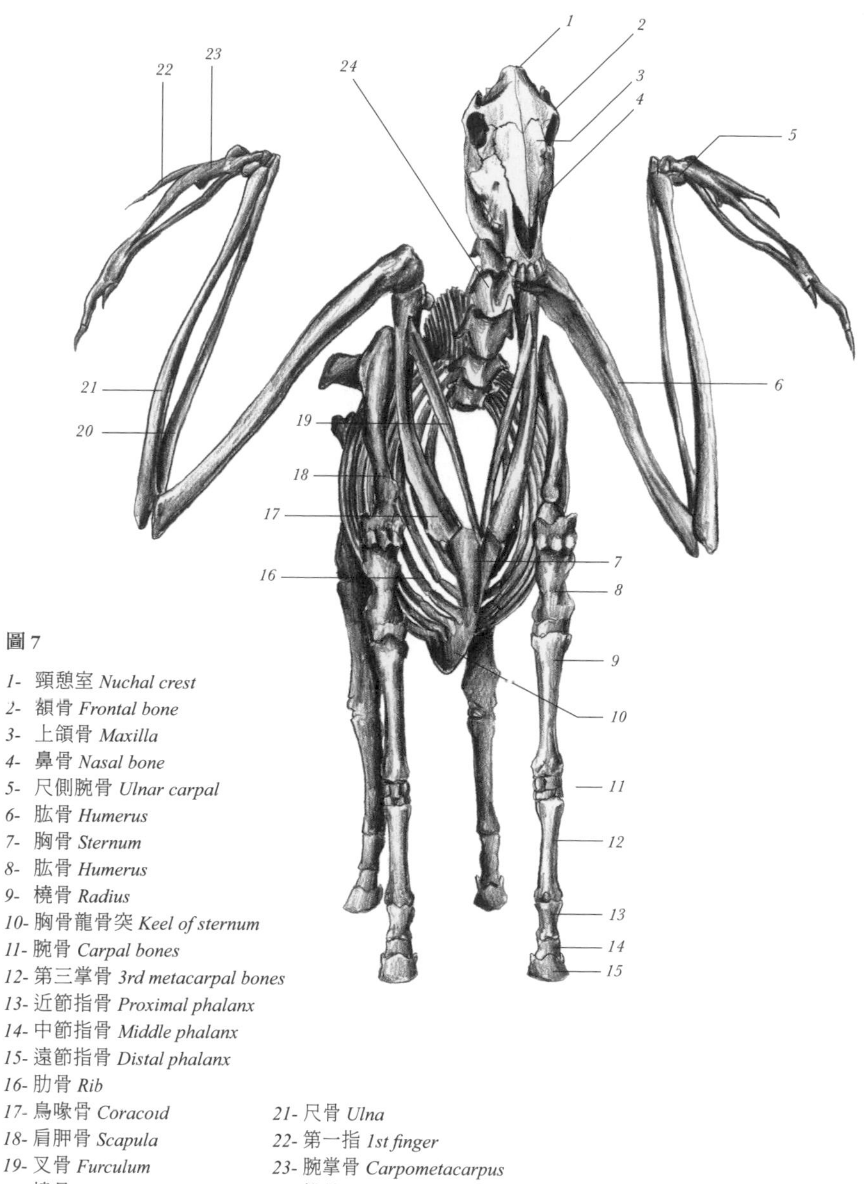

圖 7

1- 頸憩室 *Nuchal crest*
2- 額骨 *Frontal bone*
3- 上頜骨 *Maxilla*
4- 鼻骨 *Nasal bone*
5- 尺側腕骨 *Ulnar carpal*
6- 肱骨 *Humerus*
7- 胸骨 *Sternum*
8- 肱骨 *Humerus*
9- 橈骨 *Radius*
10- 胸骨龍骨突 *Keel of sternum*
11- 腕骨 *Carpal bones*
12- 第三掌骨 *3rd metacarpal bones*
13- 近節指骨 *Proximal phalanx*
14- 中節指骨 *Middle phalanx*
15- 遠節指骨 *Distal phalanx*
16- 肋骨 *Rib*
17- 鳥喙骨 *Coracoid*
18- 肩胛骨 *Scapula*
19- 叉骨 *Furculum*
20- 橈骨 *Radius*
21- 尺骨 *Ulna*
22- 第一指 *1st finger*
23- 腕掌骨 *Carpometacarpus*
24- 椎骨 *Vertebra*

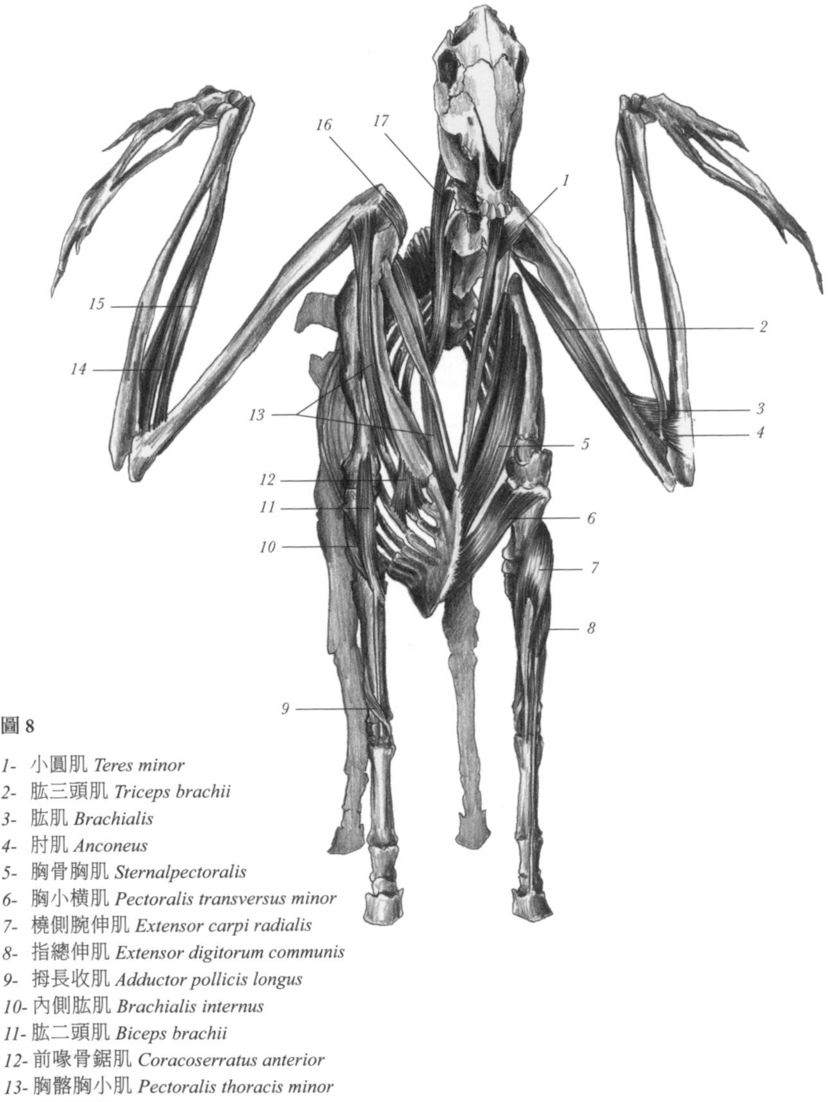

圖 8

1- 小圓肌 *Teres minor*
2- 肱三頭肌 *Triceps brachii*
3- 肱肌 *Brachialis*
4- 肘肌 *Anconeus*
5- 胸骨胸肌 *Sternalpectoralis*
6- 胸小橫肌 *Pectoralis transversus minor*
7- 橈側腕伸肌 *Extensor carpi radialis*
8- 指總伸肌 *Extensor digitorum communis*
9- 拇長收肌 *Adductor pollicis longus*
10- 內側肱肌 *Brachialis internus*
11- 肱二頭肌 *Biceps brachii*
12- 前喙骨鋸肌 *Coracoserratus anterior*
13- 胸骼胸小肌 *Pectoralis thoracis minor*
14- 旋前深肌 *Pronator profundus*
15- 旋前淺肌 *Pronator superficialis*
16- 岡上肌 *Supraspinatus*
17- 頭長肌 *Longus capitis*

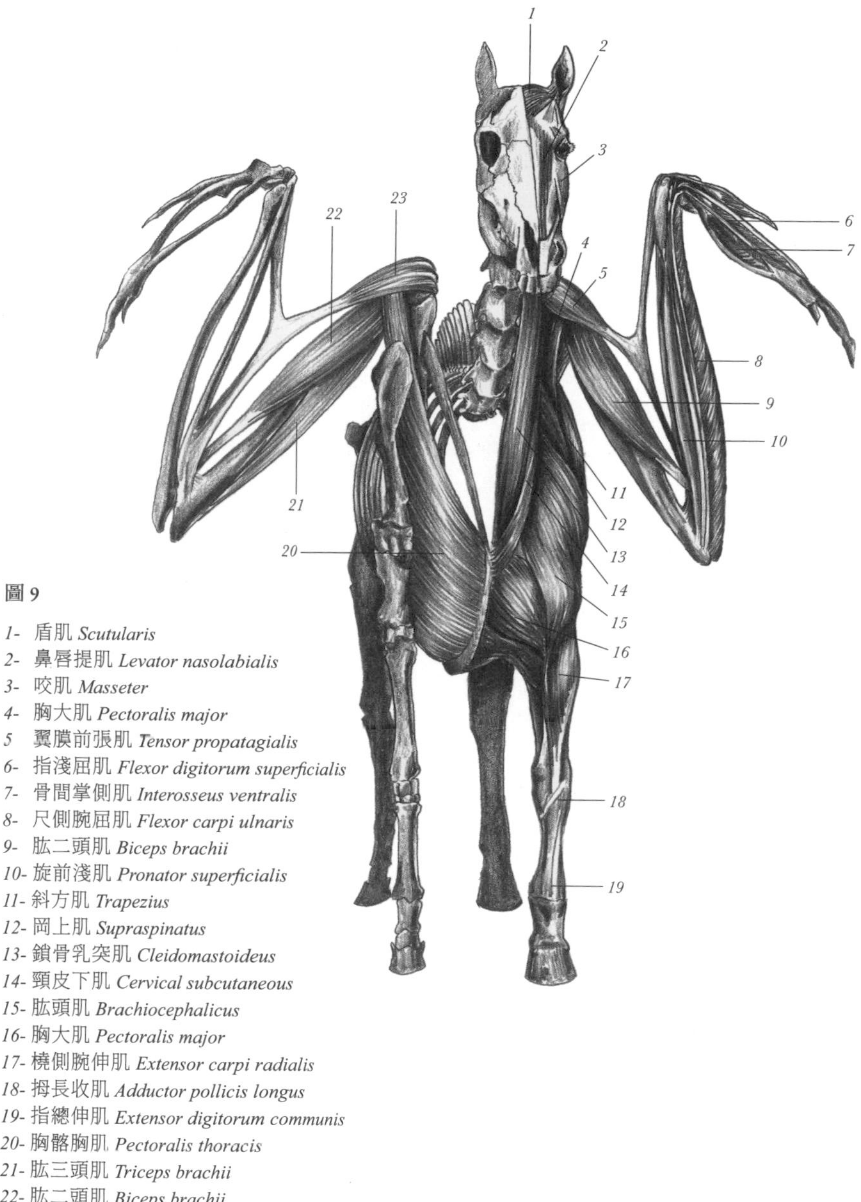

圖 9

1- 盾肌 *Scutularis*
2- 鼻唇提肌 *Levator nasolabialis*
3- 咬肌 *Masseter*
4- 胸大肌 *Pectoralis major*
5 翼膜前張肌 *Tensor propatagialis*
6- 指淺屈肌 *Flexor digitorum superficialis*
7- 骨間掌側肌 *Interosseus ventralis*
8- 尺側腕屈肌 *Flexor carpi ulnaris*
9- 肱二頭肌 *Biceps brachii*
10- 旋前淺肌 *Pronator superficialis*
11- 斜方肌 *Trapezius*
12- 岡上肌 *Supraspinatus*
13- 鎖骨乳突肌 *Cleidomastoideus*
14- 頸皮下肌 *Cervical subcutaneous*
15- 肱頭肌 *Brachiocephalicus*
16- 胸大肌 *Pectoralis major*
17- 橈側腕伸肌 *Extensor carpi radialis*
18- 拇長收肌 *Adductor pollicis longus*
19- 指總伸肌 *Extensor digitorum communis*
20- 胸髂胸肌 *Pectoralis thoracis*
21- 肱三頭肌 *Triceps brachii*
22- 肱二頭肌 *Biceps brachii*
23- 翼膜前張肌 *Tensor propatagialis*

東方龍無疑是布萊克醫師最具說服力的創造物之一。他深信這種生物依舊存活在世上。在布萊克的描述中，東方龍是一種大型的兩棲類動物，而從解剖學的角度來看，牠也與兩棲綱（Amphibia）中的其他動物類似。布萊克也相信，東方龍是世上最強大的奇獸之一；牠處於食物鏈的最頂端，不受任何掠食者的威脅，同時也能上天下地，不受任何地域限制。

值得注意的是，布萊克醫師也在筆記中提到了口吐火焰的西方龍。這反映了他將所有生命可能性納入考量，無論這些動物看起來是何等牽強或荒謬。

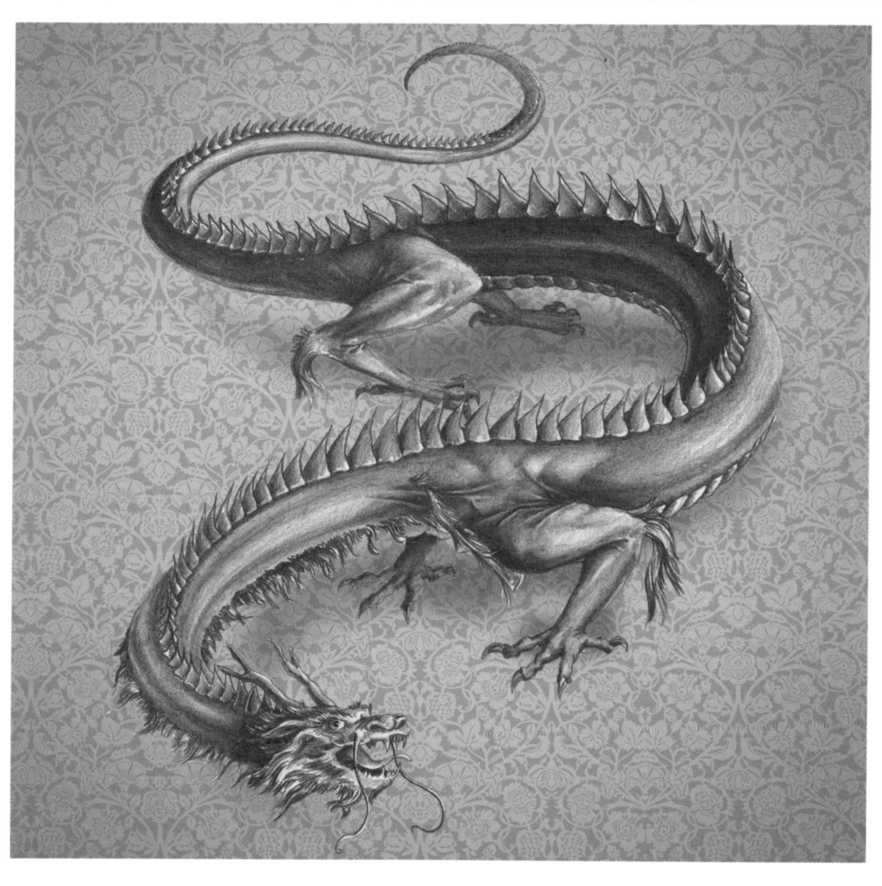

東方龍
DRACONIS ORIENTIS

界：動物界 *Animalia*

門：脊椎動物門 *Vertebrata*

綱：兩棲綱 *Amphibia*

目：有尾目 *Caudata*

科：山飛龍科 *Monsdraconis*

屬：飛龍屬 *Draconis*

種：東方龍 *Draconis orientis*

我手上所擁有的標本是在日本東方的中鳥島（「中ノ鳥島」，Nakanotorishima）上的一間古老修道院中發現的。在我的旅伴群中，只有我相信其真實性。我將這副看起來不過是一條大型蛇類的殘軀買下。雖然這只是一部分的殘餘骨架，我依舊嘗試重塑出這隻雄偉動物的形象。根據我的估計，東方龍體長四十呎。牠的體積、脊椎突出、高度進化的腳爪和防禦機制，讓牠能夠在生活環境佔有巨大優勢。

其他西方的龍類很可能是牠的祖先，雖然我認為牠們之間可能只有遠親關係。鑑於其翅膀和噴火的能力，西方龍應該與利未坦（Leviathan）*或希朵拉（Hydra）**較為親近。然而，因為我尚未有機會研究西方龍的個體，我無法在科學上證實這項假設。

在遠東地區的傳說故事中，對東方龍有著相當精細且深刻的描述。這也反映出，這些作者們或許對於當地原生的龍類有著詳盡的了解。就像許多較為小型的蛇、蜥蜴和兩棲類動物一樣，龍類動物也有著許多不同的樣貌和性情，來適應牠們的生理需求和所處的棲息地。我們可以確定的是，雖然大部分的龍類動物已經滅絕了，但並非所有個體都已經不復存在。我無法相信這樣的動物會完全無法存活在現今的世界上；東方龍必然還會繁衍後代於海洋最深處或是黑暗的沼澤中。

* 利未坦（Leviathan）是聖經約伯記（*The Book of Job*）中上帝所描述的巨大蛇形海怪，另有一說指的是鱷魚。

** 在希臘神話中，希朵拉（Hydra）是擁有九個頭的蛇怪，是厄客德娜和提豐所生的子嗣之一。最後被英雄赫克力斯（Hercules）所斬殺。

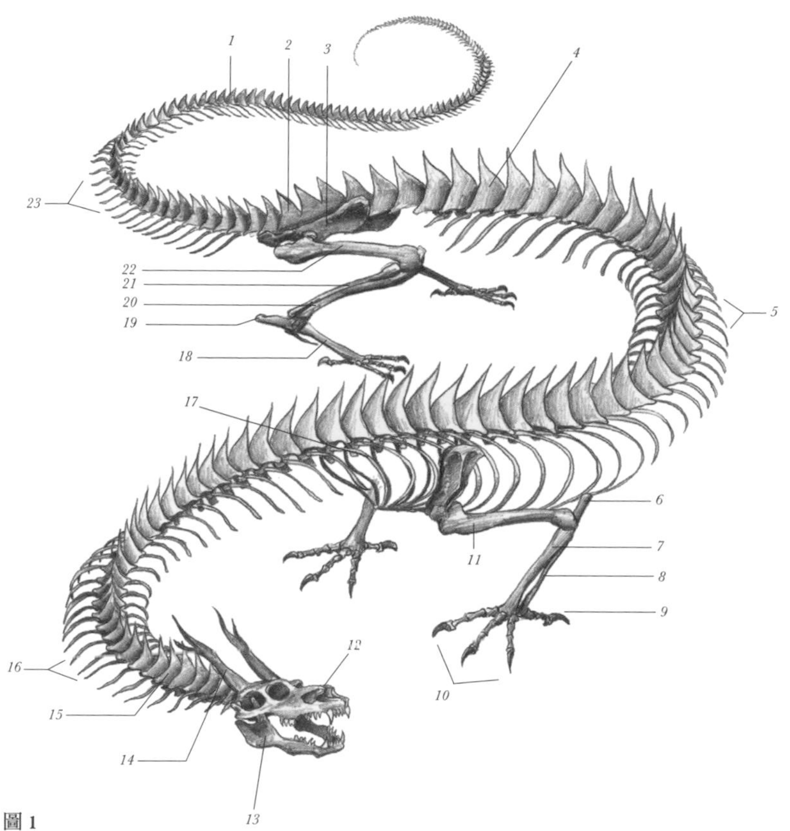

圖 1

1- 尾棘突 *Caudal spinous process*
2- 骶骨 *Sacrum*
3- 骨盆 *Pelvis*
4- 腰棘突 *Lumbar spinous process*
5- 胸部肋骨 *Thoracic ribs*
6- 尺骨鷹嘴突 *Olecranon*
7- 橈骨 *Radius*
8- 尺骨 *Ulna*
9- 拇趾（第一趾）*Hallux (1st digit)*
10- 指骨 *Phalanges*
11- 肱骨 *Humerus*
12- 鼻骨 *Nasal bone*
13- 下頜骨 *Mandibula*
14- 角 *Horn*
15- 頸棘突 *Cervical spinous process*
16- 頸部肋骨 *Cervical ribs*
17- 第一胸肋骨 *1st thoracic rib*
18- 跖骨 *Metatarsus*
19- 跟骨結節 *Tuber calcanei*
20- 脛骨 *Tibia*
21- 腓骨 *Fibula*
22- 股骨 *Femur*
23- 尾部肋骨 *Caudal ribs*

圖 2

1- 尾 *Tail*
2- 闊筋膜張肌 *Tensor fasciae latae*
3- 縫匠肌 *Sartorius*
4- 髂肋肌 *Iliocostalis*
5- 鱗間肌復合體 *Scutali-interscutali complex*
6- 背最長肌 *Longissimus dorsi*
7- 背闊肌 *Latissimus dorsi*
8- 肱三頭肌 *Triceps brachii*
9- 指總伸肌 *Extensor digitorum communis*
10- 鎖骨上膊肌 *Cleidobrachialis*
11- 三角肌 *Deltoideus*
12- 斜方肌 *Trapezius*
13- 胸大肌 *Pectoralis major*
14- 鼻唇提肌 *Levator nasolabialis*
15- 眼輪匝肌 *Orbicularis oculi*
16- 頰肌 *Buccinator*
17- 咬肌 *Masseter*
18- 鱗間肌復合體 *Scutali-interscutali complex*
19- 髂肋肌 *Iliocostalis*
20- 股二頭肌 *Biceps femoris*
21- 半腱肌 *Semitendinosus*
22- 半膜肌 *Semimembranosus*
23- 尾降肌群 *Adductors of the tail*

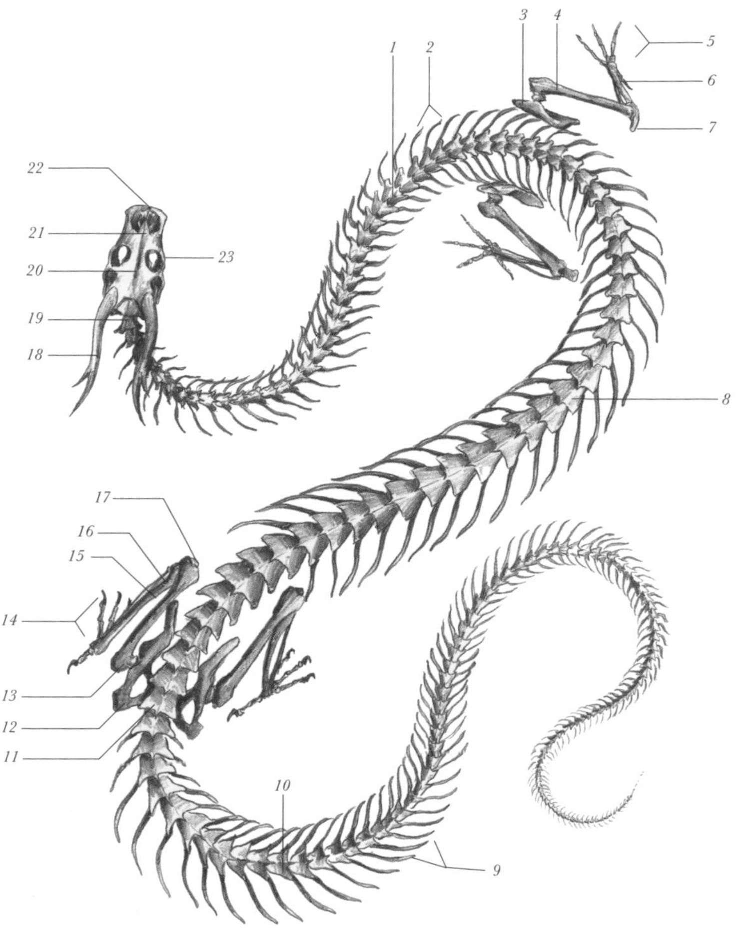

圖 3

1- 頸棘突
Cervical spinous process
2- 頸部肋骨 *Cervical ribs*
3- 肩胛骨 *Scapula*
4- 肱骨 *Humerus*
5- 指骨 *Phalanges*
6- 橈骨 *Radius*
7- 尺骨鷹嘴突 *Olecranon*
8- 胸棘突 *Thoracic spinous process*
9- 尾部肋骨 *Caudal ribs*
10- 尾棘突 *Caudal spinous process*
11- 骶骨 *Sacrum*
12- 骨盆 *Pelvis*
13- 股骨 *Femur*
14- 趾骨 *Phalanges*
15- 脛骨 *Tibia*
16- 腓骨 *Fibula*
17- 膝蓋骨 *Patella*
18- 角 *Horn*
19- 第一頸椎（寰椎）*1st cervical vertebra (atlas)*
20- 頂骨 *Parietale*
21- 鼻骨 *Nasal bone*
22- 門齒骨 *Incisival bone*
23- 顴弓 *Zygomatic arch*

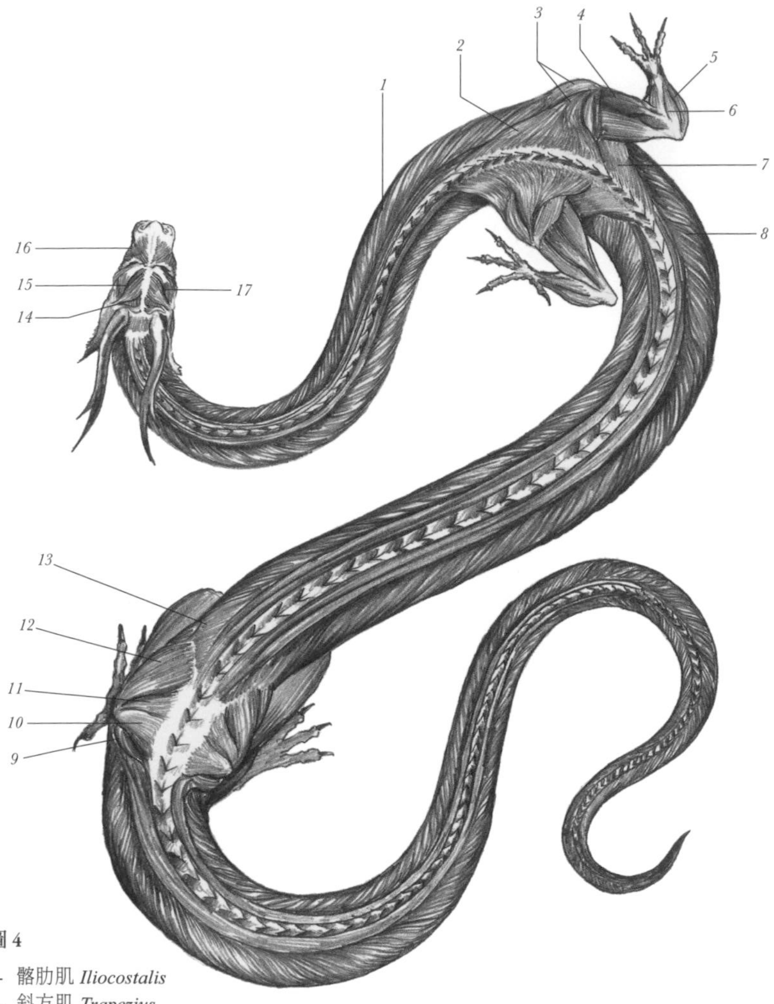

圖 4

1- 髂肋肌 *Iliocostalis*
2- 斜方肌 *Trapezius*
3- 三角肌 *Deltoideus*
4- 肱三頭肌 *Triceps brachii*
5- 尺側腕伸肌 *Extensor carpi ulnaris*
6- 指側伸肌 *Extensor digitorum lateralis*
7- 背闊肌 *Latissimus dorsi*
8- 髂肋肌 *Iliocostalis*
9- 半腱肌 *Semitendinosus*
10- 小腿收肌 *Adductor cruris*
11- 股大肌 *Gluteus maximus*
12- 臀中肌 *Gluteus medius*
13- 背最長肌 *Longissimus dorsi*
14- 耳提肌 *Levator of the auricle*
15- 盾肌 *Scutularis*
16- 鼻唇提肌 *Levator nasolabialis*
17- 顴肌 *Malaris*

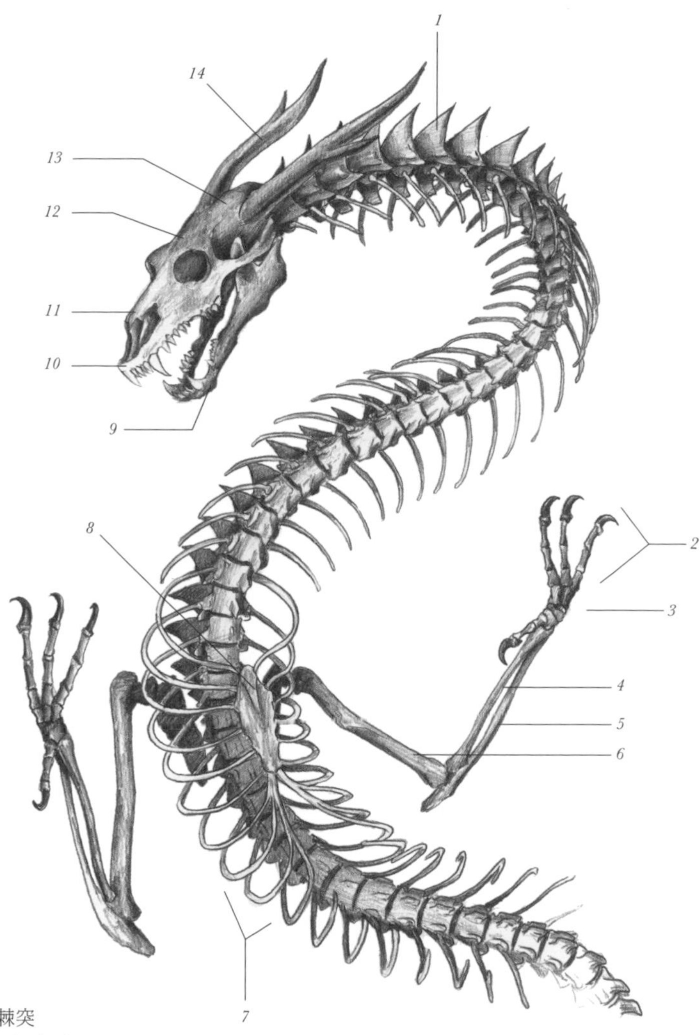

圖 5

1- 頸棘突
Cervical spinous process
2- 指骨 *Phalanges*
3- 腕骨 *Carpal bones*
4- 橈骨 *Radius*
5- 尺骨 *Ulna*
6- 肱骨 *Humerus*
7- 肋骨 *Ribs*
8- 胸骨 *Sternum*
9- 下頷骨 *Mandibula*
10- 門齒骨 *Incisival bone*
11- 鼻骨 *Nasal bone*
12- 額骨 *Frontal bone*
13- 頂骨 *Parietal*
14- 角 *Horn*

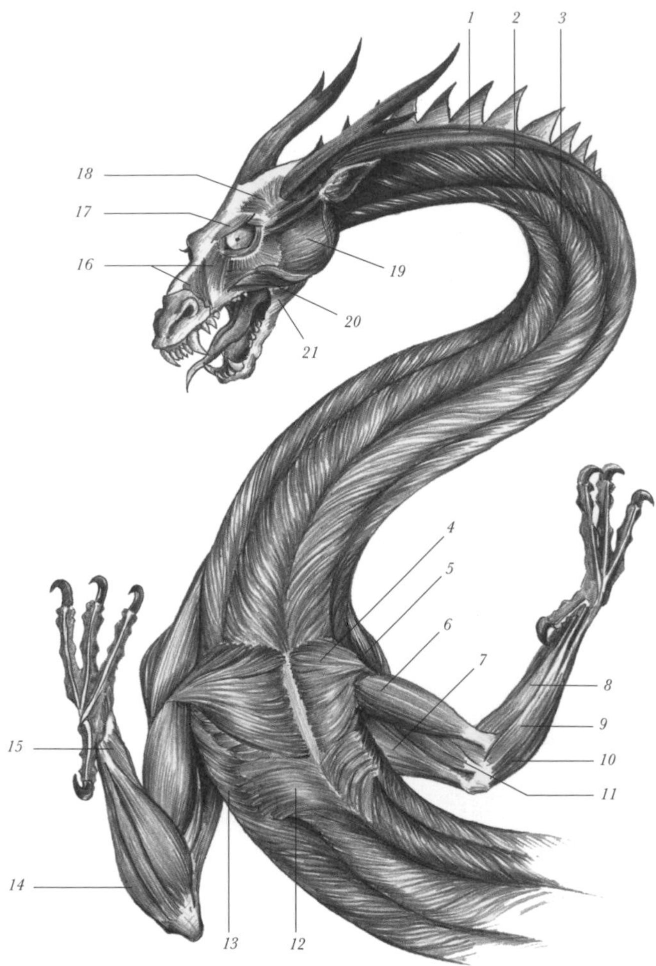

圖 6

1- 背最長肌 *Longissimus dorsi*
2- 髂肋肌 *Iliocostalis*
3- 鱗間肌復合體 *Scutali-interscutali complex*
4- 胸大肌 *Pectoralis major*
5- 三角肌 *Deltoideus*
6- 肱二頭肌 *Biceps brachii*
7- 肱三頭肌 *Triceps brachii*
8- 肱橈肌 *Brachioradialis*
9- 橈側腕屈肌 *Flexor carpi radialis*
10- 掌長肌 *Palmaris longus*
11- 肱肌 *Brachialis*
12- 腹鱗肌 *Abdominis scutali*
13- 肋鋸肌 *Serratus costalis*
14- 尺側腕屈肌 *Flexor carpi ulnaris*
15- 第一指長收肌與短收肌 *Adductor digiti 1st longus & brevis*
16- 鼻唇提肌 *Levator nasolabialis*
17- 眼輪匝肌 *Orbicularis oculi*
18- 顳肌 *Temporalis*
19- 咬肌 *Masseter*
20- 頰肌 *Buccinator*
21- 翼狀肌 *Pterygoideus*

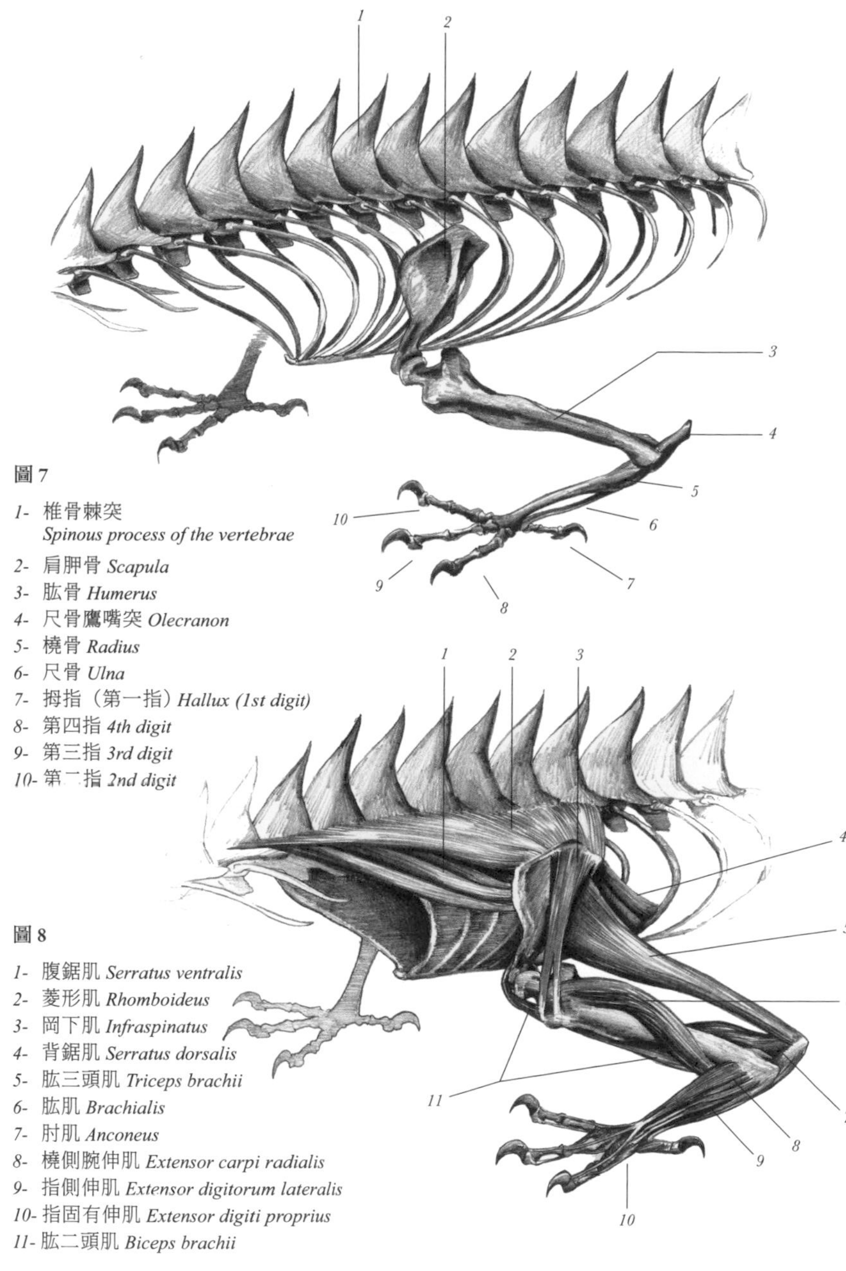

圖 7

1- 椎骨棘突
Spinous process of the vertebrae

2- 肩胛骨 *Scapula*

3- 肱骨 *Humerus*

4- 尺骨鷹嘴突 *Olecranon*

5- 橈骨 *Radius*

6- 尺骨 *Ulna*

7- 拇指（第一指）*Hallux (1st digit)*

8- 第四指 *4th digit*

9- 第三指 *3rd digit*

10- 第二指 *2nd digit*

圖 8

1- 腹鋸肌 *Serratus ventralis*

2- 菱形肌 *Rhomboideus*

3- 岡下肌 *Infraspinatus*

4- 背鋸肌 *Serratus dorsalis*

5- 肱三頭肌 *Triceps brachii*

6- 肱肌 *Brachialis*

7- 肘肌 *Anconeus*

8- 橈側腕伸肌 *Extensor carpi radialis*

9- 指側伸肌 *Extensor digitorum lateralis*

10- 指固有伸肌 *Extensor digiti proprius*

11- 肱二頭肌 *Biceps brachii*

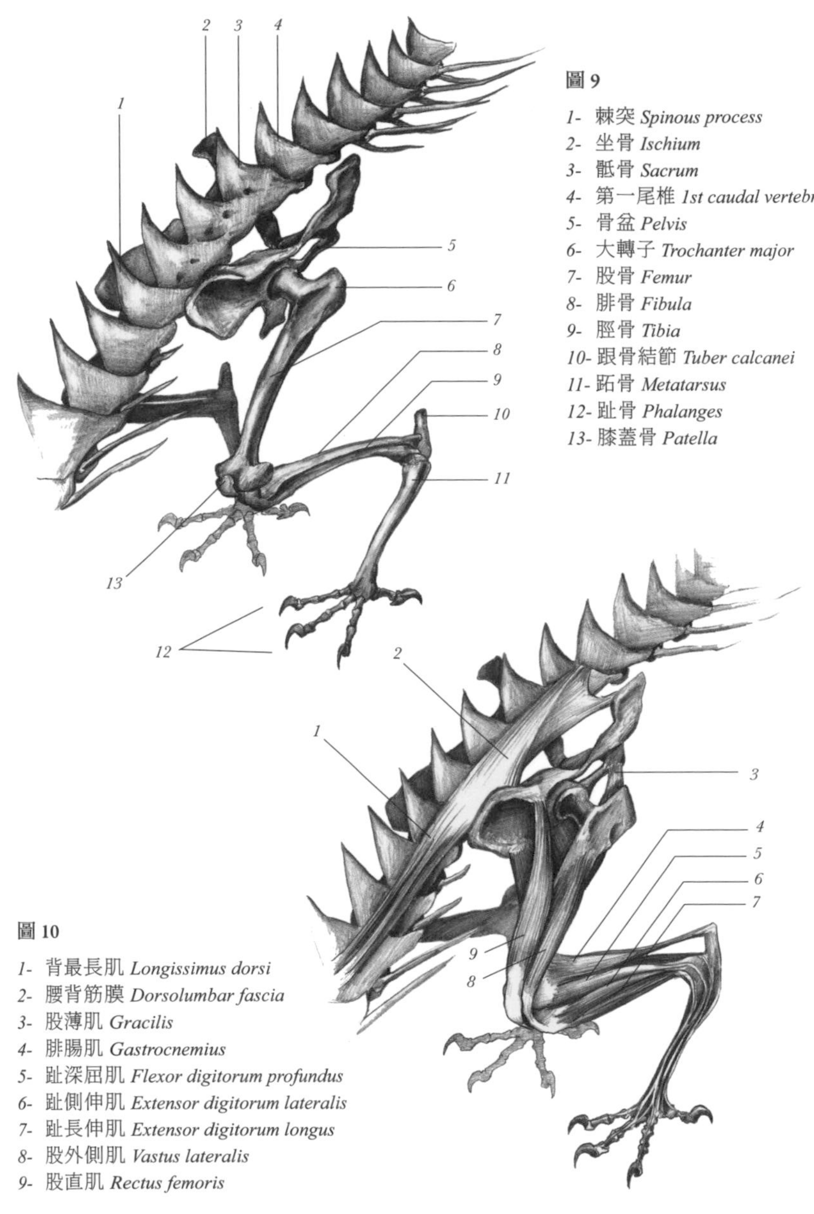

圖 9

1- 棘突 *Spinous process*
2- 坐骨 *Ischium*
3- 骶骨 *Sacrum*
4- 第一尾椎 *1st caudal vertebra*
5- 骨盆 *Pelvis*
6- 大轉子 *Trochanter major*
7- 股骨 *Femur*
8- 腓骨 *Fibula*
9- 脛骨 *Tibia*
10- 跟骨結節 *Tuber calcanei*
11- 跖骨 *Metatarsus*
12- 趾骨 *Phalanges*
13- 膝蓋骨 *Patella*

圖 10

1- 背最長肌 *Longissimus dorsi*
2- 腰背筋膜 *Dorsolumbar fascia*
3- 股薄肌 *Gracilis*
4- 腓腸肌 *Gastrocnemius*
5- 趾深屈肌 *Flexor digitorum profundus*
6- 趾側伸肌 *Extensor digitorum lateralis*
7- 趾長伸肌 *Extensor digitorum longus*
8- 股外側肌 *Vastus lateralis*
9- 股直肌 *Rectus femoris*

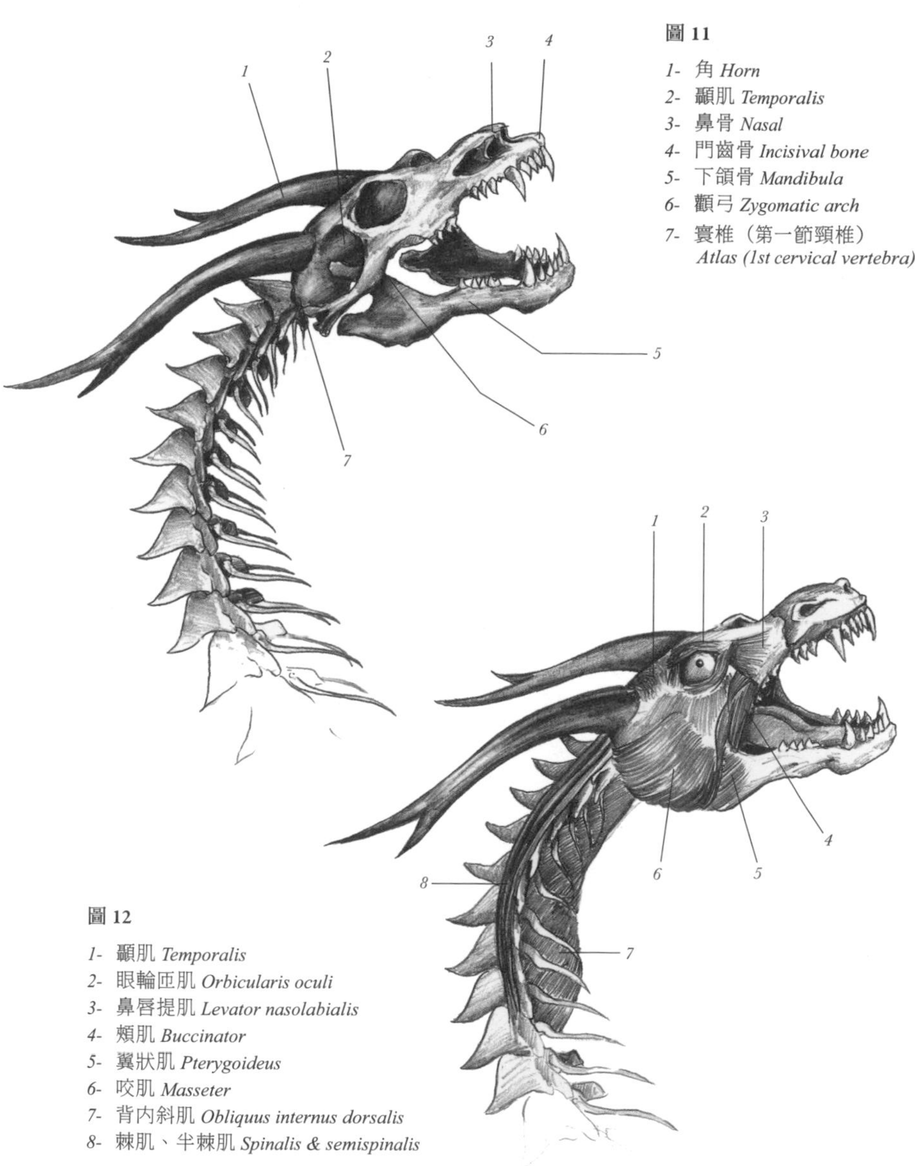

圖 11

1- 角 *Horn*
2- 顳肌 *Temporalis*
3- 鼻骨 *Nasal*
4- 門齒骨 *Incisival bone*
5- 下頜骨 *Mandibula*
6- 顴弓 *Zygomatic arch*
7- 寰椎（第一節頸椎）
Atlas (1st cervical vertebra)

圖 12

1- 顳肌 *Temporalis*
2- 眼輪匝肌 *Orbicularis oculi*
3- 鼻唇提肌 *Levator nasolabialis*
4- 頰肌 *Buccinator*
5- 翼狀肌 *Pterygoideus*
6- 咬肌 *Masseter*
7- 背內斜肌 *Obliquus internus dorsalis*
8- 棘肌、半棘肌 *Spinalis & semispinalis*

鑑於半人馬驚人的體重，布萊克很可能也操作了用在飛馬身上的精密滑車升降機系統。許多人相信，大部分布萊克所製造的生物標本都在存在於世界上，很可能都被納入了私人收藏中。眾所周知，布萊克是一位傑出的標本製作師，任何收藏家都會願意以高價收買他的作品。

布萊克在書中提到，他在一個保加利亞的小村落中找到了半人馬存在的證據，但是沒有任何其他的考古學文獻能夠佐證他的說法。

半人馬
CENTAURUS CABALLUS

界：動物界 *Animalia*

門：脊椎動物門 *Vertebrata*

綱：哺乳綱 *Mammalia*

目：奇蹄目 *Perissodactyla*

科：人馬科 *Homoequidæ*

屬：肯陶洛斯屬 *Centaurus*

種：半人馬 *Centaurus caballus*

關於半人馬的傳說可說是多采多姿，但是同時也令人不安。牠們很有可能是因為遭到過度獵捕而滅絕的。出土的半人馬個體，常常是呈現被分屍成數塊的狀態，並且被儀式化地埋葬。這種現象代表有人曾對半人馬實行了奇特且狂熱的宗教式懲罰。無論如何，半人馬在地球上曾經存在過一段不短的時間，讓牠的後代在自然史中佔有一席之地，例如馬蹄人（centarus ipotane）、有翼人馬（pterocentaru）和半人牛（onocentaur）等等。

我手上擁有的半人馬樣本來自巴爾幹半島，一個位於索非亞市東方的保加利亞小村莊。在那裡，我發現了許多重要的跡象。這些跡象顯示，如果對這個地點進一步的挖掘和研究，將能夠啟發更多偉大的人類學成果。然而，我無法在這個美麗的鄉間滯留太久。也許在未來的某一天，另一位科學家的研究能夠向世界揭露半人馬文明的秘密，以及這種生物所擁有的神秘力量。

圖 1

1- 頂骨 *Parietal bone*
2- 顳骨 *Temporal bone*
3- 枕骨 *Occipital bone*
4- 椎骨 *Vertebra*
5- 肩胛骨 *Scapula*
6- 肱骨 *Humerus*
7- 肩胛骨 *Scapula*
8- 第十胸椎 *10th thoracic vertebra*
9- 第五腰椎 *5th lumbar vertebra*
10- 骶骨 *Sacrum*
11- 骨盆 *Pelvis*
12- 坐骨 *Ischium*
13- 股骨 *Femur*
14- 腓骨 *Fibula*
15- 脛骨 *Tibia*
16- 跟骨結節 *Tuber calcanei*
17- 跗骨 *Tarsal bones*
18- 第三跖骨 *3rd metatarsal*
19- 近節指骨（骹骨）*Proximal phalanx (pastern)*
20- 中節趾骨（蹄冠）*Middle phalanx (coronet)*
21- 遠節趾骨（蹄骨）*Distal phalanx (coffin bone)*
22- 尺骨鷹嘴突 *Olecranon*
23- 第三掌骨 *3rd metacarpal bone*
24- 腕骨 *Carpal bones*
25- 橈骨 *Radius*
26- 肱骨 *Humerus*
27- 指骨 *Phalanges*
28- 掌骨 *Metacarpal bones*
29- 腕骨 *Carpal bones*
30- 尺骨 *Ulna*
31- 橈骨 *Radius*
32- 胸骨 *Sternum*
33- 下頷骨 *Mandibula*
34- 上頷骨 *Maxilla*
35- 顴弓 *Zygomatic arch*
36- 顴骨突 *Zygomatic process*
37- 額骨 *Frontal bone*

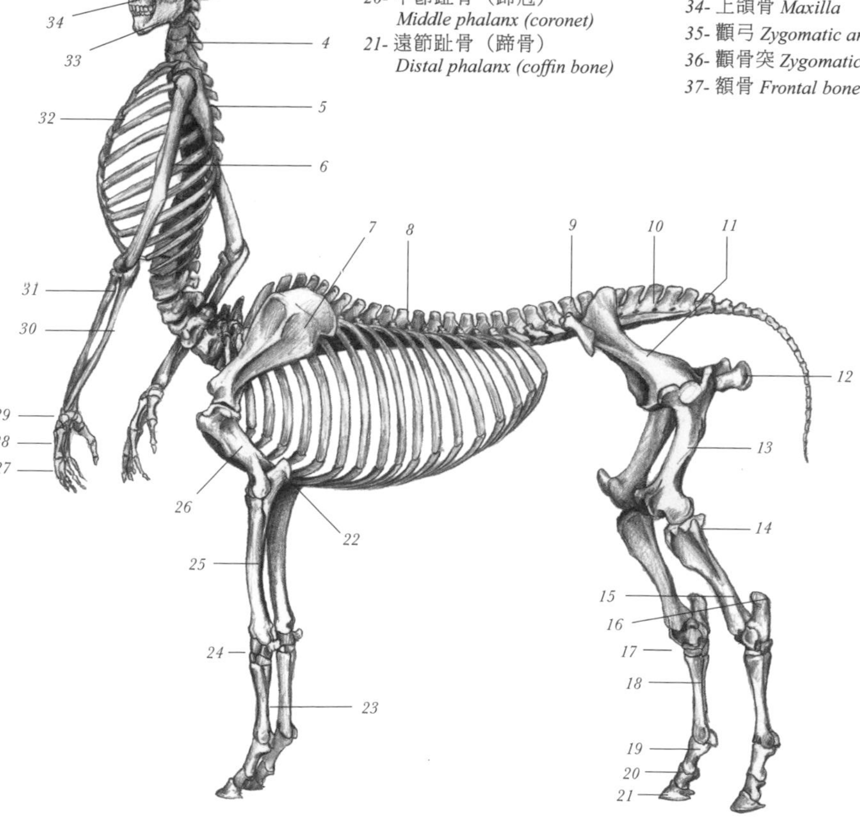

圖 2

1- 顳肌 *Temporalis*
2- 咬肌 *Masseter*
3- 胸鎖乳突肌 *Sternomastoid*
4- 肩胛提肌 *Levator scapulae*
5- 斜方肌 *Trapezius*
6- 三角肌 *Deltoid*
7- 大圓肌 *Teres major*
8- 肱三頭肌 *Triceps brachii*
9- 背闊肌 *Latissimus dorsi*
10- 斜方肌 *Trapezius*
11- 背闊肌 *Latissimus dorsi*
12- 肋間外肌 *Intercostalis externus*
13- 後鋸肌 *Serratus posterior*
14- 闊筋膜張肌 *Tensor fasciae latae*
15- 半腱肌 *Semitendinosus*
16- 股二頭肌 *Biceps femoris*
17- 趾側伸肌 *Extensor digitorum lateralis*
18- 脛骨後肌 *Tibialis caudalis*
19- 腹外斜肌 *Obliquus externus abdominis*
20- 胸骼鋸肌 *Serratus thoracis*
21- 肱三頭肌 *Triceps brachii*
22- 尺側腕伸肌 *Extensor carpi ulnaris*
23- 指總伸肌 *Extensor digitorum communis*
24- 橈側腕伸肌 *Extensor carpi radialis*
25- 肱肌 *Brachialis*
26- 三角肌 *Deltoid*
27- 肱頭肌 *Brachiocephalicus*
28- 小魚際肌 *Hypothenar*
29- 指淺屈肌 *Flexor digitorum sublimis*
30- 指總伸肌 *Extensor digitorum communis*
31- 橈側腕短伸肌 *Extensor carpi radialis brevis*
32- 尺側腕伸肌 *Extensor carpi ulnaris*
33- 肘肌 *Anconeus*
34- 橈側腕伸肌 *Extensor carpi radialis*
35- 肱橈肌 *Brachioradialis*
36- 肱二頭肌 *Biceps brachii*
37- 胸大肌 *Pectoralis major*
38- 口角降肌 *Triangularis*
39- 笑肌 *Risorius*
40- 眼輪匝肌 *Orbicularis oculi*
41- 額肌 *Frontalis*

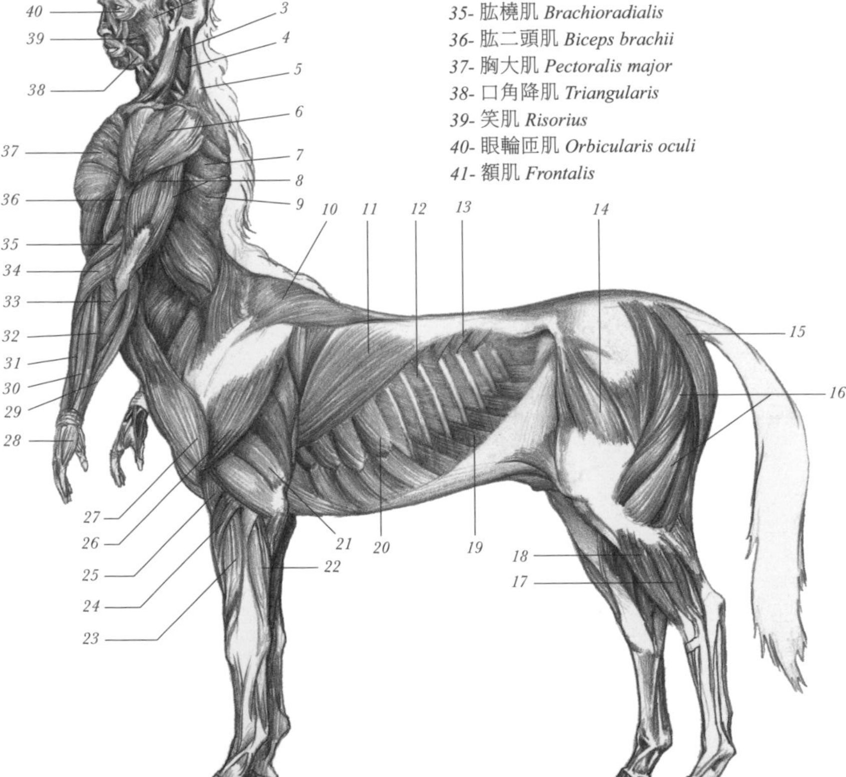

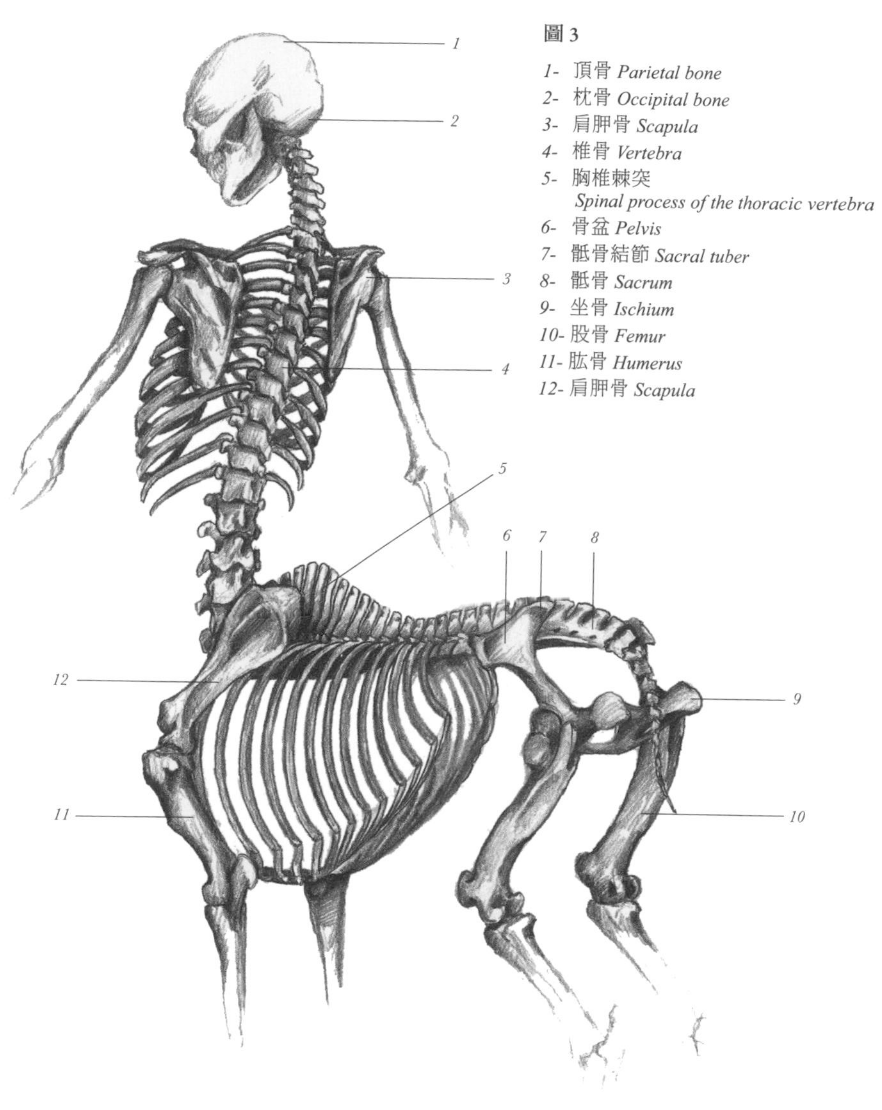

圖 3

1- 頂骨 *Parietal bone*
2- 枕骨 *Occipital bone*
3- 肩胛骨 *Scapula*
4- 椎骨 *Vertebra*
5- 胸椎棘突
Spinal process of the thoracic vertebra
6- 骨盆 *Pelvis*
7- 骶骨結節 *Sacral tuber*
8- 骶骨 *Sacrum*
9- 坐骨 *Ischium*
10- 股骨 *Femur*
11- 肱骨 *Humerus*
12- 肩胛骨 *Scapula*

圖 4

1- 胸鎖乳突肌 *Sternomastoid*
2- 斜方肌 *Trapezius*
3- 三角肌 *Deltoideus*
4- 肱三頭肌 *Triceps brachii*
5- 背闊肌 *Latissimus dorsi*
6- 斜方肌 *Trapezius*
7- 背闊肌 *Latissimus dorsi*
8- 肋間外肌 *Intercostalis externus*
9- 闊筋膜張肌 *Tensor fasciae latae*
10- 臀大肌 *Gluteus superficialis*
11- 股二頭肌 *Biceps femoris*
12- 半腱肌 *Semitendinosus*
13- 半膜肌 *Semimembranosus*
14- 股薄肌 *Gracilis*
15- 趾長伸肌 *Extensor digitorum longus*
16- 腹外斜肌 *Obliquus externus abdominis*
17- 橈側腕伸肌 *Extensor carpi radialis*
18- 肱三頭肌 *Triceps brachii*
19- 腹鋸肌 *Serratus ventralis*
20- 三角肌 *Deltoideus*
21- 肱頭肌 *Brachiocephalicus*
22- 胸臀肌 *Sternogluteus*
23- 腹外斜肌 *Obliquus externus abdominis*
24- 大圓肌 *Teres major*
25- 小圓肌 *Teres minor*
26- 岡下肌 *Infraspinatus*

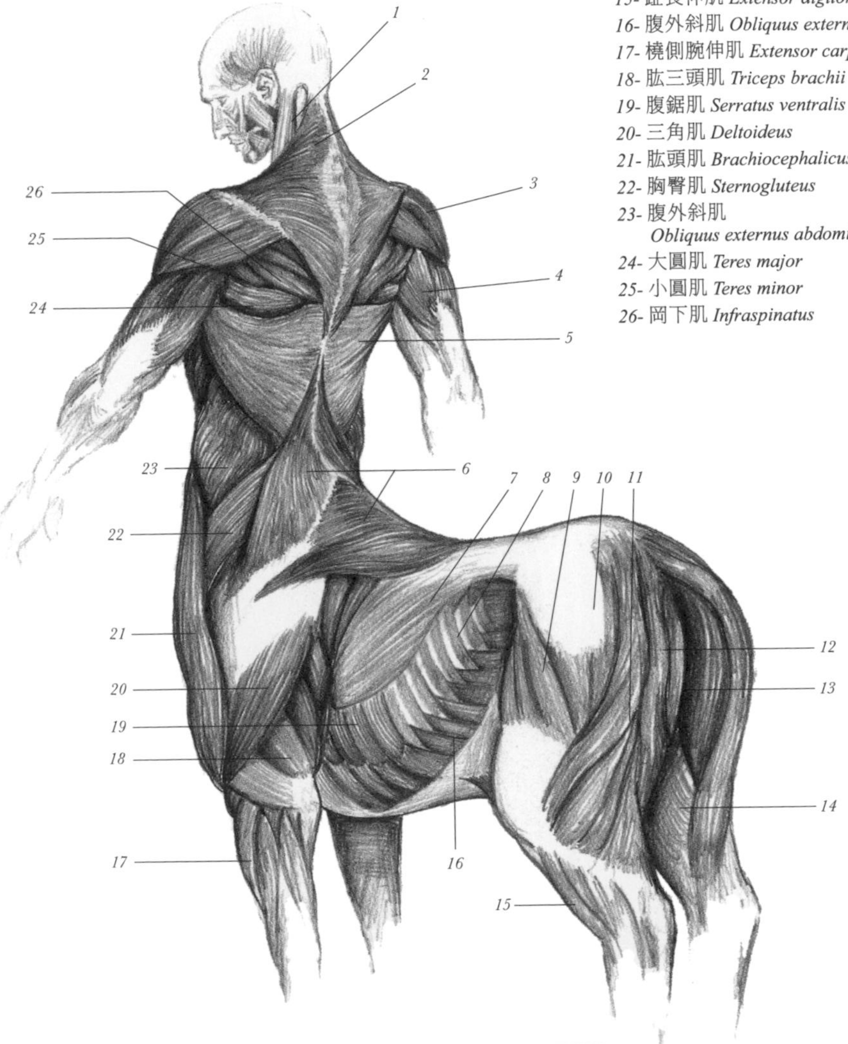

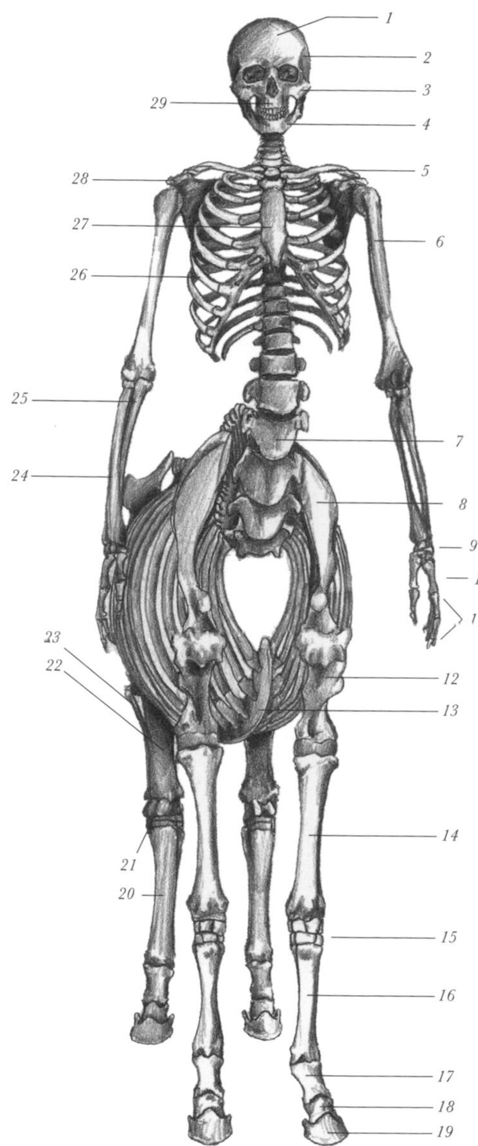

圖 5

1- 額骨 *Frontal bone*
2- 顳骨 *Temporal bone*
3- 顴弓 *Zygomatic arch*
4- 下頜骨 *Mandibula*
5- 鎖骨 *Clavicle*
6- 肱骨 *Humerus*
7- 腰 - 頸椎 *Lumbo-cervical vertebra*
8- 肩胛骨 *Scapula*
9- 腕骨 *Carpal bones*
10- 掌骨 *Metacarpal bones*
11- 指骨 *Phalanges*
12- 肱骨 *Humerus*
13- 胸骨 *Sternum*
14- 橈骨 *Radius*
15- 腕骨 *Carpal bones*
16- 第三掌骨 *3rd metacarpal bone*
17- 近節指骨 *Proximal phalanx*
18- 中節指骨 *Middle phalanx*
19- 遠節指骨 *Distal phalanx*
20- 第三跖骨 *3rd metatarsal bone*
21- 跗骨 *Tarsal bone*
22- 脛骨 *Tibia*
23- 腓骨 *Fibula*
24- 橈骨 *Radius*
25- 尺骨 *Ulna*
26- 肋骨 *Ribs*
27- 胸骨 *Sternum*
28- 肩胛骨 *Scapula*
29- 上頜骨 *Maxilla*

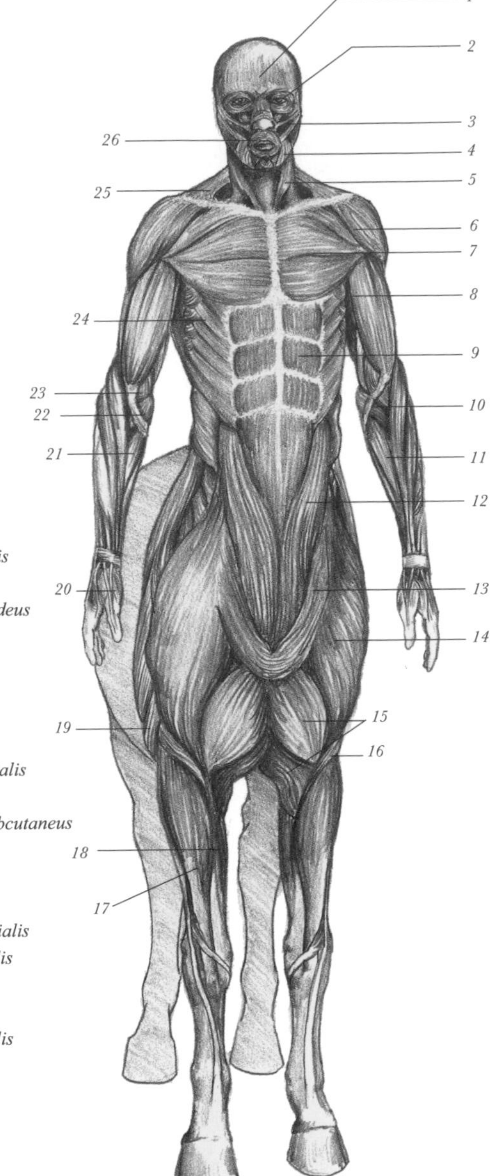

圖 6

1- 額肌 *Frontalis muscle*
2- 眼輪匝肌 *Orbicularis oculi*
3- 上唇提肌 *Levator labii superioris*
4- 口角降肌 *Depressor anguli oris*
5- 胸鎖乳突肌 *Sternocleidomastoideus*
6- 三角肌 *Deltoideus*
7- 胸大肌 *Pectoralis major*
8- 肱二頭肌 *Biceps brachii*
9- 腹直肌 *Rectus abdominis*
10- 肱橈肌 *Brachioradialis*
11- 橈側腕伸肌 *Extensor carpi radialis*
12- 胸骼胸骨肌 *Sternothoracis*
13- 腰－頸皮肌 *Lumbo-cervical subcutaneus*
14- 肱頭肌 *Brachiocephalicus*
15- 胸大肌 *Pectoralis major*
16- 肱肌 *Brachialis*
17- 橈側腕伸肌 *Extensor carpi radialis*
18- 橈側腕屈肌 *Flexor carpi radialis*
19- 肱三頭肌 *Triceps brachii*
20- 魚際肌 *Thenar muscles*
21- 橈側腕屈肌 *Flexor carpi radialis*
22- 旋前圓肌 *Pronator teres*
23- 肱肌 *Brachialis*
24- 鋸肌 *Serratus*
25- 斜方肌 *Trapezius*
26- 輪匝肌 *Orbicularis*

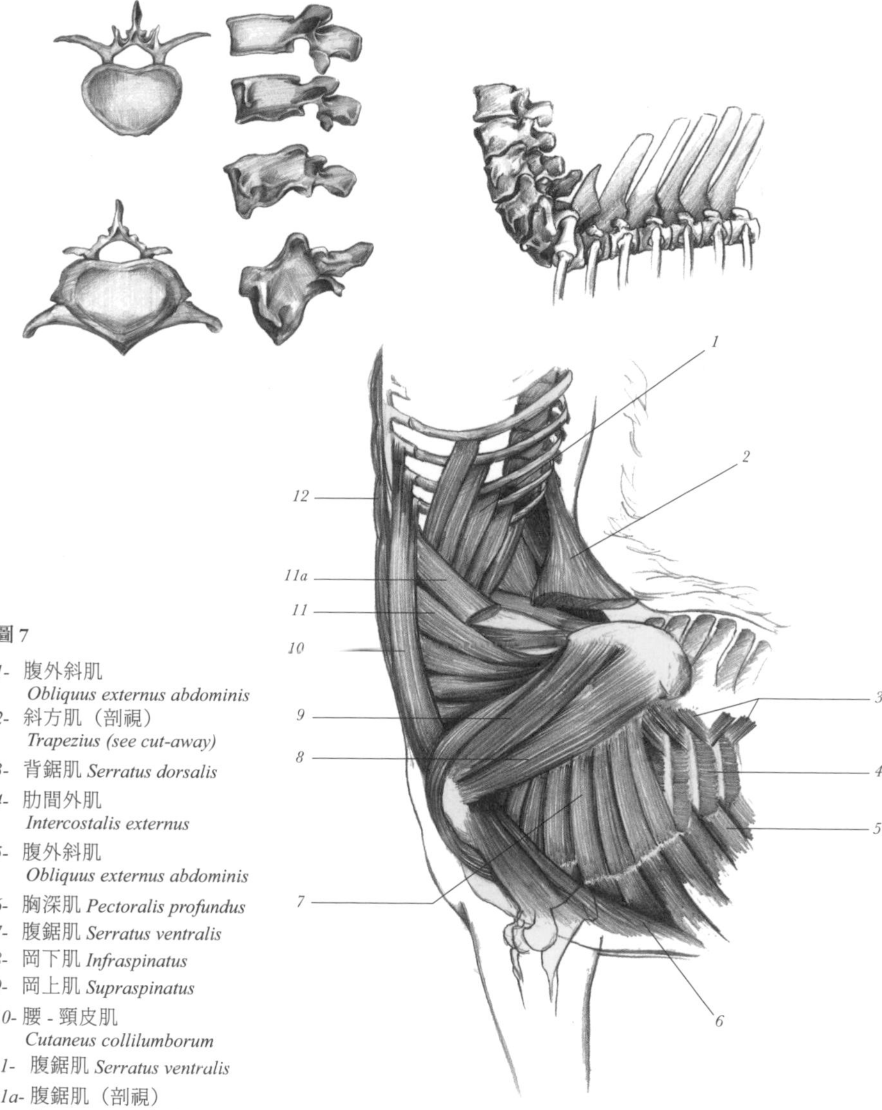

圖 7

1- 腹外斜肌
Obliquus externus abdominis
2- 斜方肌（剖視）
Trapezius (see cut-away)
3- 背鋸肌 *Serratus dorsalis*
4- 肋間外肌
Intercostalis externus
5- 腹外斜肌
Obliquus externus abdominis
6- 胸深肌 *Pectoralis profundus*
7- 腹鋸肌 *Serratus ventralis*
8- 岡下肌 *Infraspinatus*
9- 岡上肌 *Supraspinatus*
10- 腰 - 頸皮肌
Cutaneus collilumborum
11- 腹鋸肌 *Serratus ventralis*
11a- 腹鋸肌（剖視）
Serratus ventralis (see cut-away)
12- 腹直肌 *Rectus abdominis*

鷹身女妖可以說是布萊克醫師成就的最高峰，也是能夠彰顯人類自我進化能力的最佳證明。在整本《絕跡動物秘典》中，鷹身女妖佔據了最長的篇幅。布萊克不僅描繪了肌肉和骨骼系統，還呈現了這種生物的生理構造，甚至包括其生殖系統。

鷹身女妖
HARPY ERINYES

界：動物界 *Animalia*

門：脊椎動物門 *Vertebrata*

綱：有翼哺乳綱 *Mammalatus*

目：哈爾庇形目 * *Harpyiaforme*

科：哈爾庇科 *Harpyiadæ*

屬：哈爾庇屬 *Harpy*

種：鷹身女妖 *Harpy erinyes*

* 在希臘神話中，鷹身女妖被稱為哈爾庇（Harpy），有著醜惡的形象和兇殘的性情。

鷹身女妖可說是所有生物奇觀之母。牠曾經有著美麗女神的形象，廣受人們愛戴，但是在較為近代的文獻中，卻被描述為可鄙的怪獸。根據我的推測，人們可能目擊了哈爾庇科中不同種的鷹身女妖，但是卻無知地將牠們當作是同一種生物，才會造成這樣的混淆。在鷹身女妖身上，我們可以很容易觀察到其他神話生物的特徵，包括聖經中的智天使基路伯（Cherub）和希臘神話中的北風之子（Boreads）。在本研究中的鷹身女妖樣本，是來自於遠古的年代，所以與牠那些較為大型的醜惡近親並不相似。

小型的鷹身女妖並沒有類似人類手臂的附肢。從形態上來說，牠們身上鳥類的特徵比人類的特徵還要明顯。鷹身女妖保有人類的頭部和頸部，上頜骨的突出，在雙唇下形成了如鳥喙般的堅硬突起。在口腔中，只有深處的牙齒被保留下來，包括臼齒和智齒。臉部的表面（包括頭頂和面頰）則覆蓋著精美的多層羽毛。這些特徵使鷹身女妖從遠處看來就像是一隻普通的鳥類動物。

鷹身女妖與其他鳥類相似，有著複雜的飛行氣流系統，包括能協助散熱的氣囊和能夠讓空氣流通無礙的肺部。這樣的機制讓鷹身女妖能在飛行中持續呼吸。在飛行時，氣囊也能夠降低翅膀末端和內臟的溫度。

鷹身女妖的生殖系統與鳥類相似。牠有一個功能齊全的卵巢，和鳥類一樣是卵生動物。產出的蛋有可能會相當巨大，直徑大約在17到20公分，而孵化的時間則大約是五週。在孵化後，幼兒會使用「蛋齒」（egg tooth，一個長在額頭上用來敲破蛋殼的尖刺，在成長的初期會慢慢消失）來破殼而出。

鷹身女妖擁有鳴管（syrinx）和喉頭（larynx），這讓牠們能夠歌唱、說話。不過到目前為止，我們還沒有發現鷹身女妖語言的證據。牠們的血液系統則沒有什麼奧秘，其複雜的動靜脈系統對於醫生和解剖學家來說都無甚特異之處。

最後，我在此提供一些鷹身女妖的其他生理構造特徵。牠們缺乏砂囊，但是擁有與人類一樣的胃和大型的胰腺。牠們的腸道略短於人類，但是仍然遠遠超過鳥類。鷹身女妖有四個心室和特別大的腎臟，這表示牠們融合了人類和鳥類胸腔在生理構造上的差異。根據我的推斷，鷹身女妖應該是屬於肉食性動物，但是毫無疑問地，牠們擁有能夠消化任何食物的能力，包括腐屍。

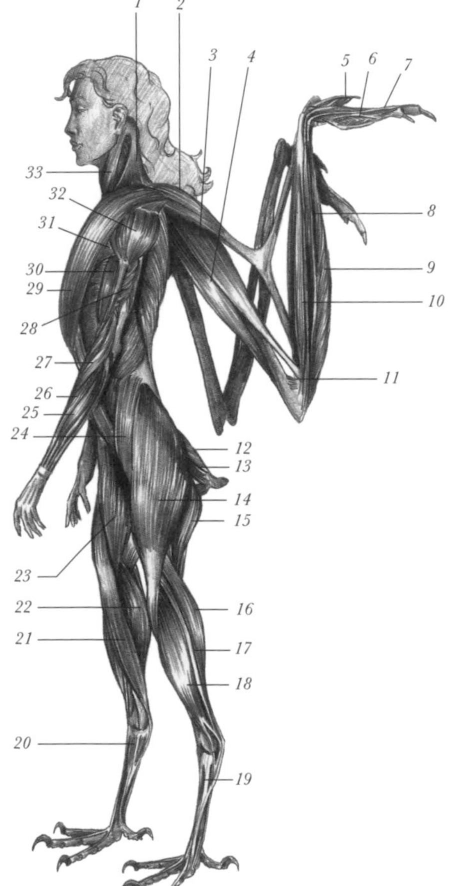

圖 1

1- 斜方肌 *Trapezius*
2- 翼膜前張肌 *Tensor propatagialis*
3- 肱二頭肌 *Biceps brachii*
4- 肱三頭肌 *Triceps brachii*
5- 翼膜內收肌 *Adductor alulae*
6- 骨間掌側肌 *Interosseus ventralis*
7- 第三指收肌 *Adductor digiti majoris*
8- 指屈肌 *Flexor digitorum*
9- 尺側腕屈肌 *Flexor carpi ulnaris*
10- 旋前淺肌 *Pronator superficialis*
11- 肱肌 *Brachialis*
12- 尾提肌 *Levator caudae*
13- 尾降肌 *Depressor caudae*
14- 髂脛外側肌 *Iliotibialis lateralis*
15- 小腿外側屈肌 *Flexor cruris lateralis*
16- 腓腸肌外側頭 *Gastrocnemius external head*
17- 趾屈肌中間群 *Intermediate digital flexors*
18- 腓骨長肌 *Fibularis longus*
19- 趾短伸肌 *Extensor brevis*
20- 拇趾足母長伸肌 *Extensor hallucis longus*
21- 腓腸肌內側頭 *Gastrocnemius internal head*
22- 腓腸短肌 *Gastrocnemius brevis*
23- 髂脛前肌 *Iliotibialis cranialis*
24- 縫匠肌 *Sartorius*
25- 指總伸肌 *Extensor digitorum communis*
26- 橈側腕短伸肌 *Extensor carpi radialis brevis*
27- 橈側腕長伸肌 *Extensor carpi radialis longus*
28- 肱三頭肌 *Triceps brachii*
29- 胸髂胸肌 *Pectoralis thoracis*
30- 肱二頭肌 *Biceps brachii*
31- 胸大肌 *Pectoralis major*
32- 三角肌 *Deltoideus*
33- 胸鎖乳突肌 *Sternomastoid*

圖 2

1- 顳骨 *Temporal bone*
2- 頂骨 *Parietal bone*
3- 枕骨 *Occipital*
4- 橈側腕骨 *Radial carpal*
5- 第一指 *1st finger*
6- 腕掌骨 *Carpometacarpus*
7- 指骨 *Phalanges*
8- 橈側腕骨 *Radial carpal*
9- 尺骨 *Ulna*
10- 橈骨 *Radius*
11- 肱骨 *Humerus*
12- 坐骨 *Ischium*
13- 尾綜骨 *Pygostyle*
14- 耻骨 *Pubis*
15- 股骨 *Femur*
16- 腓骨 *Fibula*
17- 趾骨 *Phalanges*
18- 跗跖骨 *Tarsometatarsus*
19- 脛跗骨 *Tibiotarsus*
20- 膝蓋骨 *Patella*
21- 指骨 *Phalanges*
22- 掌骨 *Metacarpal bones*
23- 腕骨 *Carpal bones*
24- 骨盆 *Pelvis*
25- 尺骨 *Ulna*
26- 橈骨 *Radius*
27- 胸骨 *Sternum*
28- 肱骨 *Humerus*
29- 鎖骨 *Clavicle*
30- 烏喙骨 *Coracoid*
31- 叉骨 *Furculum*
32- 下頜骨 *Mandibula*
33- 上頜骨 *Maxilla*
34- 顴弓 *Zygomatic arch*
35- 鼻骨 *Nasal bone*
36- 額骨 *Frontal bone*

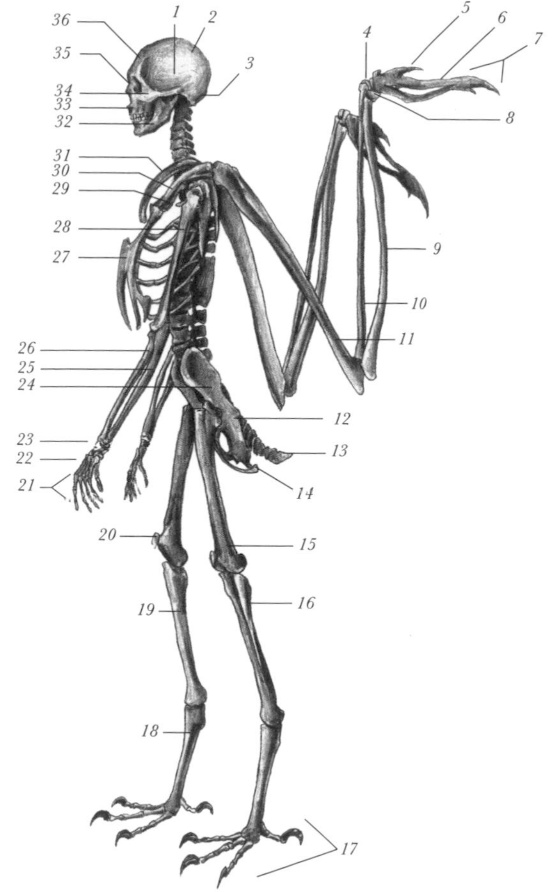

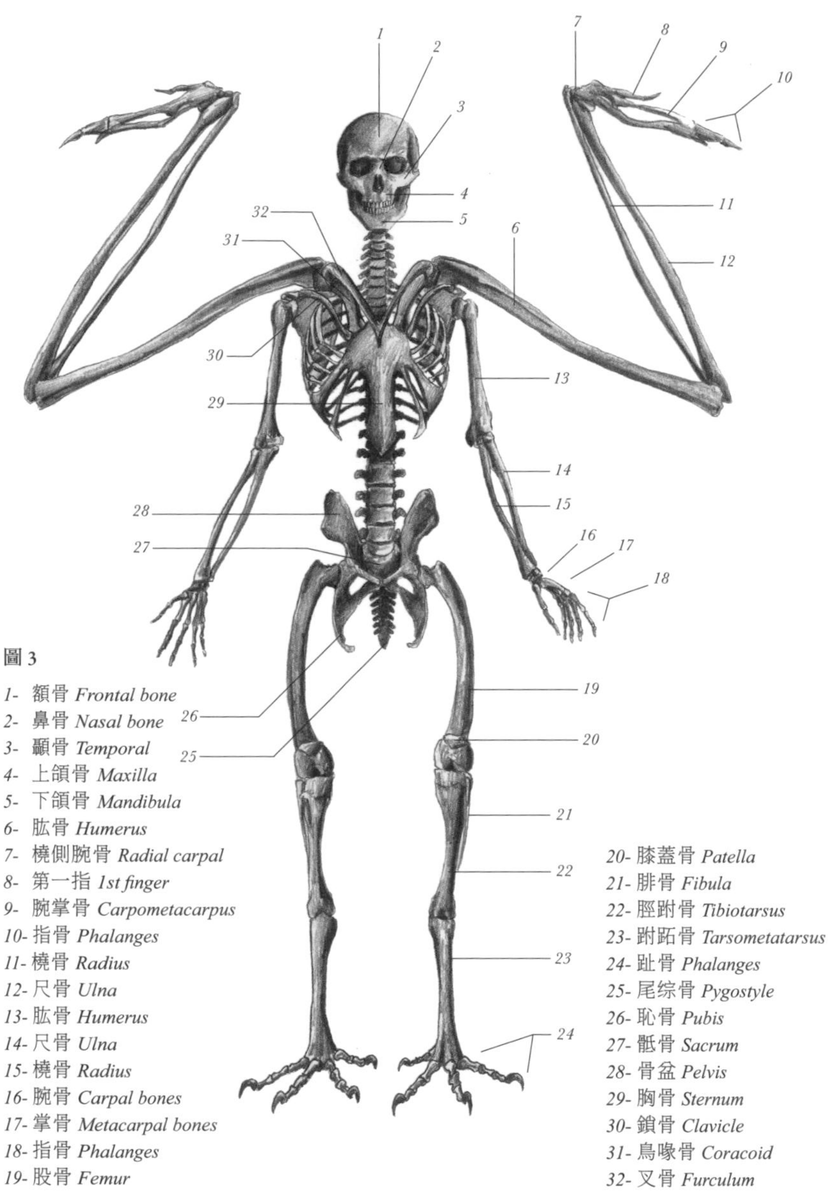

圖 3

1- 額骨 *Frontal bone*
2- 鼻骨 *Nasal bone*
3- 顳骨 *Temporal*
4- 上頜骨 *Maxilla*
5- 下頜骨 *Mandibula*
6- 肱骨 *Humerus*
7- 橈側腕骨 *Radial carpal*
8- 第一指 *1st finger*
9- 腕掌骨 *Carpometacarpus*
10- 指骨 *Phalanges*
11- 橈骨 *Radius*
12- 尺骨 *Ulna*
13- 肱骨 *Humerus*
14- 尺骨 *Ulna*
15- 橈骨 *Radius*
16- 腕骨 *Carpal bones*
17- 掌骨 *Metacarpal bones*
18- 指骨 *Phalanges*
19- 股骨 *Femur*
20- 膝蓋骨 *Patella*
21- 腓骨 *Fibula*
22- 脛跗骨 *Tibiotarsus*
23- 跗跖骨 *Tarsometatarsus*
24- 趾骨 *Phalanges*
25- 尾综骨 *Pygostyle*
26- 恥骨 *Pubis*
27- 骶骨 *Sacrum*
28- 骨盆 *Pelvis*
29- 胸骨 *Sternum*
30- 鎖骨 *Clavicle*
31- 鳥喙骨 *Coracoid*
32- 叉骨 *Furculum*

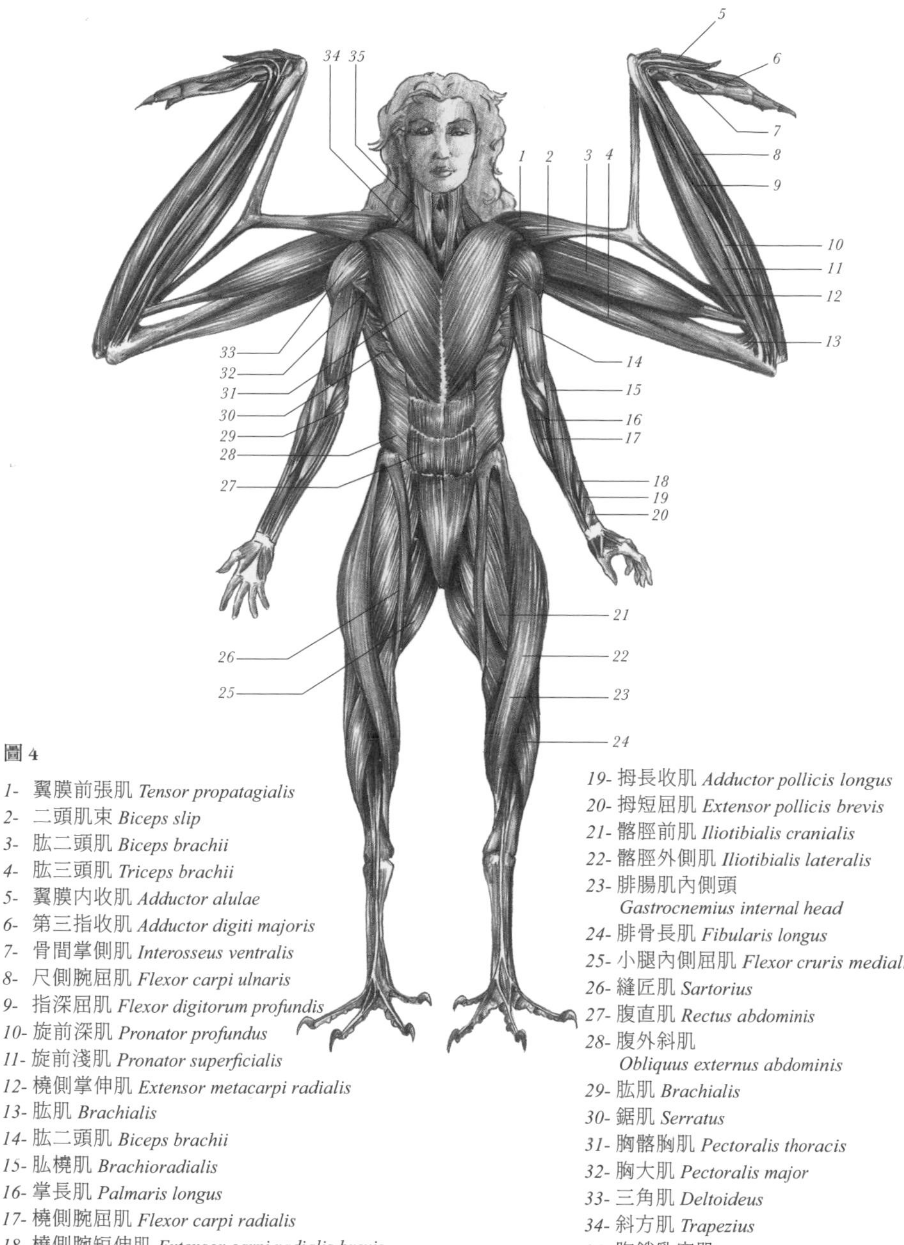

圖 4

1- 翼膜前張肌 *Tensor propatagialis*
2- 二頭肌束 *Biceps slip*
3- 肱二頭肌 *Biceps brachii*
4- 肱三頭肌 *Triceps brachii*
5- 翼膜內收肌 *Adductor alulae*
6- 第三指收肌 *Adductor digiti majoris*
7- 骨間掌側肌 *Interosseus ventralis*
8- 尺側腕屈肌 *Flexor carpi ulnaris*
9- 指深屈肌 *Flexor digitorum profundis*
10- 旋前深肌 *Pronator profundus*
11- 旋前淺肌 *Pronator superficialis*
12- 橈側掌伸肌 *Extensor metacarpi radialis*
13- 肱肌 *Brachialis*
14- 肱二頭肌 *Biceps brachii*
15- 肱橈肌 *Brachioradialis*
16- 掌長肌 *Palmaris longus*
17- 橈側腕屈肌 *Flexor carpi radialis*
18- 橈側腕短伸肌 *Extensor carpi radialis brevis*
19- 拇長收肌 *Adductor pollicis longus*
20- 拇短屈肌 *Extensor pollicis brevis*
21- 髂脛前肌 *Iliotibialis cranialis*
22- 髂脛外側肌 *Iliotibialis lateralis*
23- 腓腸肌內側頭 *Gastrocnemius internal head*
24- 腓骨長肌 *Fibularis longus*
25- 小腿內側屈肌 *Flexor cruris medialis*
26- 縫匠肌 *Sartorius*
27- 腹直肌 *Rectus abdominis*
28- 腹外斜肌 *Obliquus externus abdominis*
29- 肱肌 *Brachialis*
30- 鋸肌 *Serratus*
31- 胸髂胸肌 *Pectoralis thoracis*
32- 胸大肌 *Pectoralis major*
33- 三角肌 *Deltoideus*
34- 斜方肌 *Trapezius*
35- 胸鎖乳突肌 *Sternomastoid*

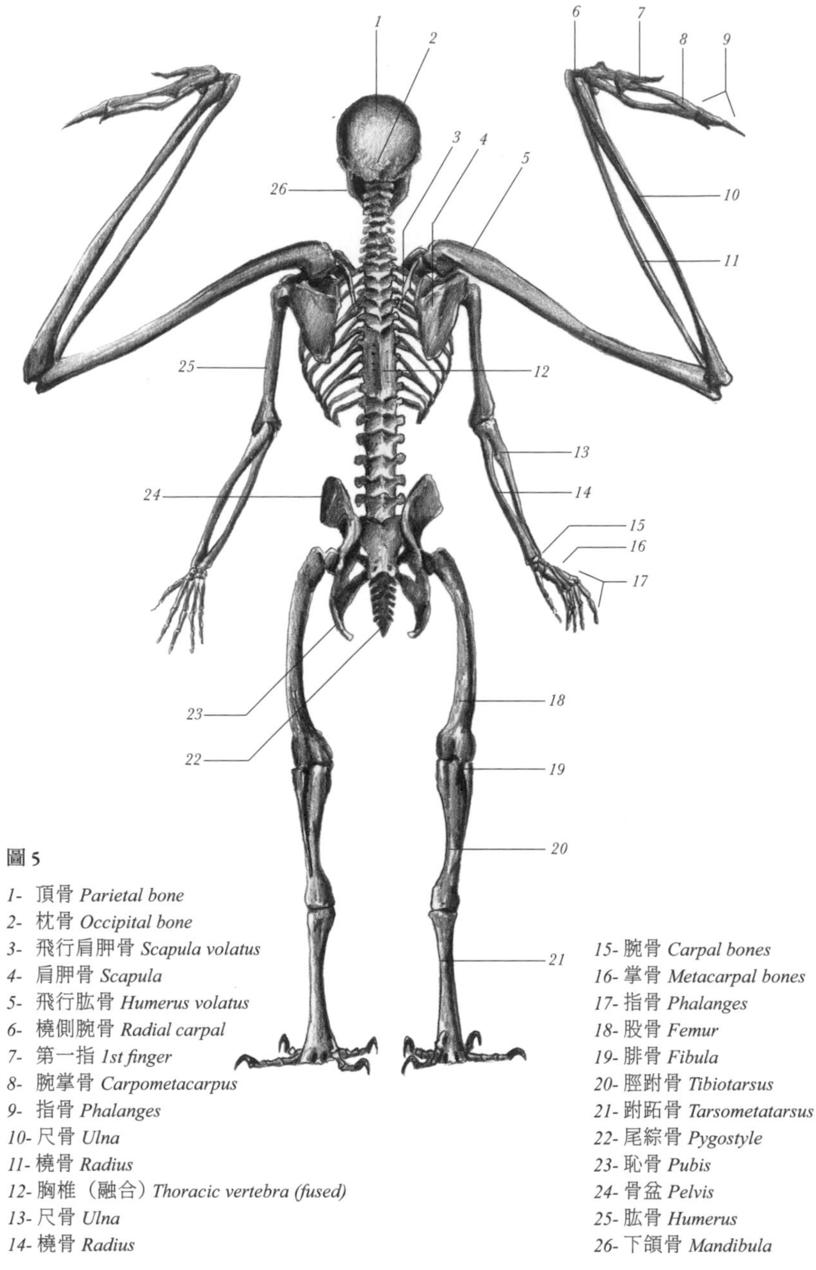

圖 5

1- 頂骨 *Parietal bone*
2- 枕骨 *Occipital bone*
3- 飛行肩胛骨 *Scapula volatus*
4- 肩胛骨 *Scapula*
5- 飛行肱骨 *Humerus volatus*
6- 橈側腕骨 *Radial carpal*
7- 第一指 *1st finger*
8- 腕掌骨 *Carpometacarpus*
9- 指骨 *Phalanges*
10- 尺骨 *Ulna*
11- 橈骨 *Radius*
12- 胸椎（融合）*Thoracic vertebra (fused)*
13- 尺骨 *Ulna*
14- 橈骨 *Radius*
15- 腕骨 *Carpal bones*
16- 掌骨 *Metacarpal bones*
17- 指骨 *Phalanges*
18- 股骨 *Femur*
19- 腓骨 *Fibula*
20- 脛跗骨 *Tibiotarsus*
21- 跗跖骨 *Tarsometatarsus*
22- 尾綜骨 *Pygostyle*
23- 恥骨 *Pubis*
24- 骨盆 *Pelvis*
25- 肱骨 *Humerus*
26- 下頜骨 *Mandibula*

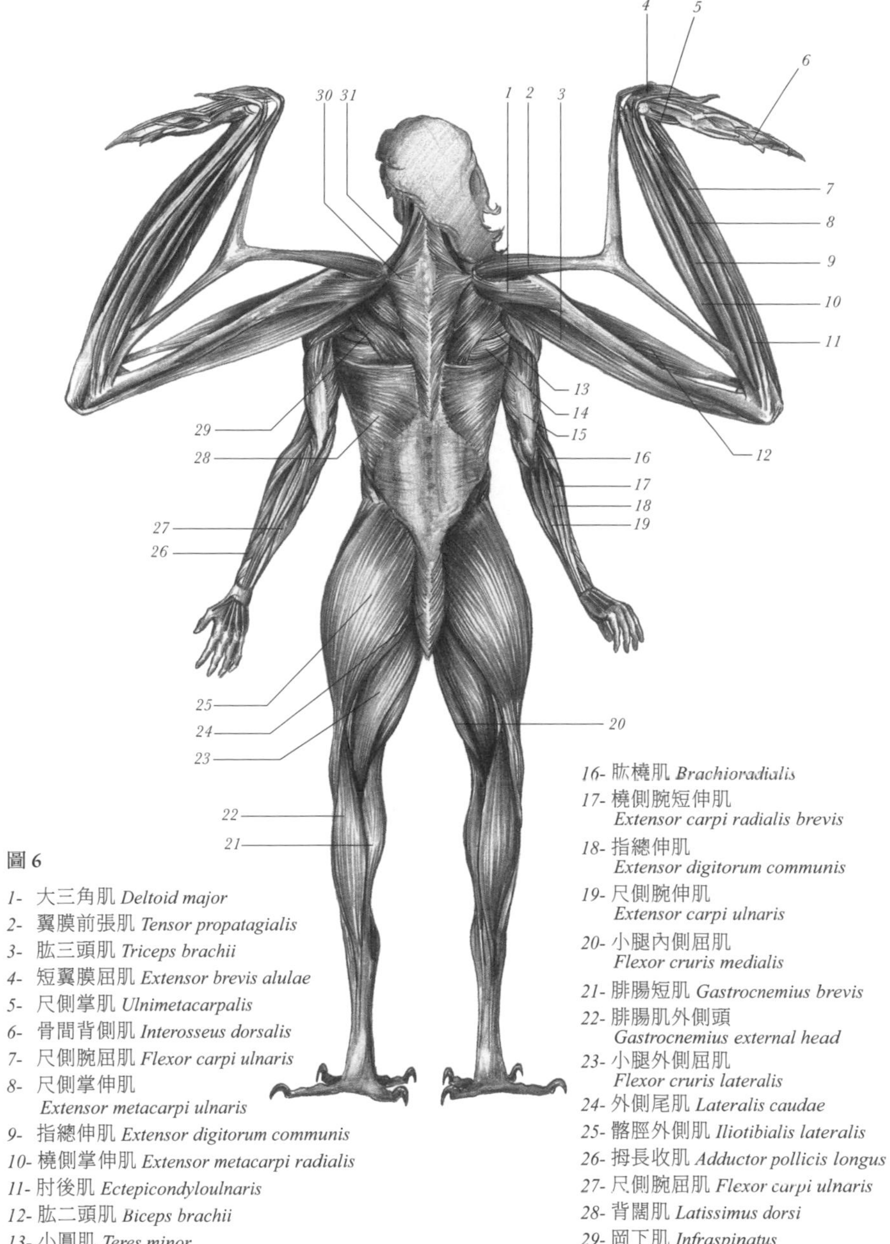

圖 6

1- 大三角肌 *Deltoid major*
2- 翼膜前張肌 *Tensor propatagialis*
3- 肱三頭肌 *Triceps brachii*
4- 短翼膜屈肌 *Extensor brevis alulae*
5- 尺側掌肌 *Ulnimetacarpalis*
6- 骨間背側肌 *Interosseus dorsalis*
7- 尺側腕屈肌 *Flexor carpi ulnaris*
8- 尺側掌伸肌 *Extensor metacarpi ulnaris*
9- 指總伸肌 *Extensor digitorum communis*
10- 橈側掌伸肌 *Extensor metacarpi radialis*
11- 肘後肌 *Ectepicondyloulnaris*
12- 肱二頭肌 *Biceps brachii*
13- 小圓肌 *Teres minor*
14- 大圓肌 *Teres major*
15- 肱三頭肌 *Triceps brachii*
16- 肱橈肌 *Brachioradialis*
17- 橈側腕短伸肌 *Extensor carpi radialis brevis*
18- 指總伸肌 *Extensor digitorum communis*
19- 尺側腕伸肌 *Extensor carpi ulnaris*
20- 小腿內側屈肌 *Flexor cruris medialis*
21- 腓腸短肌 *Gastrocnemius brevis*
22- 腓腸肌外側頭 *Gastrocnemius external head*
23- 小腿外側屈肌 *Flexor cruris lateralis*
24- 外側尾肌 *Lateralis caudae*
25- 髂脛外側肌 *Iliotibialis lateralis*
26- 拇長收肌 *Adductor pollicis longus*
27- 尺側腕屈肌 *Flexor carpi ulnaris*
28- 背闊肌 *Latissimus dorsi*
29- 岡下肌 *Infraspinatus*
30- 斜方肌 *Trapezius*
31- 飛行斜方肌 *Trapezius volatus*

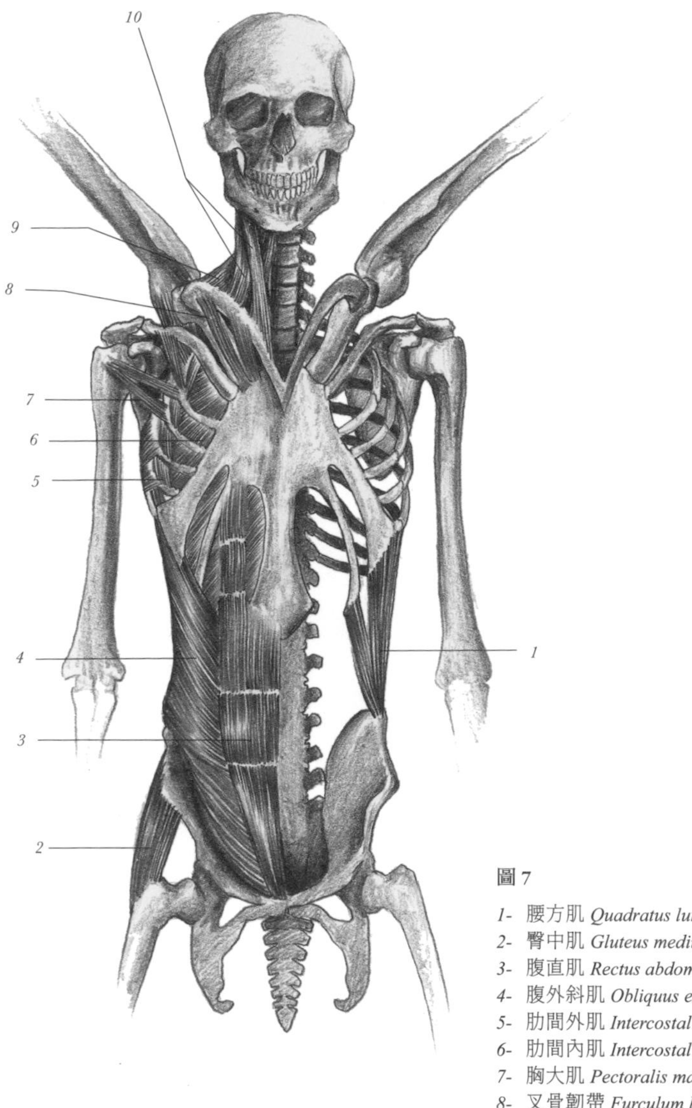

圖 7

1- 腰方肌 *Quadratus lumborum*
2- 臀中肌 *Gluteus medius*
3- 腹直肌 *Rectus abdominis*
4- 腹外斜肌 *Obliquus externus abdominis*
5- 肋間外肌 *Intercostalis externus*
6- 肋間內肌 *Intercostalis internus*
7- 胸大肌 *Pectoralis major*
8- 叉骨韌帶 *Furculum ligament*
9- 斜方肌 *Trapezius*
10- 胸鎖乳突肌 *Sternocleidomastoideus*

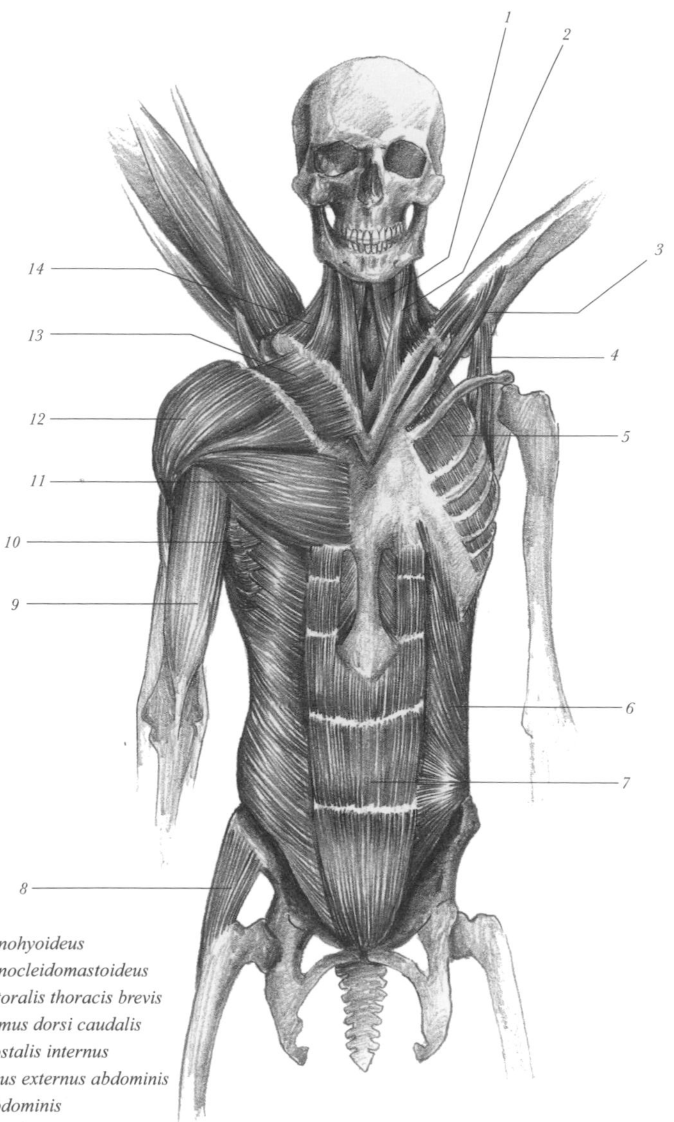

圖 8

1- 胸骨舌骨肌 *Sternohyoideus*
2- 胸鎖乳突肌 *Sternocleidomastoideus*
3- 胸骼胸短肌 *Pectoralis thoracis brevis*
4- 背後闊肌 *Latissimus dorsi caudalis*
5- 肋間內肌 *Intercostalis internus*
6- 腹外斜肌 *Obliquus externus abdominis*
7- 腹直肌 *Rectus abdominis*
8- 臀中肌 *Gluteus medius*
9- 肱二頭肌 *Biceps brachii*
10- 鋸肌 *Serratus*
11- 胸大肌 *Pectoralis major*
12- 三角肌 *Deltoideus*
13- 叉骨肋骨間外肌 *Furculus intercostalis externus*
14- 斜方肌 *Trapezius*

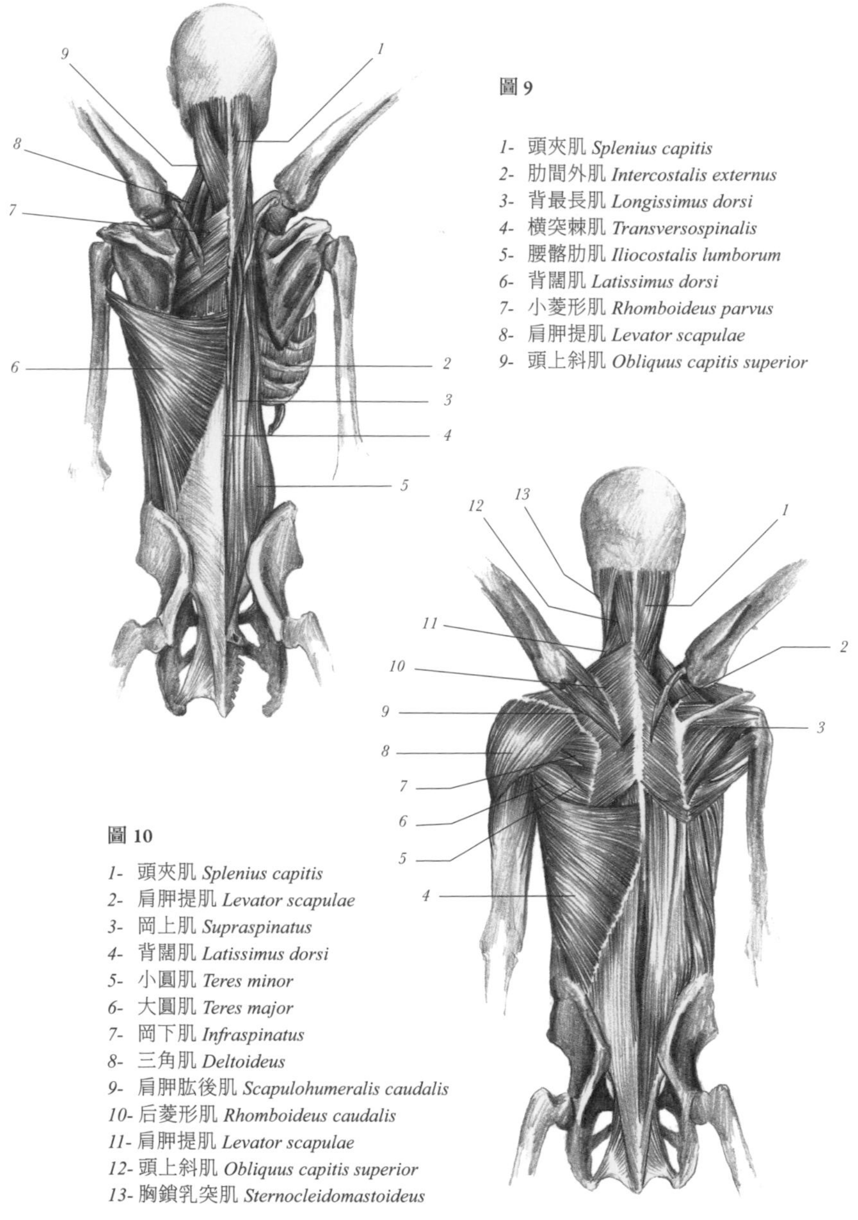

圖 9

1- 頭夾肌 *Splenius capitis*
2- 肋間外肌 *Intercostalis externus*
3- 背最長肌 *Longissimus dorsi*
4- 橫突棘肌 *Transversospinalis*
5- 腰髂肋肌 *Iliocostalis lumborum*
6- 背闊肌 *Latissimus dorsi*
7- 小菱形肌 *Rhomboideus parvus*
8- 肩胛提肌 *Levator scapulae*
9- 頭上斜肌 *Obliquus capitis superior*

圖 10

1- 頭夾肌 *Splenius capitis*
2- 肩胛提肌 *Levator scapulae*
3- 岡上肌 *Supraspinatus*
4- 背闊肌 *Latissimus dorsi*
5- 小圓肌 *Teres minor*
6- 大圓肌 *Teres major*
7- 岡下肌 *Infraspinatus*
8- 三角肌 *Deltoideus*
9- 肩胛肱後肌 *Scapulohumeralis caudalis*
10- 后菱形肌 *Rhomboideus caudalis*
11- 肩胛提肌 *Levator scapulae*
12- 頭上斜肌 *Obliquus capitis superior*
13- 胸鎖乳突肌 *Sternocleidomastoideus*

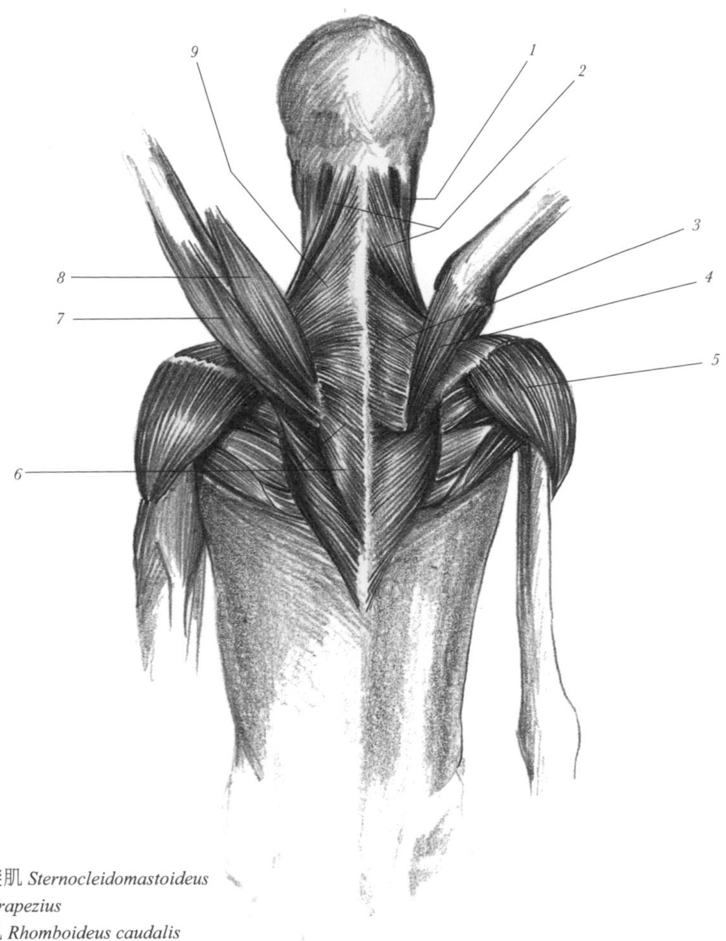

圖 11

1- 胸鎖乳突肌 *Sternocleidomastoideus*
2- 斜方肌 *Trapezius*
3- 後菱形肌 *Rhomboideus caudalis*
4- 小三角肌 *Deltoid minor*
5- 三角肌 *Deltoideus*
6- 背後闊肌 *Latissimus dorsi caudalis*
7- 肱三頭肌 *Triceps brachii*
8- 大三角肌 *Deltoid major*
9- 後斜方肌 *Trapezius caudalis*

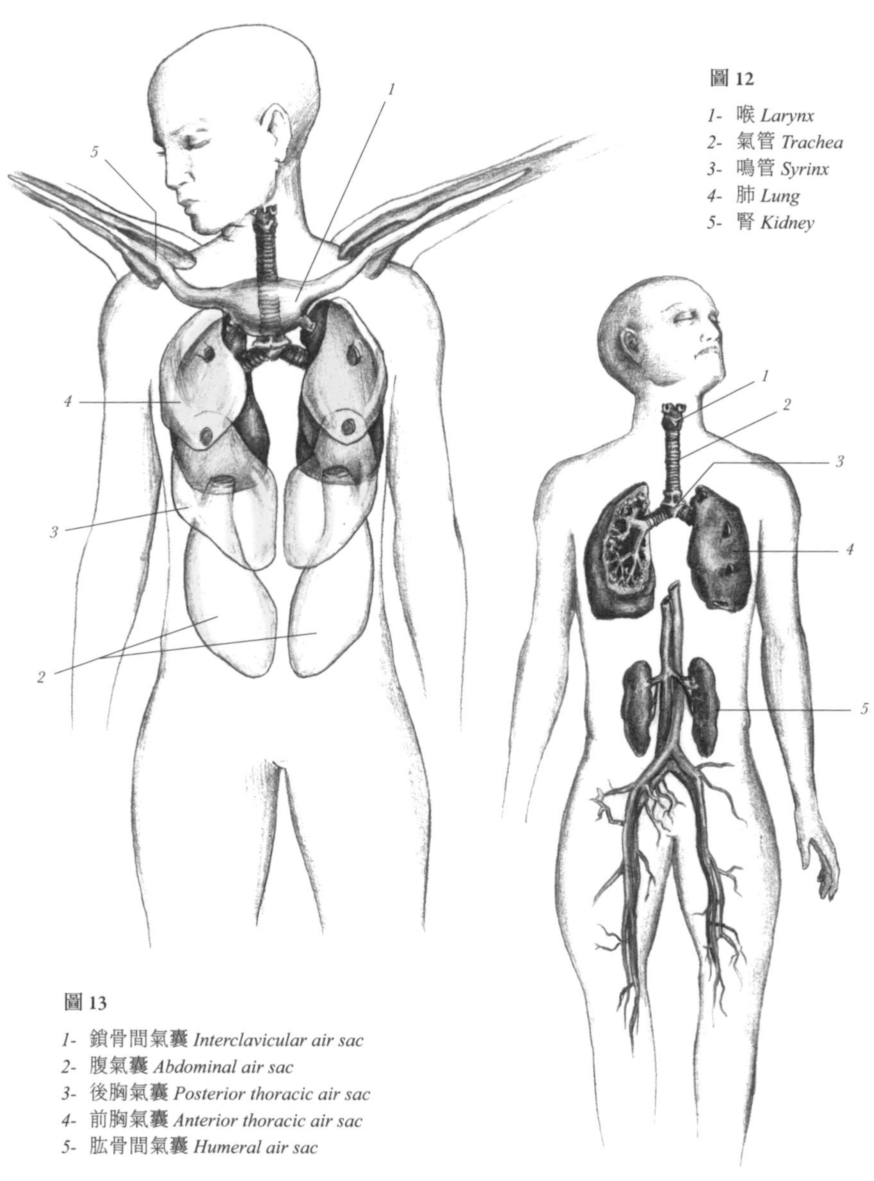

圖 12

1- 喉 *Larynx*
2- 氣管 *Trachea*
3- 鳴管 *Syrinx*
4- 肺 *Lung*
5- 腎 *Kidney*

圖 13

1- 鎖骨間氣囊 *Interclavicular air sac*
2- 腹氣囊 *Abdominal air sac*
3- 後胸氣囊 *Posterior thoracic air sac*
4- 前胸氣囊 *Anterior thoracic air sac*
5- 肱骨間氣囊 *Humeral air sac*

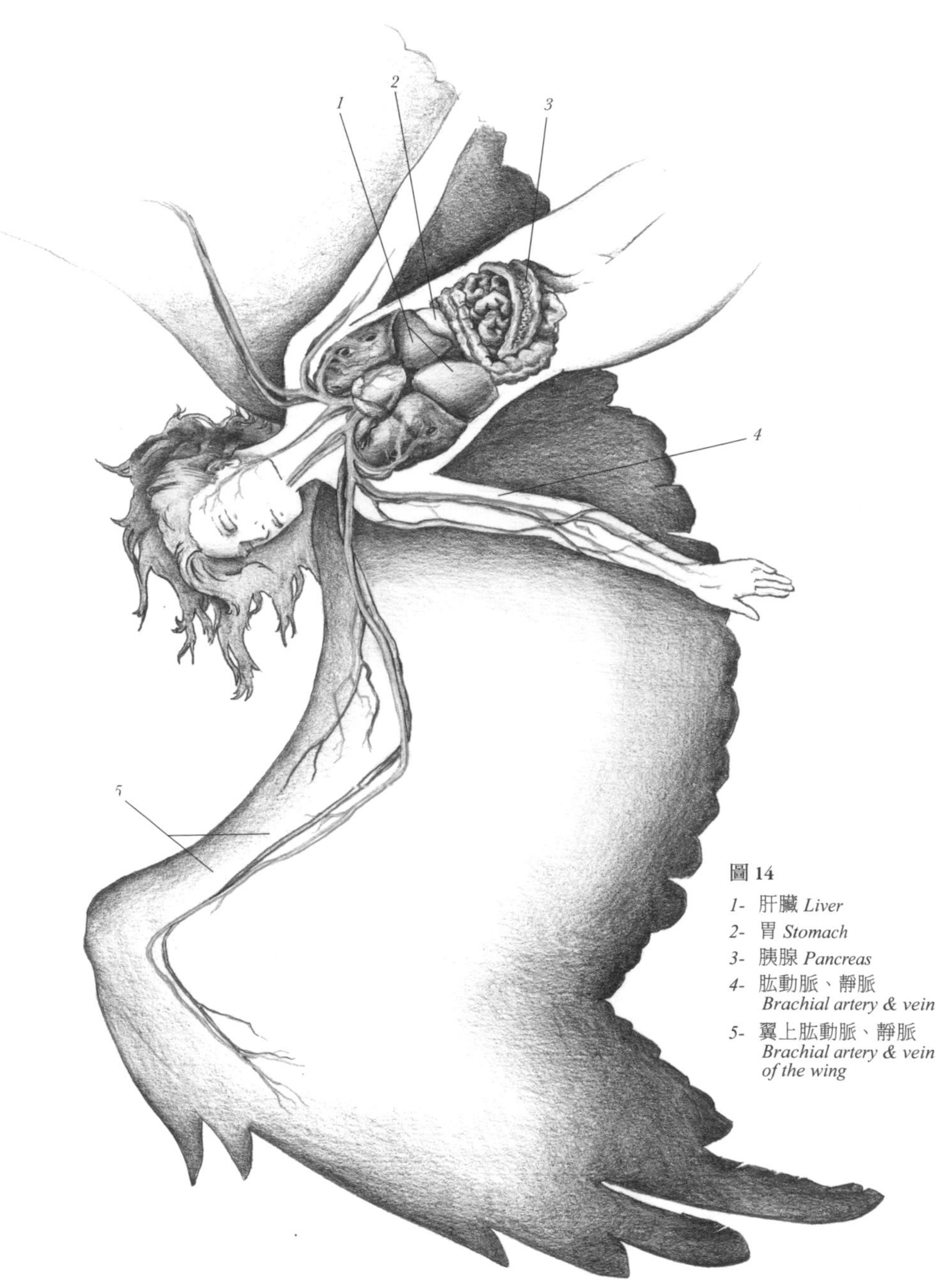

圖 14

1- 肝臟 *Liver*

2- 胃 *Stomach*

3- 胰腺 *Pancreas*

4- 肱動脈、靜脈 *Brachial artery & vein*

5- 翼上肱動脈、靜脈 *Brachial artery & vein of the wing*

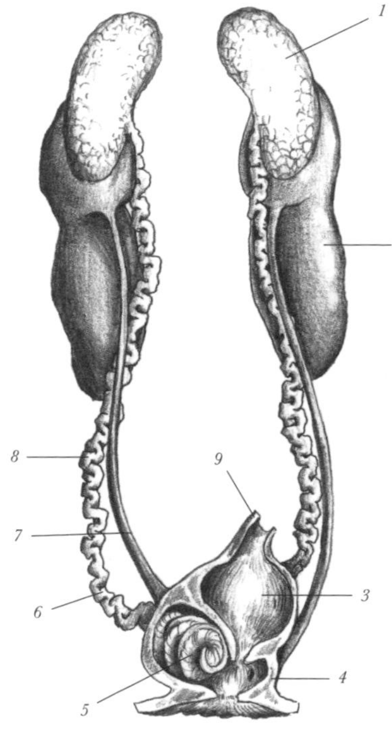

圖 15（鷹身男妖的生殖構造）

1- 睪丸 *Testis*
2- 腎 *Kidney*
3- 糞道 *Coprodeum*
4- 洩殖腔 *Cloaca*
5- 陰莖 *Penis*
6- 精囊 *Seminal vesicle*
7- 輸尿管 *Ureter*
8- 輸精管 *Deferent duct*
9- 大腸 *Large intestine*

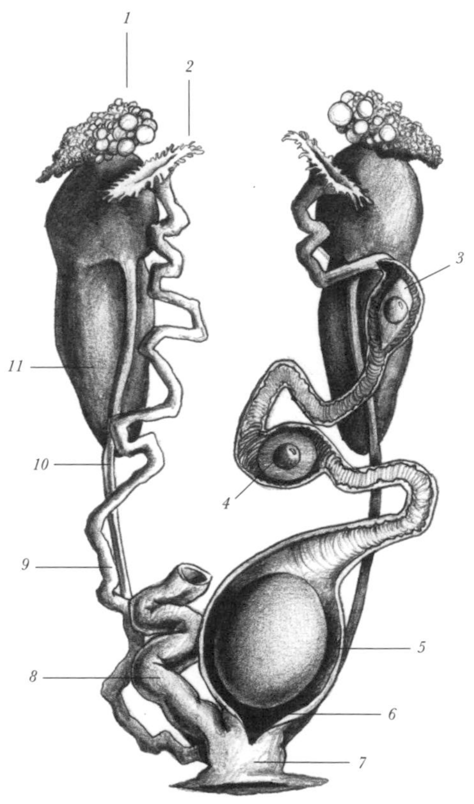

圖 16

1- 卵巢 *Ovary*
2- 輸卵管腹腔口 *Ostium*
3- 卵白 *Ovum albumen*
4- 卵子、卵殼 *Ovum & shell*
5- 子宮 *Uterus*
6- 陰道 *Vagina*
7- 洩殖腔 *Cloaca*
8- 大腸 *Large intestine*
9- 輸卵管 *Oviduct*
10- 輸尿管 *Ureter*
11- 腎 *Kidney*

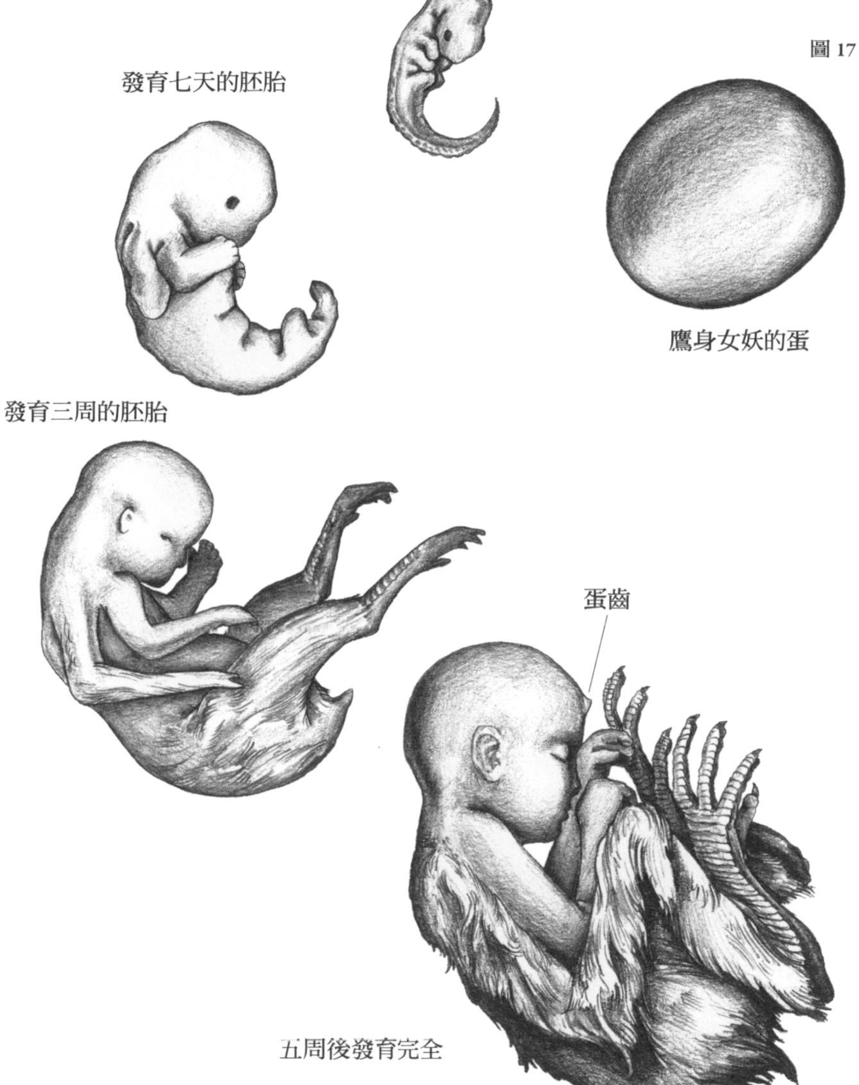
發育三天的胚胎
圖 17
發育七天的胚胎
鷹身女妖的蛋
發育三周的胚胎
蛋齒
五周後發育完全

圖 18

四種不同種的鷹身女妖

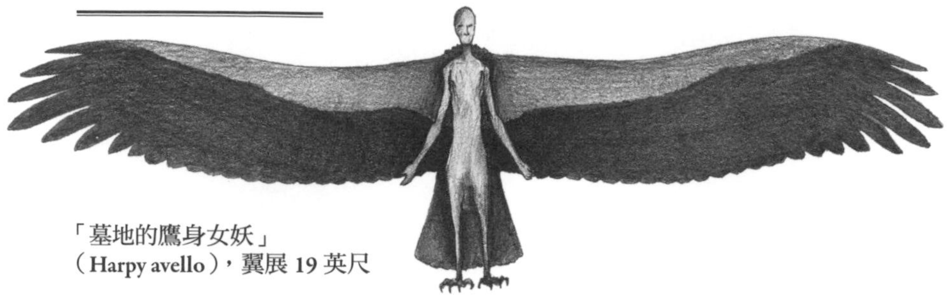

「墓地的鷹身女妖」
（Harpy avello），翼展 19 英尺

「典型的鷹身女妖」
（Harpy erinyes），翼展 12 英尺

「斯特洛法蒂斯島 * 的鷹身女妖」
（Harpy strophades），翼展 6 英尺

「虔誠的鷹身女妖」
（Harpy piorum），
翼展 8 英尺

* 斯特洛法蒂斯島（Strophades）是希臘西部愛奧尼亞群島（Ionian Islands）中兩個小島。

圖 19

後記

若您希望能夠得到更多關於史賓賽・布萊克醫師生平和研究資料，您可以拜訪網站 QUIRKBOOKS.COM/THERESURRECTIONIST，這是一個蘊藏豐富資源的寶庫。這個獨家的線上資料庫包含了介紹本書的短片、關於本書中插畫的額外資訊，以及可供學術研究或個人用途下載的數位畫廊。在蒞臨網站之後，我們期待您分享您獨到的見解與看法。

本書內容純屬虛構，故事中描述之危險不當行為，切勿模仿。

復活師

傳奇醫師史賓賽・布萊克的失落秘典

出版・楓樹林出版事業有限公司
地址・新北市板橋區信義路163巷3號10樓
郵政劃撥・19907596 楓書坊文化出版社
網址・www.maplebook.com.tw
電話・02-2957-6096　傳真・02-2957-6435
作者・E. B. 哈德斯佩
翻譯・陳岡伯　責任編輯／喬郁珊
總經銷・商流文化事業有限公司
地址・新北市中和區中正路752號8樓
網址・www.vdm.com.tw
電話・02-2228-8841　傳真・02-2228-6939
港澳經銷・泛華發行代理有限公司
定價・350元
出版日期・2018 年 1 月

國家圖書館出版品預行編目資料

復活師 / E.B.哈德斯佩作 ; 陳岡伯譯. -- 初版.
-- 新北市 : 楓樹林, 2018.01　面 ;　公分

譯自 : The resurrectionist : the lost work of Dr Spencer Black

ISBN 978-986-5688-90-5（平裝）

1. 史賓賽（Spencer, Black.） 2. 醫師 3. 傳記

785.28　106020721